图2-1

图2-2

图2-3

图2-4

图2-5

图2-6

图2-7

图2-8

图2-9

图2-10

图2-11

图2-12

图2-13

图2-14

图2-15

图4-1

图4-2

图4-3

图4-4

图4-5

图4-6

图4-7

图4-8

图4-9

图4-10

图4-11

图4-13

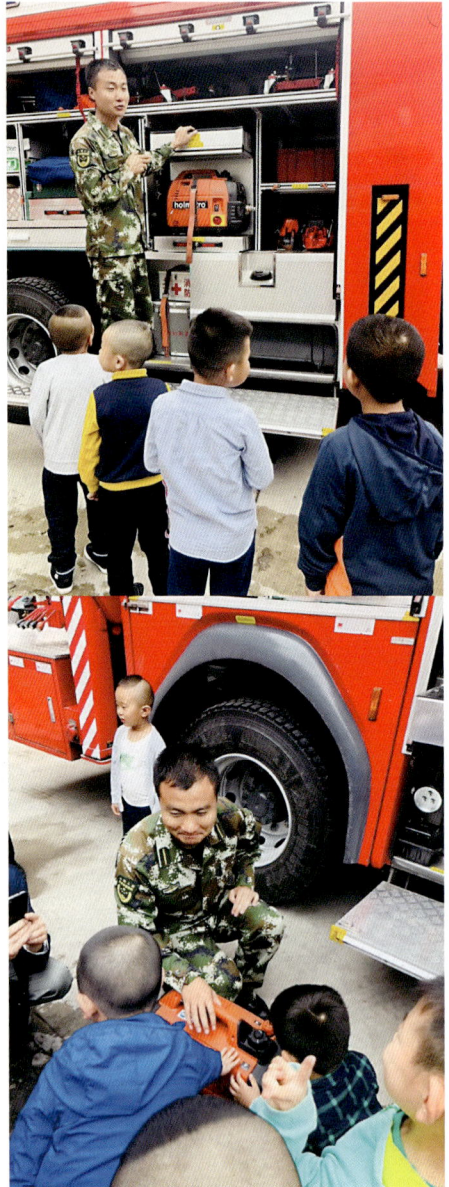
图4-12

图4-14

图4-15

图4-16

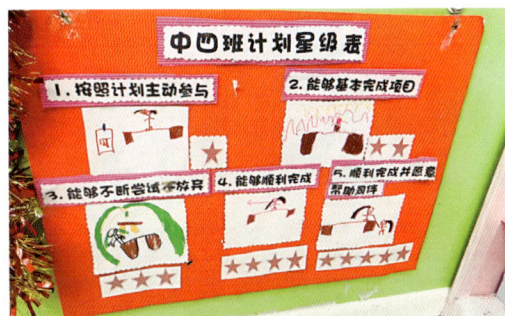

图4-17

图4-18

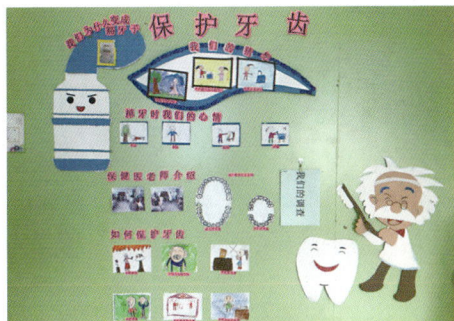

图4-19

图4-20

图4-21

图4-22

图4-23

图4-24

图4-25

图5-1

图5-2

图5-4

图5-3

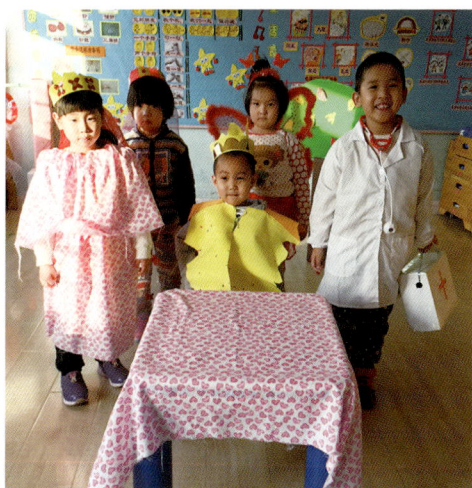
图5-5

图5-7

图5-6

图5-9

图5-8

图5-10

图5-11

图5-12

北京市教育学会"十三五"教育科研立项课题
"《指南》背景下健康教育融入领域课程的实践研究"成果

健康为本的
幼儿园融合教育活动案例

孙玉梅　陆晓燕　主编

中国农业出版社
北　京

编 委 会

做塑造幼儿学习品质的"大先生"

幼儿是祖国的未来和希望，是实现中华民族伟大复兴的生力军，也是每个家庭的希望。因此，幼儿教育决定着每个家庭甚至人类的未来。如何在新形势下给幼儿更好的教育，如何使我们的教师队伍更加专业，是幼儿园的管理者要时刻思考的重要课题。

2013年5月，我走进具有50余年历史的房山幼儿园，面对这样一所具有丰厚文化底蕴的幼儿园，我日思夜想的问题是——如何做好传承与创新，如何让老园焕发新的活力，如何在原有的基础上突破瓶颈期。经过全园干部教师的深入调研、深刻思悟和反复研讨，我们构建了具有丰富内涵的园所"RONG"文化。它涵盖党建、管理、课程、环境四大方面，即为党争荣的党建文化、海纳百川的管理文化、融会贯通的课程文化、融畅和谐的环境文化。在园所文化的引领下，我们的办园目标更加清晰，干群关系更加和谐，教师发展的方向更加明确，逐步形成了一支专业化水平较高、不断追求卓越的干部教师队伍。

习总书记多次强调教师工作的重要性："教师的工作是塑造灵魂、塑造生命、塑造人的工作。一个人遇到好老师是人生的幸运，一个学校拥有好老师是学校的光荣，一个民族源源不断地涌现出一批又一批的好老师是民族的希望。"新时代的教师要努力成为"塑造学生品格、品行、品味的大先生"。为了引领教师专业发展，我们把课题研究作为园本培训、园本教研的重要抓手。多年来，房山幼儿园以健康教育研究为特色，研究的范围基本停留在对幼儿的动作发展、卫生习惯和生理健康上，对现在社会健康观的多元性与整体性缺乏更深的认识。在幼儿一日活动中，教师仅在保健和体育活动中关注幼儿的健康教育，忽视了对幼儿心理健康和社会适应能力等方面的教育和培养。《幼儿园教育指导纲要（试行）》（以下简称《纲要》）中明确指出："幼儿园必须把保护幼儿的生命和促进幼儿的健康放在工作首位，树立正确的健康观念，在重视幼儿身体健康的同时，要高度重视幼儿的心理健康。"

健康成长，提升生命质量是每名幼儿应有的权利，健康教育是幼儿园教育的首要任务，因此幼儿园开展各种教育活动都必须以幼儿的身心健康为前提，这样才能使幼儿拥有完整的人格。幼儿教师在教学实践中应该主动引导幼儿关注身心健康，树立自我保护意识。

促进幼儿全面而有个性的内在发展应当成为幼儿园工作的重点。因此，从 2013 年开始，我们调整研究方向，在保留原有健康特色的基础上，尝试将身心健康教育融入到幼儿一日生活的各个环节，融入到各领域的课程中，确定了具有新内涵的健康教育，旨在促进幼儿身心全面发展。2016 年，我们的研究课题"《指南》背景下健康教育融入领域课程的实践研究"被批准为北京市教育学会"十三五"立项课题，干部教师加紧了探索的脚步，在实践中探索，在实践中反思，在实践中创新与提高，今年我们将近几年的研究成果梳理成册，编辑出版此书。

本书共分为五章。第一章从我园健康教育新视角的研究背景、研究价值、研究的思考以及开展健康教育的创新与实践等方面进行了总体阐述；第二章至第五章分别从幼儿动作发展、幼儿园健康教育与其他领域的融合、健康主题活动、健康环境来进行具体的阐述。可以说，每个章节都记录了教师进行健康教育研究的实践历程，记录了孩子们在健康教育研究课程中的成长足迹，都凝结了园所教师在研究实践中付出的智慧和心血，是我们长期研究、探索、实践的生动展现和经验总结。

苏霍姆林斯基说过，如果想让教师的劳动能够给教师带来乐趣，使天天上课不至于变成一种单调乏味的义务，那就应当引导每一位教师走上研究的这条道路。我衷心希望通过健康教育研究的不断深入，通过对幼儿园健康研究中存在的真问题的研究，使我们的幼儿园教师在研究中获得发展，体验与分享教师职业生涯的幸福。

伴随着共和国前进的脚步，房山幼儿园也经历了 60 年岁月沧桑，薪火相传。60 年扬帆激进，风雨兼程，本书作为建园 60 周年的重要献礼，饱含了教师们孜孜以求的辛勤汗水。由于本书撰写人员均为一线的干部教师，水平有限，一些细节的地方还有待深入思考与完善，望专家及业内同行给予批评指正。我们希望此书能给有意探索园本课程建设的园所带来启示与思考，也期望通过此书让教师的研究意识与能力不断提高和深入，更加关注幼儿的身心发展，更加注重幼儿学习品质的培养，努力成为"塑造学生品格、品行、品味的大先生"！

孙玉梅

2018 年 10 月

目　录

做塑造幼儿学习品质的"大先生"

第一章　幼儿园健康教育新视角概述 ················· 1

第一节　健康教育的发展 ···················· 1
第二节　幼儿园开展健康教育的价值 ·············· 4
第三节　幼儿健康教育新视角 ·················· 5

第二章　促进幼儿动作发展的活动案例 ·············· 10

第一节　幼儿小肌肉动作发展 ·················· 10
第二节　幼儿大肌肉动作发展 ·················· 27

第三章　幼儿园健康教育与其他领域的融合 ··········· 46

第一节　健康教育活动 ····················· 46
第二节　健康领域融于语言领域的活动案例 ·········· 69
第三节　健康领域融于社会领域的活动案例 ·········· 93
第四节　健康领域融于科学领域的活动案例 ·········· 105
第五节　健康领域融于艺术领域的活动案例 ·········· 125

第四章　幼儿园健康主题活动 ·················· 147

第一节　身体健康活动 ····················· 147
第二节　心理健康活动 ····················· 191

第五章　幼儿园健康环境的营造 ················· 198

第一节　童话剧案例 ······················ 198
第二节　生活墙饰案例 ····················· 211

第一章 幼儿园健康教育新视角概述

《纲要》中指出："幼儿园必须把保护幼儿的生命和促进幼儿的健康放在工作首位，树立正确的健康观念，在重视幼儿身体健康的同时，要高度重视幼儿的心理健康。"随着对《3～6岁儿童学习与发展指南》（以下简称《指南》）的深度学习，"儿童的发展是一个整体，要注重领域之间、目标之间的相互渗透和整合"深深影响着幼教工作者。我们认为，幼儿园课程也应追求经验之间的联系，组成课程的各个部分之间应该是相互联系、相互促进的，它们应该构成一个有机的整体以促进幼儿获得全面的发展。因此将健康教育与其他领域课程有机地联系到一起，为幼儿创设一个整体的学习环境，对促进幼儿获得整体、全面的发展，对幼儿园课程体系的建构有着重要的价值和深远的意义。

第一节 健康教育的发展

一、健康教育的国际研究

（一）国际社会对健康教育的认识

联合国教科文组织在2000年达喀尔世界教育论坛上发表的一篇《学校健康与营养》专题研究报告指出，前十年的有关研究发现，健康教育要在数量与品质上有所提高，教育部门本身要起到带头作用，并归纳出指导健康教育发展的十项重要研究结论：①基于学校的营养和健康教育能够改善（学生的）学业表现。②学生的健康和营养状况影响（学校的）招生率、保持率和缺席率。③教育有助于健康。④教育能够促进社会公平和性别平等。⑤促进教师的健康有助于他们的健康、士气和教学质量。⑥健康促进和疾病预防项目是高效益低成本的。⑦在学校对年轻人实施教育可以减少社区的疾病。⑧多元协作战略比单一战略效果更好，但制订针对任何一个对象的多元战略必须谨慎。⑨采用技能取向的互动式方法进行健康教育是最有效的。⑩经过培训的教师提供健康教育对学生健康知识和技能会产生更显著的成效。

以上的研究涉及健康和教育的关系，健康对学生、教师、社会的作用以及健康教育政策制定等各方面，显示国际社会对健康教育的重要性具有充分的认同。

国外目前通常提倡的是大健康的概念，即将健康教育、保健服务、健康的学校环境、体育、心理健康教育、营养与饮食等都纳入到健康教育的范畴内。

比较典型的是美国的健康教育概念的发展与变化。传统上美国的健康教育由三部分构成：健康教育、健康服务和健康环境。在 20 世纪 50 年代，美国健康体育娱乐协会制定的学校体育评价指标包括：折返跑、立定跳远、投掷等。直到 1965 年，体育教育领域首次提出了身体健康素质的概念之后，美国学校才开始将身体运动素质与身体健康素质区别开来。经过数年的理论和实验研究，1980 年后，美国学校均采用了美国健康体育娱乐舞蹈协会开发的身体健康素质测验，完成了由身体运动素质测试向身体健康素质测试的转变。由于对影响健康要素认识的提高，学生体质与健康的测量与评价也随之发生了重大的变化。目前，世界大多数国家都认为，身体成分、心血管系统的功能水平、肌肉的力量和耐力、肌肉和关节的柔韧性是影响人体健康水平的主要因素，也是影响人们学习、工作乃至提高未来生活质量的重要条件。目前，身体健康素质这一概念及评价指标已被世界大多数国家的有关专家所认同，并被广泛地应用于这些国家学生体质健康的评价之中。

英国的教育与技能部（DFES）所属的健康部在 1999 年发起一项全国健康学校项目，从学校的健康教育、健康饮食、体育活动和情绪健康四个方面分别制定若干标准。加拿大提倡的是学校社区取向的综合学校健康教育，在开展健康教育时提倡整合学生、家庭、学校和社会各种力量，并运用多种教学策略来提高健康教育的成效。日本政府早在 1958 年出台了《学校健康法》，为日本学校健康教育提供了完善的组织框架。

（二）国际健康教育的研究内容

针对各国实际和对健康的认识，目前国外在健康课程的设置上或独立设置健康教育课程，或将其与体育学科整合。

美国制定了全国性的健康教育标准，大部分州从幼儿园开始到 11 年级都有健康教育的课程，并且有一整套完整的课程设置、教学大纲、教材体系及管理服务体系与之配套。

有的国家则将健康教育与体育结合为一门课程，两者构成有机的整体。日本把健康教育融合在体育学科中作为必修课开设，称为保健体育。日本的保健体育课程包括体育课和保健课两部分，但两者的地位是相对独立的。

国外的健康课程内容非常丰富，几乎涉及儿童生长发展所必须了解的全部问题。美国学校健康教育的内容涉及面较广，有生理、心理与情感、家庭与社会等诸方面。主要包括：①心理和情感健康；②家庭生活与家庭关系；③人体生长和发育；④营养学；⑤个人健康；⑥酒、烟、毒品对人体的危害；⑦慢性及传染性疾病的预防和控制；⑧安全教育及意外事故的防止；⑨消费健康及公共健康；⑩环境健康。根据学生的年龄特点以及生理和心理的需要，教学内容的安排分为三个阶段，循序渐进地开展，幼儿园至四年级为第一阶段；五年级至八年级为第二阶段；九年级至十一年级为第三阶段。各个阶段有各自的要求与侧重点。日本的"保健体育"教育的基本内容包括：小学——身体的发育与心理发展，防止受伤，预防疾病，健康的生活；初中——身心功能的发展与心理健康，健康与环境，防止伤害，预防疾病，健康与生活；高中——现代社会与健康，环境与健康，终身健康，集体健康。

二、我国对健康教育的研究

（一）国内对健康教育的认识

我国在学前教育领域中首先使用"健康教育"一词的是陈鹤琴先生，在他著名的"五指活动"中第一个方面就叙述了"儿童健康"，包括饮食、睡眠、早操、游戏、户外活动、散步等。而在2001年颁布的《纲要》中提到学前教育健康，其内容主要包括五个方面，即日常健康行为教育、饮食营养教育、身体生长教育、安全生活教育、体育锻炼。

重庆师范大学学前教育与艺术学院附属幼儿园主张身体健康和心理健康齐头并进；艺术和游戏使健康教育活泼清新；电教媒体使健康教育直观动情。陈鹤琴将幼儿心理归纳为七个方面：好游戏、好模仿、好奇、喜欢成功、喜欢野外生活、喜欢合群、喜欢称赞等。要提供给儿童良好而正确的刺激，让儿童在优良的环境、真实的情境中自然而然地接受教育，同时应该多给孩子积极的暗示和鼓励。他还提出了"活教育"理论，即把大自然、大社会作为活教育的教材，组织的课程符合儿童生活，符合儿童与自然、社会接触、交往的形式。张雪门认为幼儿教育的目的就是让儿童的身心得到健康的发展，让儿童获得适应当前环境的习惯和经验。他强调在幼稚时期"满足个体需要，甚于社会的需要"。在幼儿的教育中要紧密联系生活经验，坚持整体性原则，偏重于直接经验和个体的发展。

（二）国内健康教育的研究内容

对于健康教育开展方式的研究，国内研究者主要集中于对幼儿健康教育某一特定内容开展方式的研究，比如如何组织体育课等。长期从事学前教育研究的南京师范大学顾兰芳教授却将学前儿童健康教育进行了更加细致的划分，主要内容分为学前儿童日常健康行为教育、饮食营养教育、安全生活教育、心理健康教育和体育锻炼六个方面。

我们通过查阅及文献相关资料，发现幼儿园健康教育活动涉及的内容很广，总的来说目前幼儿园健康教育有以下四方面的内容。

1. 生活卫生教育。生活卫生教育的主要目的是帮助幼儿获得日常生活中必需的、基本的生活知识和卫生知识，培养幼儿良好的生活习惯、卫生习惯和初步的生活能力，逐步提高幼儿自我保健意识和能力，使幼儿学会以健康的方式来生活。如个人卫生习惯的培养，基本生活能力的培养，健康生活方式的教育，保持环境整洁的教育及预防保健的教育等。

2. 安全教育。安全教育主要是帮助幼儿获得和掌握日常生活中最基本的安全知识和技能，使幼儿逐步懂得爱护自己和他人，不断增强幼儿的自我保护意识和能力。如生活活动的安全教育，交通安全的教育，自救自护的教育等。

3. 身体锻炼。利用体育器械或自然物（阳光、水、空气）进行身体锻炼，激发幼儿参加体育活动的兴趣，培养幼儿积极锻炼身体的良好习惯，全面协调地发展幼儿的体能，增强幼儿体质，提高幼儿适应自然的能力，同时还可以通过体育活动让幼儿了解基本的体育卫生知识，培养幼儿勇敢、不怕困难等良好的心理品质。

4. 心理健康教育。心理健康教育即培养幼儿良好的心理品质，增强幼儿心理活动的强度，提高幼儿对社会生活的适应能力。包括情绪、情感的教育，良好个性的培养，社会适应能力的培养等方面。

第二节　幼儿园开展健康教育的价值

《纲要》指出："幼儿园健康教育的目的就是保护幼儿的生命和促进幼儿的健康，提高幼儿期的生活乃至生命的质量。""保护幼儿的生命"是由幼儿身心发展的特点所决定的，而"促进幼儿的健康"由幼儿健康的特有价值所决定。幼儿园健康教育要根据幼儿的身心发展特点，通过适宜有效的多种活动，提高幼儿对健康的认识，改善幼儿对健康的态度，培养幼儿的健康行为，最终使幼儿养成健康的生活方式。

一、幼儿身心发展的需求是开展健康教育的出发点

人的生命历程的每一个阶段都必须高度重视健康，都必须获取健康信息，

任何时候放松了健康知识的学习与应用，健康都会远离自己。幼儿健康教育是终身健康教育的基础教育。幼儿期，发育迅速但还未完善的生理特点、天真纯洁但容易受到伤害的心理特点、活泼好动但自我保护能力欠缺的活动特点等决定了幼儿健康教育是幼儿园教育最重要的组成部分。幼儿健康教育与幼儿全面发展的关系十分密切，幼儿全面发展为健康教育的实施提供了理论依据，而要实践幼儿全面发展的理念，必须重视将幼儿身心素质的提高作为根本目的的幼儿健康教育，否则必将影响幼儿全面发展预期目标的实现。

二、落实《纲要》《指南》的发展目标是我们进行健康教育的价值追求

《指南》指出的"为幼儿后继学习和终身发展奠定良好素质基础为目标，以促进幼儿在体、智、德、美各方面的全面发展为核心，关注幼儿学习与发展的整体性"，旨在引导幼儿园教师和家长树立正确的教育观念，了解3～6岁幼儿学习与发展的基本规律和特点，建立对幼儿发展的合理期望。通过开展幼儿健康教育，通过领域内容的相互渗透，可以从不同的角度提高幼儿对健康的认识，改善幼儿对健康的态度，培养幼儿健康的行为，维护和促进幼儿健康的系统教育活动，促进儿童在情感、态度、能力、知识、技能等方面的长足发展。

三、幼儿的健康是家园共育的最终目标

《指南》指出："健康是幼儿生活、学习与发展的基础。"培养幼儿健康的生活习惯和生活能力，需要在日常生活中逐步形成并长期坚持，因此更加需要家长的督促和配合。幼儿园以健康教育为契机，不断探索、开辟多种途径，促进家长的主动参与，通过家长的参与和关注，让家长了解幼儿园融合领域活动的健康教育理念，并让这种先进的理念影响家长，潜移默化地改变家长一些不科学的健康态度，促使家长成为健康行为的执行者、幼儿健康的支持者和指导者，从而让幼儿形成良好的健康行为。

第三节 幼儿健康教育新视角

一、对开展幼儿健康教育的思考

很多幼儿园对健康教育的研究范围基本停留在幼儿的动作发展、卫生习惯和生理健康上。对健康概念和健康教育所涵盖的内容不够明确，对健康的多元化认识不清晰，对现在社会健康观的多元性与整体性缺乏必要的认识。在幼儿

一日活动中，教师仅在保健和体育活动中关注幼儿的健康教育，忽视了对幼儿心理健康和社会适应能力等方面的教育和培养。

从目前国内幼儿园的健康教育现状来看，还更多地以"保"为主，主要围绕着安全教育、营养教育、生活方式教育、心理健康教育等单方面进行，关于幼儿园整合、融合健康教育模式的研究很少。

随着2012年《指南》的颁布，在贯彻落实《指南》的过程中，为了促进幼儿身心健康全面协调发展，我们关注幼儿学习与发展的整体性，注重领域之间、目标之间的相互渗透和整合，尊重幼儿学习方式和个体差异，不片面追求某一方面的发展。因此，我园全面深化了健康特色的研究方向，尝试将健康教育融入到各领域的课程中，确定了具有新内涵的健康教育特色，即融于生活、融于游戏、融于教学的健康教育课程，促进幼儿身心全面发展。

二、开展健康教育的创新与实践

《纲要》要求幼儿园把促进幼儿的健康放在工作的首位，决定了幼儿健康教育是幼儿教育最重要的组成部分。《纲要》明确要求："教育活动内容的组织应充分考虑幼儿的学习特点和认识规律，各领域的内容有机联系，相互渗透，注重综合性、趣味性、活动性，寓教育于生活、游戏之中。"倘若幼儿园各领域的内容是有机联系、相互渗透的，那么就不是简单形式上的综合，而是实质性的融合。幼儿健康的价值和幼儿成长的特点决定了幼儿园在进行任何领域的教育时都必须将维护和促进幼儿的健康放在首位，故健康领域与其他领域的融合是最有必要的。如果教师真正持有健康第一的教育观念，那么健康领域与其他领域的融合也是最基本的。

在探索中，幼儿园将健康教育与其他领域有效渗透、有机整合，通过各领域活动的组织，渗透健康教育的理念与思想，把一些健康教育的模式、内容融入到课程的实施过程中。例如，在整个课程计划制订过程中如何将健康教育科学合理地融合进去；如何在语言、社会、科学、艺术等领域中渗透健康教育的理念与目标，并将实践转化为经验，形成一些具有园本特色的活动设计等。

（一）健康教育与主题活动

教育源于生活，将"健康教育融入生活"，以生活教育内容为主要载体，以体验式学习为途径，深入研究体验式环境的创设，再现生活，以贴近幼儿生活的内容为切入点开展主题活动，最大限度地支持和满足幼儿通过直观感知、实际操作和亲身体验获取经验的需求。孩子在与人、物互动、模仿、体验、探究的环境中提高了综合能力。在开展主题过程中，教师研究《指南》中的目标，以幼儿的兴趣为出发点，在互动式环境创设中引导幼儿获得主动发展。如小班主题活动"动物乐园"，教师们为幼儿创设了可操作可探索的互动墙饰，带领幼儿参观燕山动物园，拓宽了幼儿生活经验。自然角饲养易于照料的小动物，幼儿观察小动物、喂养小金鱼、小乌龟和小白兔等，给小动物起名字，了解了小动物的生活习性。通过模仿小动物的动作，让幼儿在快乐的游戏中锻炼身体，与小动物建立亲密的朋友关系。大班主要关注生活中的热点问题及周边乡土资源，开展了丰富多彩的主题活动。如大一班以房山长沟地质博物馆为线索，将"美丽的家乡"作为本土化、生活化的健康教育主题，教师带领幼儿走进美丽的地质公园。在地质公园中，孩子们自主创意石版画，参观地质博物馆，和爸爸妈妈一起玩拓展游戏，与同伴分享自己的美食……在这个自然和谐的大课堂中，孩子们通过直接感知、实际操作和亲身体验，充分感受到了家乡的历史文化及美丽景色，逐步养成了积极主动、不怕困难、敢于探究和尝试、乐于想象和创造的良好学习品质，进而也培养了幼儿热爱家乡的情感。

（二）健康教育与区域活动

在区域游戏中，幼儿通过对游戏主题的确立、角色的选择、情节的发展等活动学会如何与同伴友好相处，这些活动自我意识的良好发展、社会化和个性化的协调发展无疑是有重要意义的。在实践中，我们应该认识到不是所有的游戏对健康教育都是行之有效的，因此幼儿健康教育的游戏应该具有目标性和针对性，要精心地选择游戏，通过游戏帮助幼儿养成良好的卫生习惯、生活习惯和饮食习惯。

如小班结合《指南》中"幼儿园应多为幼儿提供自由交往和游戏的机会，鼓励他们自主选择、自由结伴开展活动"的精神创设了"小兔的家""宝贝屋"等交往区域。在交往区环境创设及材料投放上突出互动性与操作性，通过环境的创设及材料的投放，发展了幼儿语言表达能力、小肌肉动作及幼儿自我服务能力。中班根据幼儿感兴趣的游戏，以"快乐造型室""华冠美食天地""家庭照相馆""嘟嘟烘焙坊"等交往区为重点，开展了与健康领域目标结合的区域游戏，孩子们通过游戏，了解了饮品、水果与蔬菜的营养价值，通过自己设计食谱，了解了饮食的搭配、粗粮的营养以及垃圾食品的危害，提高了自我保护的能力。大班以"小医院""家庭旅馆""罗森小超市"的交往区为重点，开展融合健康教育的游戏活动。通过游戏，幼儿养成了良好的卫生习惯及良好的饮食习惯，知道少吃或不吃不利于健康的食物，学会了科学自主地搭配食物，提高了自我服务能力，学会了与同伴友好交往的好办法等。

（三）健康教育与领域活动

在教学活动中要有机地融入健康教育的内容。健康教育不是增加一日活动环节，也不是替代原有的教学活动，而是把教学活动内在的、潜在的因素挖掘出来，根据幼儿的年龄特点和心理特点，更好地发挥教学活动中心理健康教育的作用，在一日活动的每一个环节都能以幼儿为中心，尊重幼儿的人格和权利。这就对广大的幼儿教师提出了更高的要求。要求教师不仅具备专业知识和技能，同时要加强对健康教育目标的研究，在教学中把它们有机地结合起来，更好地对幼儿进行健康教育，为孩子的健康发展打好基础。例如，大班活动"明亮的眼睛"就是健康与科学领域结合的综合活动。在活动过程中，教师通过体验游戏、PPT 图片播放、小视频、测量 3 米有多远等环节支持幼儿达成健康领域与科学领域的目标，着重设计幼儿亲身体验的游戏与活动。小班活动"鸭妈妈真着急"是健康领域与语言领域结合的综合活动。教师用情景故事贯穿本活动，幼儿通过理解故事内容、学说对话、角色扮演等方式知道了学会拒绝陌生人，不跟陌生人走，既发展了幼儿语言表达能力又提升了自我保护意识。

（四）健康教育与动作发展

1. 游戏化的体育课。幼儿体育活动直接促进幼儿身体的发育和体能的提高，直接促进幼儿认知领域的发展，对培养幼儿良好的心理品质具有积极的作用。在探索健康教育新模式的实践中，户外体育教学也应涵盖其中。如把体育课中各种身体动作练习以游戏的形式来组织，调动幼儿内在的积极性和主动性，使教师外部的教学要求转化为幼儿内在的需求，使幼儿的兴趣得到满足，给幼儿的精神和身体带来愉悦，从而促进幼儿身体发展。对幼儿来说，游戏过程不是单调的基本动作练习，而是内容丰富、形式多样、富于变化、趣味性强的游戏。从幼儿感兴趣的游戏入手，通过内容选编的适宜性、环节安排的游戏化、材料提供的多样性、教师组织语言的游戏化来优化活动设计，实现体育活动的游戏化。通过实践体育活动游戏化，我们总结出四种活动形式：主题情境游戏的体育课、竞赛游戏的体育课、探究发现游戏的体育课、分组循环游戏体育课。无论哪种游戏形式，目的都是激发幼儿兴趣，调动幼儿活动的积极性和主动性，为幼儿主动、自主发展提供更广阔的空间。

2. 游戏化的综合体育游戏。户外综合体育游戏活动是根据幼儿园环境，因地制宜地在各种不同的场地，投放不同的材料，教师根据本班幼儿的生理、心理特点及基本动作发展等特点，为幼儿创设多个体育游戏环境班级户外体育活动凸显游戏场地和资源的共享，它是教师针对幼儿走、跑、跳、投、平衡、钻爬等基本动作练习和身体锻炼的需要，整合各种资源，创设的有主题、有情节的游戏情境。可以在材料上挖掘材料的多功能性，增加多种开放材料，比如将幼儿日常用的桌子、椅子作为体育游戏中跳跃、钻爬的器械；大油桶、梯子可以作为综合游戏中平衡的器械。还可以通过器具搭配组合，使游戏活动在材料的变化中动态发展。如改编当前热播的动画片情节，动画片中可爱的角色、生动的情节常常引发幼儿表现和模仿的欲望。将幼儿最喜欢的内容设计成游戏情境是激发幼儿参与活动的有效形式，如《小蚂蚁运粮》《闯关小达人》等游戏深受幼儿喜爱。

3. 小肌肉动作发展。《指南》中明确将"协调的动作"作为幼儿身心健康的重要标志之一，是其他领域学习与发展的基础，并提出了各年龄段幼儿"手的动作灵活协调"的发展目标。但目前，幼儿园普遍存在着幼儿小肌肉活动内容脱离幼儿生活、操作材料不适宜、活动指导缺乏针对性等现象。因此在开展幼儿小肌肉操作的活动中，教师应注重选择贴近幼儿日常生活的操作内容，如体现抓、穿、夹、倒、切、揿、扣、画、剪、揉、搓、切等小肌肉动作的操作活动，并将其融入幼儿的一日活动和教学活动中，与幼儿已有的生活经验相联系，让幼儿在相应的实际生活情境中操作、运用和迁移。如鼓励幼儿自己穿鞋、走迷宫、给小兔做生日礼物、给小羊穿新衣，激发幼儿参与操作活动的愿望，为提高幼儿小肌肉动作的灵活、协调能力提供机会。

第二章 促进幼儿动作发展的活动案例

　　动作发展是指由神经中枢、神经、肌肉协调控制的身体动作的发展。幼儿期是身体动作发展的重要时期，是适应社会生活必备的基本能力。幼儿动作发展包括全身性的身体动作发展（大肌肉动作发展）和手部精细动作发展（小肌肉动作发展）。全身性的身体动作发展较快，而手腕、手指等小肌肉动作发展较慢，具有一定的顺序与进程。《指南》在健康领域的"动作发展"领域明确提出"具有一定的平衡能力，动作协调、灵敏""具有一定的力量和耐力"和"手的动作灵活协调"三个发展目标。

　　这三个目标为幼儿园和家庭更好地促进幼儿动作发展指出了具体而明确的方向。为了更好地实现《指南》中幼儿学习与发展的目标，我们需要将它真正贯彻落实到实践中去。

第一节　幼儿小肌肉动作发展

一、为什么要发展幼儿的小肌肉动作

　　小肌肉动作也叫精细动作，是由小肌肉群组成的随意动作，一系列小肌肉动作就构成了协调的小肌肉运动技能。小肌肉动作发展是以协调和控制能力的发展为主要标志的，它在很大程度上是神经和肌肉的快速与准确反映，是神经控制与调节能力的重要表现。幼儿期正是躯体动作和双手动作发展的最佳时期，而手腕和手指等小肌肉群的运动能直接刺激脑髓中的手指运动中枢。手指活动越多、越精细，就越能刺激大脑皮层上相应运动区的生理活动，从而促进大脑皮层机能的发展完善，使思维更加活跃，同时智能得到发展。大脑在不断接受新的刺激和完善发展后，又促使手的动作更加协调和灵巧，使手部的运动

更加灵活精细，并对幼儿的智力和创造才能的开发打下生理基础。

《指南》依据幼儿的年龄特点，从"手的动作的灵活与协调"以及"使用工具"这两个维度提出了各年龄段学习与发展的具体目标。通过目标，我们发现对于幼儿来说，手的动作发展的重要内容就是学习使用工具，如用勺吃饭、用笔绘画或写字、用剪刀剪东西等。使用工具是维持人类生存以及适应人类生活必须具备的基本能力。由于幼儿日常生活离不开手的活动，其他领域的活动也离不开手的参与，如阅读与书写准备、操作与摆弄物体、美术活动等，因此只要我们提供动手操作的机会，幼儿手的动作能力就可以在各种相关活动中自然地得到锻炼并获得发展。在幼儿期，为了让幼儿的思维更加灵活，应当注重培养幼儿手的操作能力。我国著名的教育家陈鹤琴曾提出"要解放儿童的双手"，这说明手的动作的发展对于个体适应社会生活以及实现自身发展具有重要的意义。著名的学前教育家张家麟先生说："要教养一个孩子会动手做事，就是指要从小培养孩子们动手做事的能力。"因此我们要把促进幼儿小肌肉动作发展的目标贯穿于各项活动中，为幼儿创造可以充分活动的环境。同时在日常生活和游戏中，充分利用一些活动促进幼儿小肌肉发展，如穿鞋、穿脱衣服、吃饭、玩插片、画画等。这也正是《指南》相关教育建议中体现出来的教育理念。

二、发展幼儿小肌肉动作的活动案例

活动一

活动名称：我会穿鞋

适宜年龄：3～4岁

设计思路：很多家长认为小班幼儿年龄尚小，很多事情不会做，因此包办代替了几乎所有应该由幼儿做的事情，这就导致幼儿没有自我服务意识，总是等待别人的帮助。通过一段时间的幼儿园生活，我们发现幼儿逐渐学会了自己吃饭，学习了穿、脱套头的上衣，还有区分裤子的前后并主动穿裤子等。但是幼儿在穿鞋方面表现出明显的问题，如有的幼儿不会提鞋，不能明确地区分鞋的正反，穿旅游鞋时往往不能把鞋舌揪出来等。结合幼儿的现状，可以开展"我会穿鞋"的活动。通过游戏活动，满足他们想要穿鞋的愿望，并通过观察模仿的方式学习穿鞋技能，提高自理能力。

活动目标：

1. 在游戏情景中学习穿鞋的技能，能够独立穿鞋。
2. 喜欢穿鞋，激发自己独立做事的愿望。

活动准备：

经验准备：幼儿有自己穿鞋的经历。

材料准备：会发出声音的鞋子，每名幼儿两双鞋（旅游鞋、布鞋）。

场地准备：在地上铺好地垫，布置好鞋子商店。

活动过程：

一、开始部分

出示会叫的鞋子，然后说儿歌。

提问："这是什么？它有一个本领，你们猜猜是什么？（会发出声音）小花猫听见叫声，发生了什么事情？"

儿歌引出：我的鞋子真好笑，走起路来吱吱叫，小猫把我当老鼠，跟在后面喵喵叫。

二、基本部分

（一）买鞋子

教师当兔妈妈，幼儿当兔宝宝。

导语："今天兔奶奶给妈妈打电话，想请兔宝宝们去奶奶家玩，奶奶家可远了，我们要先去商店把鞋子买回来。买鞋子的时候，你要说出你买的鞋子是什么颜色，有什么图案。说清楚了，商店的阿姨才会把鞋子卖给你。"

幼儿去商店买鞋子，尝试用语言描述自己要买的鞋子的样子，如颜色、图案等。

（二）我会穿布鞋

1. 学习区分鞋的正反。

提问："这是什么鞋？鞋子应该怎样找朋友？"

幼儿尝试摆放鞋子，初步区分鞋子的正反。

2. 穿布鞋。

提问："小脚怎样穿进去呀？脚后跟进不去了怎么办？"

教师和幼儿一起穿鞋，并适当运用游戏化的语言进行指导，如小脚使劲往里钻、勾脚提鞋子。穿好鞋子后，教师和幼儿一起说儿歌"小白兔，白又白，漂亮鞋子穿起来，走一走，跳一跳，高高兴兴看奶奶。"

（三）我会穿旅游鞋

1. 买鞋游戏。

导语："兔奶奶来电话了，说家里忽然下雪了，兔宝宝要穿上暖和的鞋子。"

幼儿去商店买旅游鞋，尝试描述鞋子的特征。

2. 练习穿旅游鞋。

用儿歌引导幼儿自己穿鞋，教师进行指导。

三、结束部分

导语："兔宝宝们真棒呀，自己穿上了旅游鞋。"教师和幼儿一起说儿歌。

活动延伸：

1. 区域活动：在娃娃家投放不同种类的鞋子，方便幼儿在区域游戏时练习给自己或者给娃娃、给小朋友穿鞋。

2. 日常教育：在午睡前脱衣服时，引导幼儿学习脱鞋，并学习穿拖鞋，找好拖鞋的左右脚。区域活动后，鼓励幼儿自己穿鞋。起床时，引导幼儿继续集体学习穿裤子、上衣和鞋子，将主题教育活动与日常活动紧密结合起来。

家园共育：请家长鼓励幼儿在家里自己穿、脱衣服和鞋。当幼儿遇到困难时，鼓励幼儿积极用语言进行表达，主动寻求帮助。

活动反思：《纲要》中提出"幼儿的学习活动往往与游戏和日常生活密不可分。游戏和生活中不断出现的真实问题情境使幼儿不断调动和运用已有的经验，并在不断面临挑战和解决问题的过程中获得新的经验"，因此游戏和日常生活是幼儿进行各方面学习的主要途径。同时幼儿喜欢模仿，模仿是他们学习的重要方式。在活动的设计和组织过程中，教师注重根据小班幼儿的年龄特点，利用情境设计、创设真实情景，激发幼儿想要穿鞋的愿望，让幼儿在观察模仿的活动中学习穿鞋。

第一，去兔奶奶家做客的情境设计激发了幼儿想要穿鞋的愿望。

穿鞋是幼儿每天都要经历的事情，但是教师在日常生活的指导中没有调动幼儿穿鞋的积极性，幼儿缺乏兴趣，只是为了穿鞋而穿鞋。在此次活动中，教师先利用去兔奶奶家做客的情境激发幼儿的兴趣，引出穿鞋子的活动。在这个前提下，孩子们就有了想要穿鞋的想法。

第二，买鞋活动的设计，培养了幼儿的多种能力。

鞋子都是幼儿日常生活中穿的鞋子，通过把幼儿的鞋子放在商店里进行买卖，让幼儿更加细致全面地认识了自己的鞋子。在买鞋的过程中，幼儿在老师的提示与示范下，能够使用完整的话表达自己的意思。如我买旅游鞋，我买布鞋。这样幼儿就学习了鞋子的分类，掌握了不同鞋子的特点。但是仅凭这一句话还远远不够。幼儿必须全面观察自己的鞋子才能利用有效的语言，如"我买黑色鞋""我买小猫鞋"等。通过这个活动，幼儿认识了颜色，学会了使用完整的话表达自己的想法。同时在买鞋游戏中，锻炼了幼儿大胆与他人讲话的能力。

第三，两次穿鞋活动重点解决了孩子的问题。

两次穿鞋活动帮助幼儿掌握了穿不同鞋子的方法，重点解决了幼儿生活中的问题。如幼儿在日常生活中表现出穿布鞋的重要问题就是不会提鞋。此次穿布鞋的主要目的在于让幼儿找好鞋子的正反，学会提鞋。在活动中，教师利用游戏化的语言"小勾子提鞋子",教会幼儿提鞋的方法。提供旅游鞋的目的不仅让幼儿知道穿鞋的步骤,重点是拽住鞋的"小舌头"。在穿鞋的过程中,教师形象地将其比喻成"小舌头",调动了幼儿的兴趣。通过两次穿鞋活动让幼儿进一步知道穿鞋的基本步骤。在穿鞋的过程中,教师重点演示了一只鞋子的穿法,另一只鞋子则需要幼儿根据教师之前讲述的穿鞋方法进行回忆模仿,使幼儿获得有益的生活经验。在幼儿自己穿鞋的过程中,教师注意全面观察幼儿的表现,对仍有困难的幼儿继续用游戏化的语言进行指导,提示幼儿穿鞋的方法。

教师:张雪梅

活动二

活动名称:拉链宝宝

适宜年龄:3~4岁

设计思路:幼儿经常穿着带有拉链的服装,幼儿在穿衣服的过程中愿意尝试拉拉链。但是在生活中家长对幼儿的事情包办代替太多,导致幼儿缺乏了动手练习、尝试的机会。《指南》中指出幼儿应"具有基本的生活自理能力",为此教师结合幼儿的需要设计了本次活动,幼儿在游戏中提高动手能力和生活自理能力。

活动目标:

1. 能够根据儿歌学习拉拉链的方法,提高生活自理能力。

2. 乐意参加活动,感受自己动手的乐趣与成功感。

活动准备:

经验准备:会说拉拉链的儿歌。

物质准备:将若干带有图案的布料剪成边长20厘米左右的方布,将每块布料对折剪成两半,在两半的内侧各缝上拉链的两部分,人手一个大娃娃。

活动重、难点:

活动重点:能够利用儿歌来拉拉链。

活动难点:将拉链的一边插进另一边的拉链头里。

活动过程:

一、开始部分

用声音导入,激发幼儿拉拉链的兴趣。

播放哭声视频。出示小女孩:"原来是小女孩哭了,为什么?"

教师:"原来是要出去玩了,小朋友们都走了,只有小女孩不会拉拉链,穿不好衣服,所以着急地哭了,谁来帮帮她?"

二、基本部分

（一）教师一边说儿歌一边操作拉链

导语："今天老师带来了魔法咒语，你可以一边说魔法咒语一边拉拉链。咒语是'小汽车，停车站，拉链宝宝钻进车，钻呀钻呀钻到底，左手系上安全带，右手开动小汽车'。"

（二）花布找朋友

教师："桌上有很多不同颜色的布，找找看哪两片布是好朋友，让它们变成好朋友手拉手吧。"幼儿尝试将两片花布利用拉链连接在一起，教师重点指导如何将插头对齐。

（三）给娃娃穿衣服

教师："我们要带娃娃出去玩了，外面很冷，也要给娃娃穿上衣服。你们可以一边说着魔法咒语一边来拉拉链。"

三、结束部分

教师："给娃娃穿好衣服了，我们也穿好衣服带着娃娃出发吧。"

活动延伸：在区域中投放一些有拉链的动物玩偶和小衣服，便于幼儿在区域游戏中练习拉拉链。

活动反思：本次活动来源于生活中出现的问题，服务于生活，为培养幼儿的良好自理习惯打下基础。本次活动遵循小班幼儿年龄特点，通过声音引入、儿歌操作等方法让幼儿在情景中体验和学习。教师在开始部分，利用声音引入，唤起了幼儿的好奇心，通过小女孩的口吻表述了自己不会拉链带来的苦恼，从而着急得哭了起来。通过这个环节，引起了幼儿的共鸣，会激发幼儿自己想学习拉拉链的兴趣。在基本部分，教师用魔法咒语的方式向幼儿介绍了拉拉链的方法，魔法咒语的引入增加了操作的趣味性，便于幼儿接收和理解。

教师将科学自然而然地融入健康中，教师在给花布找朋友环节，通过引导幼儿找相同颜色的花布，幼儿在活动中通过仔细的观察，发现花布颜色和细节上的不同后，给花布找到相同颜色的朋友，发展了幼儿的观察和分类能力。

教师：马惠莹

活动三

活动名称：送给小兔的礼物

适宜年龄：3～4 岁

设计思路：在幼儿手工操作活动中，泥工深受幼儿的喜爱。《指南》在健康领域中指出："要创造条件和机会，促进幼儿手的动作灵活协调。如提供画笔、剪刀、纸张、泥团等工具和材料，或充分利用各种自然、废旧材料和常见物品，让幼儿进行画、剪、折、粘等美工活动。"于是教师结合幼儿的兴趣点与发展需要开展本次活动，让幼儿在感兴趣的活动中促进精细动作的发展。

活动目标：

1. 在给小兔做生日礼物的过程中，掌握泥工活动中捏、揉、搓等技能，锻炼小肌肉的灵活性。

2. 愿意参加泥工活动，感受泥工活动的乐趣。

活动准备： 超轻彩泥，实物 PPT 图片（面条、甜甜圈、蛋糕、冰淇淋、披萨、蘑菇等），音乐，小兔子头饰。

活动重、难点：

活动重点：用超轻彩泥给小兔做生日礼物。

活动难点：用捏、揉、搓等技能操作彩泥，锻炼幼儿小肌肉的灵活性。

活动过程：

一、开始部分

导语："今天小兔过生日，它请来了很多动物朋友来参加它的生日舞会，看看都有谁？"

二、基本部分

（一）生日礼物

导语："这些动物朋友还给小兔带来了生日礼物，看看都有什么？（实物PPT 图片）这些礼物是什么样子的？是怎么做的？"

小结：根据幼儿说的情况及时进行总结，如面条是用面团搓一搓，搓成长条。甜甜圈上面的糖豆是用手揉成小球。教师及时小结搓一搓、揉一揉、压一压、捏一捏等技能。

（二）邀请你来过生日

1. 送礼物。

导语："小兔还邀请你们一起去参加它的生日舞会呢，你想送给它什么礼物？这个礼物怎么做？"

2. 给小兔做礼物。

导语："你们想得真好，小兔子给你们送来了许多的彩泥，请你们给它做礼物吧。"

教师重点指导幼儿捏、搓、揉等技能。

（三）我给小兔过生日

导语："看，小兔来了，我们快把礼物送给它吧。"

图 2-1

三、结束部分

生日舞会——听音乐一起跳舞结束。

活动延伸：在活动区投放大小不同的贴纸、材料等，让幼儿在游戏中练习手部的小肌肉能力。

活动反思：幼儿在给小兔制作礼物的游戏情境中，掌握了泥工活动中搓、揉、捏等技能，当孩子们获得一块橡皮泥的时候，他会很高兴地反复揉搓、捏弄，这时幼儿的手指和肌肉便参与了锻炼。色彩鲜艳的橡皮泥激发了幼儿操作的兴趣，同时教师为幼儿选择他们所熟悉的、感兴趣的、立体的物体形象，幼儿在做做玩玩、认识感知中增强了手部动作的协调性和灵活性。与此同时，幼儿对泥工的兴趣越来越浓，慢慢自己学着动手动脑进行作品创作。

教师：张文婷

活动四

活动名称：我给小羊穿新衣

适宜年龄：3~4 岁

设计思路：3~4 岁幼儿的手部肌肉动作正在发展，他们能够做一些大的动作，比如抓、握等，但是手的精细动作的协调性不够，比如捏等。在班级的日常活动中，我们不仅开展锻炼幼儿小肌肉的活动，如捡豆豆、三指抓乒乓球、双手扣扣子、拉拉锁等，还充分利用集体活动促进幼儿手部小肌肉的发展，比如剪纸、捏泥等活动。在《指南》中明确指出小班幼儿能够沿直线剪，边线基本吻合，所以教师开展本次活动，让幼儿在为小羊穿新衣的情境中学习使用剪刀和三指捏，提高小肌肉的协调配合能力。

活动目标：

1. 在给小羊穿新衣的游戏中，能用剪刀沿直线剪纸并用滴管为小羊的新衣添色。

2. 通过情景游戏体验动手操作的乐趣。

活动准备：白纸、剪刀、胶棒、滴管、小羊、颜料。

活动重、难点：

活动重点：学习使用剪刀的方法。

活动难点：使用剪刀剪直线。

活动过程：

一、开始部分

出示小羊，激发幼儿兴趣。

教师："今天我们班来了一个小客人，它需要我们的帮助。"

二、基本部分

（一）讨论帮助小羊的方法

提问："冬天就要来了，小羊的羊毛太薄了，我们有什么好办法能让它暖和起来？"

（二）为小羊制作新衣服

1. 学习使用剪刀的方法。

教师："我们怎样才能剪出小羊的羊毛？"

幼儿讨论后，教师小结并说出儿歌："轰隆隆，轰隆隆，剪刀火车开来了，大指钻进小山洞，食指中指钻大洞，开门关门开门关门，火车出发啦，咔嚓咔嚓，咔嚓咔嚓，火车到站了。"

2. 幼儿尝试为小羊剪羊毛。

幼儿自选材料为小羊剪新衣。教师注意指导幼儿使用剪刀的正确方法，并提示幼儿注意安全。

3. 为羊毛染色。

教师："小羊喜欢五颜六色的衣服，请你给它的衣服染上漂亮的颜色吧。"

出示滴管及颜料，请幼儿用三个手指头捏住滴管的胶皮套，吸好颜色后滴到小羊的羊毛上。

三、结束部分

欣赏小羊的新衣。通过分享给小羊穿新衣的方法，巩固使用剪刀的正确方法。

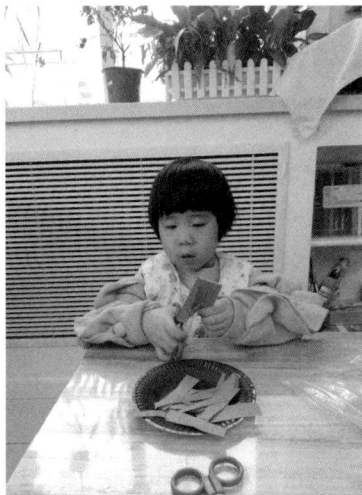

图 2-2

活动延伸：在活动区投放各种形象，如狮子、小猫、大头娃娃等，幼儿可以剪直线或者曲线，并粘贴狮子头发、小猫的胡子等。

活动反思：教师通过给小羊穿新衣的游戏情境激发幼儿使用剪刀的兴趣。通过提问"小羊需要怎样的衣服"提出剪纸的要求，并通过儿歌演示剪刀的正确使用方法。教师在指导时还帮助幼儿掌握日常的安全要求。教师的提问以及方法非常适合小班幼儿的年龄特点，语言简单易懂，游戏情境性强。滴管的使用帮助幼儿练习两指、三指捏的动作，也是提高幼儿手指配合及灵活性的一个好方法。幼儿在活动中不仅练习了小肌肉，也加强了对颜色的认识。

教师：王云飞

活动五

活动名称：快快乐乐走迷宫

适宜年龄：5～6 岁

设计思路：《指南》中指出"大班年龄段的幼儿手的动作要灵活协调，能够掌握正确的握笔姿势，线条基本平滑"，大班幼儿手臂大肌肉力量已经有所发展，但在握笔等精细动作上还稍有欠缺。大班幼儿喜欢迷宫类的闯关游戏，本活动结合幼儿的兴趣，设计闯关情景层层递进，加深难度，锻炼幼儿小肌肉的能力，激发幼儿挑战成果的欲望，达到练习手部小肌肉精细动作的目标。

活动目标：

1. 能够正确掌握水粉笔的用法，并较好地控制画笔画出平稳的线条。

2. 喜欢参加艺术活动，体会动手游戏的快乐。

活动准备：

经验准备：已经认识水粉笔，并能够初步使用。

物质准备：情景 PPT，大小不一的水粉笔，颜料，快快、乐乐卡通形象（可多次粘贴在笔杆上）、难易程度不同的迷宫闯关图若干张，长桌，猫头鹰裁判头饰。

活动过程：

一、开始部分

出示一部分迷宫图，激发幼儿兴趣。

教师："老师今天有一个很有意思的东西，你们看一看这是什么？"

二、基本部分

（一）出示 PPT，讨论握笔方法

教师："快快、乐乐今天要进行走迷宫比赛，但是猫头鹰裁判说比赛中必须直立骑着扫把笔（水粉笔）在迷宫里走出红、黄、绿的线条，而且彩色线条不能够撞上迷宫的墙壁，快快、乐乐犯难了，你能帮帮他们两个么？怎样直立骑着扫把笔？"

教师小结：拇指、食指捏住笔，中指抵住笔身。

图 2-3

（二）幼儿分成两组，初次尝试走迷宫

1. 教师："小朋友自由分组，在我们的长桌上有准备好的迷宫图，大小不一的水粉笔和红黄绿三种颜料，你自己要根据迷宫路的大小来选择水粉笔的大小，而且记住猫头鹰裁判说的红色线条不能碰到迷宫的墙壁哦。"

2. 请先完成并且完成较好的幼儿分享经验。

教师小结：拇指、食指要捏住画笔，小手握紧，慢慢画不能着急。

3. 幼儿再次尝试初级难度的迷宫。

（三）出示PPT，幼儿尝试加深难度的迷宫

教师："现在快快、乐乐来到了更难一级的黄色迷宫，你们有没有发现和刚才的迷宫有什么不同？迷宫的路变得更窄了，这下你们能帮快快、乐乐走出迷宫么？我们一起来试试。"

幼儿分享经验，教师总结：用更小一些的笔，手要握得更稳一些，还是要画得慢一些。

（四）出示PPT，幼儿尝试最难地图

教师："孩子们真厉害，现在，我们和快快、乐乐来到了最难的绿色迷宫，看看绿色迷宫和之前的迷宫比有什么不同？迷宫里的路更窄了，那我们这回要选择再小一些的笔了，这次我们来一起试试能不能帮快快、乐乐走出迷宫。"

幼儿分享经验，教师小结：绿色迷宫要画得更慢，手拿笔要更稳。

三、结束部分

闯关成功，幼儿帮助快快、乐乐走出三级迷宫，找到宝藏，幼儿回顾之前走的迷宫线路图，体会坚持带来的成就感。

活动延伸：幼儿喜欢游戏，在游戏中学习是幼儿获取经验的重要途径，可以将这种活动形式延伸到幼儿的艺术区，幼儿在活动区自取水粉笔等材料走迷宫，或套用其他类似的游戏情景激发幼儿的参与性。

活动反思：活动抓住大班幼儿的年龄特点，利用游戏比赛的形式进行握水粉笔的练习，逐渐加深难度，层层递进，既发展幼儿的小肌肉能力，又能培养幼儿的坚持性，在活动最后幼儿回看自己的闯关线路图能获得快乐，建立自信，从而喜欢艺术活动。

教师：李晓玉

三、家庭游戏设计

⚽ **游戏一**

游戏名称：剥花生

适宜年龄：3～4 岁

设计思路：《指南》中明确指出"要创造条件和机会，促进幼儿手的动作

灵活协调。"3～4岁幼儿很喜欢动手操作活动，但是他们的手指动作发展不完善，表现在按的时候手部不会用力，捏东西时手指对应不好、不会发力、手眼不协调。而《纲要》中也指出："幼儿园应本着尊重、平等、合作的原则，争取家长理解支持及主动参与，协同教育，双方形成合力，方能有效地促进幼儿的发展。"所以，我们与家长配合，共同为幼儿提供机会，创设了情景游戏"给小松鼠喂花生"，旨在通过活动，让幼儿在按、捏等精细动作中发展手的动作的灵活性和手眼协调性。

游戏目标：

1. 尝试用摁、捏的方式拨开花生。
2. 尝试使用钳子、小锤子等工具剥花生。
3. 能够用搓的方式将花生皮剥掉。
4. 能够将花生用勺子喂到小松鼠的嘴里。
5. 体验亲子给小松鼠剥花生的乐趣。

游戏准备：

经验准备：认识花生，了解花生的结构。

材料准备：小松鼠玩具、碗、勺子、花生、钳子、锤子。

游戏过程：

一、认识材料

妈妈向宝宝介绍准备好的材料。

导语："宝宝，小松鼠今天来我们家做客，我们一起剥花生喂它吃吧!"

二、给小松鼠剥花生

（一）剥花生

1. 双手剥花生。

（1）摁：家长指导幼儿用手先将花生摁开裂缝（提示宝宝可以用一只手按，如果摁不开可以将两只手摞在一起用力摁，直到花生出现裂缝）。

图2-4

（2）捏：家长指导幼儿用一只手的大拇指和食指捏在花生裂口处用力捏，将花生缝隙捏开后用另一只手的大拇指和食指捏住花生壳后用力拨开，取出花生豆。

2. 单手剥花生。

在幼儿熟练两只手剥花生后，可以引导幼儿单手剥花生，即用右手的大拇指、食指、中指用力捏开花生皮后，用左手将花生豆取出。

3. 用工具剥花生。

指导幼儿用钳子、锤子等工具剥花生，家长拿着花生，提示幼儿使用钳子或者锤子等夹或者砸。注意提示幼儿注意安全。

（二）搓花生皮

1. 双手手心搓。

家长指导幼儿将花生豆放在一只手的手心，将两只手对在一起用力搓，直到把花生皮搓掉，将搓下来的花生皮放进垃圾桶，用拇指和食指捏住花生豆放到小碗里。

2. 单手手指搓。

家长指导幼儿将花生豆放到一只手上，用大拇指、食指、中指用力搓花生皮，直到花生皮全部脱落。

三、给小松鼠喂花生

家长指导幼儿把小手变成小手枪捏住勺子，让花生豆从小碗里翻滚到小勺子里，然后慢慢地喂到小松鼠的嘴巴里。

教师：任艳姣　穆波

⚽ **游戏二**

游戏名称：拧瓶盖

适宜年龄：4～5岁

设计思路：4～5岁幼儿大肌肉动作逐步熟练，小肌肉动作开始快速发展。他们喜欢尝试做一些精细的动作，比如生活中喜欢用各种笔涂涂画画；喜欢用剪刀剪各种纸张；喜欢系扣子、拉拉锁。《指南》中说"操作和探索活动是幼儿比较适宜的学习方式"，所以幼儿手部精细动作发展需要多次的锻炼。饮料瓶是我们在日常生活中很容易收集的材料，拧瓶盖可以锻炼孩子们手指、手腕的力量，还可以培养孩子的观察能力、给物品配对的能力以及认识颜色、大小等。

游戏目标：

1. 能够运用手部力量（手指、手腕）成功拧上瓶盖。

2. 感受亲子游戏的快乐，对家人产生依恋的情感。

游戏准备：各种瓶子、游戏前将所有瓶子的盖子拧下混在一起。

游戏过程：

一、游戏初期

目标：主要利用简单的拧瓶盖的动作锻炼幼儿手部小肌肉的灵活度，初步让幼儿学会使用手指和手腕的力量。

材料：瓶口较粗的饮料瓶、瓶盖。

过程：家长随机拿起一个瓶子，请孩子找出相对应的瓶盖，并且独立将瓶盖拧上，验证是否配对成功。

二、游戏中期

目标：锻炼幼儿手部小肌肉的力量，增加手腕的力量，培养幼儿的观察力以及根据大小、颜色对事物的配对能力。

材料：大、中号的空饮料瓶，颜色 3～5 种，同种颜色的盖子大小有区别。

过程：家长随机拿起一个瓶子，请孩子找出相对应的瓶盖，并且独立将瓶盖拧上，验证是否配对成功。大小、颜色都要正确。

三、游戏后期

图 2-5

目标：增加幼儿对手指、手腕力量的控制，提升幼儿的观察力、猜想、验证的能力、耐心以及正确面对成败的态度。

材料：大中小号的空饮料瓶，颜色多种。

过程：计时 1 分钟，幼儿和家长自由操作，按照正确的大小、颜色进行配对，时间结束后看谁成功的多。

教师：张亦冲

⚽ 游戏三

游戏名称：好玩的外六角螺丝

适宜年龄：4～5 岁

设计思路：经过小班的系统培养，到了中班之后，幼儿的手部动作发展水平有了一定的提升，尤其是手眼协调、指尖动作和手指伸展等发展迅速。著名学前教育家张家麟先生说："要教养一个孩子会动手做事，要从小培养孩子们动手做事的能力。"结合《指南》健康领域中的建议"要创造条件和机会，促进幼儿手的动作灵活协调"，针对小肌肉发展欠佳的幼儿设计此游戏，让家长和孩子在家运用生活中常见的螺丝、纸杯、纸筒进行游戏。

游戏目标：

1. 通过"拧"的动作发展手部小肌肉的灵活度和手眼协调能力。

2. 在拧螺丝的过程中感受亲子游戏带来的快乐。

游戏准备：粗细、长短各不同的外六角螺丝、螺母若干，多色纸杯，纸筒，盘子，热熔胶，彩色胶带，小铃铛，毛线等。

游戏过程：

玩法一：幼儿和家长各取相同数量的外六角螺丝、螺母。

规则：在规定时间内将所有的外六角螺丝与螺母拧好。

注意事项：

1. 由于有的外六角螺丝较长，家长要多鼓励幼儿耐心进行游戏，家长可放慢速度，让幼儿在游戏初期获得成功体验。

2. 此年龄段的幼儿目测还不是很准确，游戏初期先投放粗细相同、长短不同的外六角螺丝、螺母，帮助幼儿降低难度，待幼儿操作熟练一些后再投放粗细不同的外六角螺丝、螺母。

玩法二：用热熔胶将长短、粗细不同的外六角螺丝固定在盘子上。

规则：单手将螺母拧在螺丝上，可在较长的外六角螺丝上多拧几个螺母，拧螺母多的一方获胜。将外围的外六角螺丝用毛线围起来，每两根外六角螺丝之间系上小铃铛。触碰铃铛响的一方，暂停十秒钟才可继续游戏。

注意事项：

1. 游戏初期可以将外六角螺丝较稀疏地粘在盘子上进行游戏。

图 2-6

2. 当幼儿操作熟练以后，在盘子空隙大的地方粘上外六角螺丝，在游戏过程中不要触碰外围线的铃铛。

玩法三：在纸杯和纸筒上打一些孔。

规则：用外六角螺丝、螺母把两个或者更多的纸杯（纸筒）连起来。

注意事项：

1. 游戏初期，纸杯孔的直径略大于外六角螺丝的直径，当熟练后，可将孔缩小。

2. 游戏中期，鼓励幼儿发散思维，在造型、纸杯数量上都有所突破，增强小肌肉的耐力和灵活性。

3. 游戏后期，可用彩色胶带在外六角螺丝、螺母上做标记，按颜色将纸筒进行连接。由于纸筒的直径较小、硬度变大，家长们要多给幼儿一些时间，可放一些舒缓的音乐或实施奖励机制，激发幼儿操作的兴趣。

教师：侯莉

游戏四

游戏名称：有趣的筷子筒

适宜年龄：4～5岁

设计思路：升入中班后，幼儿的小肌肉动作不断发展，游戏水平也明显提高。他们开始学习多种动作技能，如用筷子、扣扣子等。但是大部分幼儿手部小肌肉的发展还不是很灵活，如在使用美工区材料和小工具的时候，手部动作还是比较笨拙，对手里材料的控制能力还很弱。《指南》的健康领域建议："要创造条件和机会，促进幼儿手的动作灵活协调"，所以我们推荐家长利用家里常见的吸管、筷子筒开展小游戏，帮助幼儿锻炼手部的小肌肉，发展灵活性和协调性。

游戏目标：

1. 在穿孔的过程中，锻炼手部小肌肉的灵活性和协调性。

2. 能在穿孔的游戏中体验亲子游戏带来的快乐。

游戏准备：带孔容器（筷子筒）、五彩吸管（细、粗）、表（计时）。

游戏过程：

玩法一：

把吸管从外侧的一个小洞插进筷子筒的洞里，然后再将吸管从对面的一个孔里穿出来。

规则：一只手穿，另一只手不能帮忙。

注意事项：

1. 由于幼儿的小肌肉发展还不是很灵活，家长要给幼儿一些时间，让幼儿感受到成功的快乐。

图 2-7

2. 吸管的直径要比筷子筒的洞小，游戏初期先投放细一点的吸管，熟练后投放粗的吸管。

3. 幼儿熟练后，可以计时。

玩法二：

一只手将吸管穿进第一个洞后，另一只手在筷子筒中间将一个钥匙环挂在吸管上，最后再将吸管从对面穿出来。

规则：挂上钥匙环后，不能掉下来。

注意事项：

1. 游戏初期可以平插吸管进行游戏。

2. 将筷子筒的每一层刷好不同颜色，幼儿熟练后，要求将吸管从红色洞插进去，从黄色洞穿出来。

玩法三：

玩法同二，游戏者带上眼罩操作。

规则：在游戏过程中不能摘下眼罩。两头插好且钥匙环不掉为完成。

注意事项：起初戴眼罩游戏时，先不用挂钥匙环。等幼儿游戏熟练后，再挂钥匙环。

教师：王雪杰

⚽ 游戏五

游戏名称： 亲子夹夹乐

适宜年龄： 4～5 岁

设计思路：《纲要》中指出"使用工具是维持人类生存以及适应人类生活必备的基本能力。对于幼儿来讲，手的动作能力发展的重要内容就是学习用工具。"从中班起，幼儿开始学习使用筷子进餐。他们的手部小肌肉还不够灵活和协调，所以在使用筷子初期较为困难。这时，我们可以请家长带幼儿进行亲子游戏互动，让练习使用筷子的过程变得有趣。

活动目标：

1. 锻炼手指的灵活度，发展手部小肌肉动作。

2. 能够掌握正确使用筷子的方法。

活动准备： 鞋盒、盘子、碗、各种豆子、筷子。

游戏过程：

一、复习正确使用筷子的方法

（一）正确使用筷子方法

1. 使用前将筷尖对齐。

2. 使用时只动筷子上侧。

3. 使用中指、拇指、食指轻轻拿住筷子。

4. 拇指要放到食指的指甲旁边。

5. 无名指的指甲垫在筷子下面。

6. 拇指和食指的中间夹住筷子将其固定住。

7. 筷子后方留 1 厘米左右。

（二）练习使用筷子的儿歌

小筷子，本领强，拇指、食指、中指来帮忙，先打开，再合起，反反复复夹起菜，饭菜吃完味更香。

二、游戏部分

（一）游戏初期

材料：将鞋盒盖制作成一个四宫格（每格里放一种材料），儿童练习筷子、手偶、海绵块、纸球、棉花球、泡沫块、吸管（剪成短的段状）。

过程：一名家长拿着孩子喜欢的手偶进行简单的情景表演："我是小白兔，我好饿啊，你能喂我一些吃的吗?"孩子用筷子夹材料喂给小白兔吃。

（二）游戏中期

材料：制作成六宫格的鞋盒盖、盘子、普通筷子、花生、麦丽素、糖块、小积木等。

过程：家长和孩子一起夹，但是要把夹的东西往对方的盘子里放，增加互动感和趣味性。

图 2-8

（三）游戏后期

材料：制作成九宫格的鞋盒盖、普通筷子、不锈钢筷子、秒表、黄豆、绿豆、花生米、芸豆、钢珠等。

过程：计时1分钟，幼儿和家长同时从九宫格里往对方的盘子里夹豆子，时间结束后看谁夹得多。

教师：张亦冲

第二节　幼儿大肌肉动作发展

一、为什么要发展幼儿的大肌肉动作

大肌肉动作发展是由身体大肌肉群组成的随意动作构成的运动技能，如跑步、游泳、跳跃等运动技能。这些动作常伴有强有力的大肌肉收缩、全身运动神经活动与肌肉活动的能量消耗。在幼儿阶段，身体大肌肉动作的发展反映了个体在身体运动中的机能水平。《指南》中将幼儿的平衡能力、动作协调灵敏、力量以及耐力写进了目标。通过对《指南》目标的解读，我们发现，平衡能力是完成各种身体动作的前提，发展幼儿的平衡能力，有助于幼儿的身体在平稳、安全的状态下进行各种活动，它是幼儿实现自我保护的最基本能力。身体运动多种多样，无论是走、跑，还是攀爬、拍球等活动，都需要身体很多部位快速、准确的反应和有效的配合，这与协调能力和灵敏性直接关联。力量是身体运动的基础，没有肌肉力量，幼儿就无法站立、行走，更无法做跑、跳、攀登、搬运等动作。耐力体现了心肺和肌肉等方面的综合状况，幼儿心肺功能逐渐增长，肌肉耐力不断提高，就能较轻松地开展各种身体活动。由此可见，平衡能力、协调能力、灵敏性、力量和耐力都是最基本的身体素质。发展这些动作离不开体育活动，要实现大肌肉动作发展的目标，必须把这些目标带到体育活动中去，通过各类体育活动让幼儿的动作不断发展。

二、发展幼儿大肌肉动作的活动案例

（一）体育教学活动概述

幼儿体育教学活动是一种有目的、有计划、有组织发展幼儿身体，增强幼儿体质的教育活动，是实现幼儿体育活动目标的主要组织形式。体育教学活动能够系统全面地提高幼儿跑、跳、投、攀爬等大肌肉群的活动能力，提高幼儿的速度、耐力、柔韧、灵敏等身体素质，培养良好的平衡与协调能力，使幼儿得到科学有效的活动与锻炼，增强幼儿体质。

幼儿园阶段是基本动作发展的关键期，幼儿开始学习多种动作的协调，出现自主性的协调运动，如跑、跳、投等，因此幼儿的体育活动定位在基础运动能力的发展。在这个阶段，动作和运动能力的发展主要受自身生理发育与外部环境的影响。

幼儿园一般每周安排1～2次体育教学活动，每次活动的时间根据幼儿年龄差异略有不同，小班15～20分钟、中班20～25分钟、大班30分钟。在内容选择上，游戏是幼儿园的基本活动形式，所以体育活动更多让幼儿在游戏中学习与发展。活动中的动作技能应更多的指向幼儿生活和健康，为幼儿的生活和游戏积累更多的动作经验与方法，更好地满足幼儿自主游戏的需要。

活动一

活动名称：开汽车

适宜年龄：3～4岁

设计思路：幼儿们在户外分散活动的时候，很喜欢玩滚轮胎游戏。但是在玩滚轮胎的游戏时，轮胎经常会倒在地上，或者幼儿对滚起来的轮胎有些不知所措。《指南》中明确指出"在幼儿体育活动中，要把具有一定的平衡能力、动作协调、灵敏作为动作发展的目标，要利用多种活动发展身体的平衡性和协调能力。"根据幼儿喜欢的滚轮胎游戏，结合小班幼儿喜欢游戏性强、有情景的活动，教师创设滚轮胎开汽车的情境，设计了本次体育活动。

活动目标：

1. 在玩轮胎的游戏中，提高平衡能力，增强身体的灵敏度和协调性。

2. 喜欢参加体育活动，感受体育游戏带来的快乐。

活动准备：

场地准备：幼儿园操场、两条直线路、两条 S 形路、一条有障碍的路。

材料准备：大小轮胎 30 个、猴子头饰若干、果树 3 棵、椅子 40 把（搭建 S 路）、平衡木 3 个（搭建直线路）、拱形门 4 个、油桶 12 个。

场地布置图示：

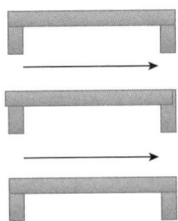

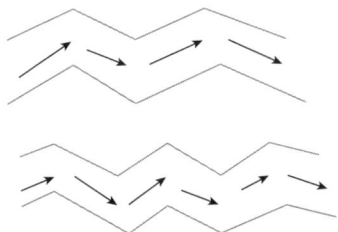

直线路宽 1～1.3 米　　　S 路宽 70～90 厘米　　　障碍与障碍之间距离小于 70 厘米

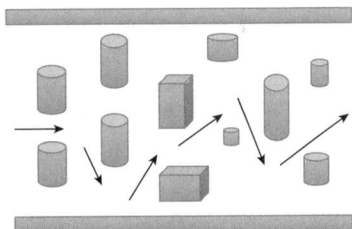

活动过程：

一、开始部分

猴妈妈（教师）带着猴宝宝听音乐入场并做准备活动。

二、基本部分

（一）开汽车游戏

教师："我看到你们最近在玩开汽车，你们都是怎么开汽车的？"鼓励幼儿先自己探索滚轮胎的方法。

（二）摘桃子游戏（穿过较窄的直线 1～2 次）

教师："你们的轮胎汽车开得真好，开汽车摘桃子去喽。每个人要摘两个桃子，这两条路都可以到达果园，请你选择喜欢的路出发吧！"

小结：在穿过直线时，眼睛要看前面，双手用力扶好轮胎的两侧。

（三）帮小兔子拔萝卜游戏（穿过 S 路）

情景：在果园里遇到受伤的小兔子，请每个幼儿帮忙拔两个萝卜。

教师："去萝卜地需要穿过 S 路，路不是很好走，你们要小心呀。"幼儿到达萝卜地后，小结走 S 路的方法。

小结：通过弯路的时候要减速，双手扶好轮胎两侧，顺着拐弯的方向滚轮胎。

小结后，再次穿过 S 路，给小兔子把萝卜送回家。（根据幼儿游戏情况再次尝试）

（四）给猫阿姨钓鱼游戏（穿过障碍物）

教师："小兔子说猫阿姨要过生日了，她想吃河里面的小鱼，想请每个小朋友给猫阿姨钓三条鱼。可是去鱼塘要经过有障碍的路，在穿越障碍时，你们要小心呀。"

幼儿通过障碍后，请幼儿小结双手扶稳轮胎，慢慢绕开障碍物。小结后，可以再次尝试，鼓励幼儿在身体配合平衡的情况下加快速度。

图 2-9

三、结束部分

幼儿把汽车停好，走过小桥和山洞，来到猫阿姨的家把小鱼送给猫阿姨。

注意事项：

1. 根据幼儿的实际情况调整路的宽度和游戏次数。

2. 在路途中时创设喝水和加油的情景帮助幼儿过渡和放松。

3. 幼儿每次摘完的水果给配班老师装进篮子，主班教师关注大部分幼儿的游戏情况。

活动延伸：

1. 开展轮胎接力活动，鼓励幼儿在滚轮胎的过程中能够更加灵活的操作。

2. 和幼儿讨论把轮胎叠高的方法，并请幼儿尝试练习，帮助锻炼手臂力量和身体的协调配合能力。

活动反思：本次活动的目标是根据《指南》中动作发展的目标、班级幼儿的兴趣和现有水平制定的。在环节设计中，幼儿自由探索轮胎的滚法，并和同伴相互分享、总结经验，初步掌握滚轮胎的方法。在游戏中，场地难度层层递进，循序渐进地让幼儿练习平衡与控制能力。两条直线路的宽度不同，既能避免拥堵，又能照顾不同水平的幼儿。S 形路和障碍路的设计加大了难度，进一步促进幼儿身体的平衡和协调能力。随着游戏的贯穿和难度不断地增加，幼儿的平衡能力得到锻炼与提升。教师能够发现幼儿在游戏中的真实问题，及时在每个环节后进行小结，成为幼儿学习的支持者。

教师：侯梦涵

活动二

活动名称：小蚱蜢学跳高

适宜年龄：4～5 岁

设计思路：《指南》中提出"幼儿能助跑跨跳过一定距离，或助跑跨跳过一定高度的物体。"教育建议中也明确提出开展丰富多样、适合幼儿年龄特点的各种身体活动，如走、跑、跳、攀、爬等，鼓励幼儿坚持下来，不怕累，而且强调教育活动要贴近幼儿生活。于是我努力挖掘幼儿生活中的教育资源，使之成为发展幼儿基本动作、增强幼儿体质、培养幼儿对体育活动兴趣的有效载体。奶箱是我们生活中常见的物品，长宽高在 10～30 厘米，正好适合在教学中发展幼儿跳跃的技能，于是我以奶箱为载体，以跳跃为目标，设计了本次活动。

活动目标：

1. 在游戏中尝试双脚向上跳过 10～30 厘米的障碍。

2. 喜欢参与跳跃游戏活动，体验模仿小蚱蜢做运动的快乐。

活动准备：

场地准备如图所示：

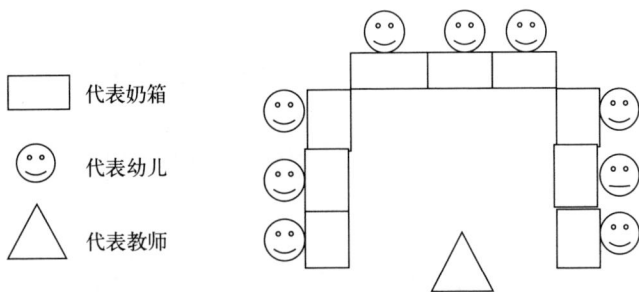

材料准备：幼儿每人一个贴上狗尾草的纸箱、小蚱蜢胸卡每人一个。

活动重、难点：

活动重点：在游戏中感受、体验双脚向上跳过障碍的正确方法。

活动难点：上下肢协调用力跳过较高或成片的狗尾草。

活动过程：

一、开始部分

（一）幼儿佩戴胸饰当小蚱蜢，激发参与活动的兴趣

教师："小蚱蜢们，我们学过一首《小蚱蜢》的儿歌，那咱们一起边说儿歌边做动作吧。"

（二）做身体操，充分活动身体各部位

1. 教师："今天我们要玩一个'小蚱蜢学跳高'的游戏，为了保护我们的身体不受伤害，我们要做好热身才能跟妈妈学跳高，让我们一起来做运动吧！"

2. 幼儿站在奶箱的后面当小蚱蜢，教师带领小蚱蜢一起活动脚腕、膝盖、腰部、上肢、下肢，为跳高做准备。

二、基本部分

（一）游戏：小蚱蜢学跳高

1. 导语："春天来了，小蚱蜢最喜欢在狗尾草里跳高了，这里有一片狗尾草，我们试试看谁能双脚并拢跳过狗尾草。"幼儿尝试双脚跳过 15 厘米高的狗尾草。

2. 请幼儿说一说是怎么跳过狗尾草的。

师幼共同小结：双脚并拢，屈膝向上跳过箱子，前脚掌着地，落地要轻。

（二）游戏：小蚱蜢跳得高

1. 导语："夏天到了，狗尾草慢慢地长高了，你们的呢？"幼儿跟老师一起转动箱子，使箱子以第二高度呈现，幼儿运用正确的方法跳过 20 厘米高的狗尾草。

指导重点：提示幼儿在游戏中双脚并拢不能打开，前脚掌蹬地起跳要有力，向上向前跳过障碍，落地要轻盈。

2. 游戏：连续跳过 20 厘米高的狗尾草。

导语："刚才小蚱蜢了一下就跳过了这么高的狗尾草，这次你们要连续跳过一片狗尾草。"（将箱子分成 4 列，每列 7 个，每列都是第一、第二高度混合，巩固练习第一、第二高度。）

指导重点：提示幼儿在跳跃的过程中要上下肢协调用力，向上向前跳过障碍。

图 2-10

（三）游戏：跳高我最棒

1. 导语："下雨了，狗尾草喝了许多水，又长高了。"（奶箱以最高的高度呈现）鼓励幼儿尝试跳过 30 厘米高的狗尾草。

2. 跳高挑战赛。

奶箱分成 4 列，每列 6 个，其中两列以奶箱最高的高度呈现，第三列把箱子两两落在一起以最低的高度呈现，第四列以奶箱的第二高度呈现。（也可根

据幼儿的水平调整奶箱的高度）

指导重点：指导幼儿跳跃的方法，同时鼓励幼儿在跳过第一、第二高度的基础上，尝试挑战第三高度。

三、结束部分

（一）游戏：按摩游戏

导语："小蚱蜢都跳累了，现在我们一起捶捶背、拍拍胳膊、拍拍腿。"

附儿歌：小蚱蜢，学跳高，

一跳跳上狗尾草，

腿一伸，脚一翘，

哪个有我跳得高。

注意事项：

1. 做准备活动时，要充分活动脚腕、膝盖，放松的时候也要充分放松这两个重点部位。

2. 要提示幼儿注意跳跃的方法，保护好膝盖、脚腕。

3. 在跳过长高的和连成片的狗尾草时，教师可以根据本班幼儿的人数将幼儿排成若干排和若干列，保证每个幼儿都能参与活动。

4. 可以根据本班幼儿的水平选用不同大小的奶箱。

活动延伸：

1. 在幼儿能够向上跳过 10～30 厘米高的障碍的基础上，还可以利用奶箱发展幼儿双脚连续跳的能力。

2. 在保证安全的情况下，鼓励幼儿根据自己的水平把奶箱摆成不同的高度来挑战。

活动反思：《纲要》中把"培养幼儿对体育活动的兴趣"作为幼儿园体育的重要目标，强调要"用幼儿感兴趣的方式发展基本动作，提高动作的协调性、灵活性"，"要根据幼儿的特点组织生动有趣、形式多样的体育活动，吸引幼儿主动参与"。于是在本次活动中，我把生活中常见的奶箱制作成狗尾草，请幼儿当小蚱蜢，整个活动以游戏贯穿，激发了幼儿挑战不同高度狗尾草的兴趣。在活动中教师利用奶箱高度层层递进地展开，促进了幼儿跳跃能力的提高，同时也培养了幼儿不怕困难、勇于尝试的良好学习品质。

教师：陈大翠

活动三

活动名称：好玩的小椅子

适宜年龄：5～6 岁

设计思路：《指南》中指出"幼儿园的体育活动不是单一的体能训练，它是一种综合的实践活动"。北方的冬季寒冷干燥，且近些年来雾霾天气频发，当雾霾天气来临，户外活动就会取消。所以，我园积极开展各种室内运动，保证幼儿们的体育活动时间。小椅子是天天陪伴幼儿生活和学习的好伙伴，可以将椅子作为一种体育器械，排列、倒放、垒高……通过一物多玩促进幼儿走、跑、跳等基本动作的发展。于是我们开展了本次活动，旨在通过体育游戏活动提高幼儿不怕困难、勇敢、坚强的意志和主动、合作、乐观的态度。

活动目标：

1. 通过自主探索小椅子的各种玩法，促进跳和平衡能力的发展。

2. 喜欢与同伴合作，体验运动的快乐。

活动准备：

材料准备：小椅子 18 把，木板 6 块，桌子 3 张，压压板 6 块，空心大积木 6 块。

场地准备：标出起点线，并设置可移动的终点线，分别离起点 1 米、3 米、5 米远。

活动重、难点：

活动重点：自由探索小椅子的各种运动玩法，促进跳和平衡能力的发展。

活动难点：分组合作玩搭桥过河的游戏，体验运动的挑战。

活动过程：

一、开始部分

幼儿入场，分散站好。教师带领幼儿活动身体各部位。

二、基本部分

（一）自由探索小椅子的玩法

导语："今天咱们要用小椅子做运动，请你想一想并试一试，能做什么运动？"

幼儿自己探索后，展示平衡、跳跃等相关运动的玩法，鼓励幼儿尝试同伴的玩法。

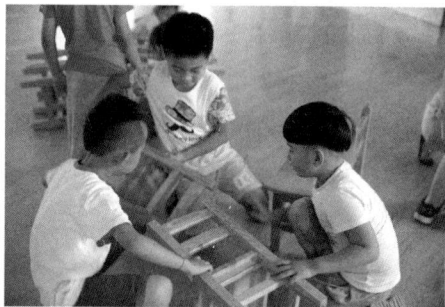

图 2-11

（二）自由组合探索小椅子的玩法

导语："这次我们挑战多人玩椅子，请你和你的好朋友试一试能做什么运动？"

在幼儿游戏中，提示运动的过程中需要注意的安全问题。

幼儿自由探索后，请幼儿介绍自己与朋友的玩法。要求幼儿能够说清楚几个人、几把椅子、做了什么游戏。

（三）小组合作探索多把椅子的玩法——搭桥过河游戏

1. 第一层次（1米）

导语："你们用椅子做运动的创意非常棒，现在我们来玩搭桥过河的游戏。请你们自由分为3组，每组6个小朋友。用你们手中的小椅子搭桥通过小河，从起点开始，到终点结束，6把小椅子都要用上。"

幼儿探索后，展示幼儿的玩法，请幼儿介绍注意事项。

2. 第二层次（3米）

导语："你们都顺利地通过了小河。快看，现在小河变宽了（移动终点线至3米处）。还是用你们手中的6把小椅子搭桥过小河，搭桥方式不能和其他组的一样，快去试试吧。"

在展示环节中，请幼儿说清楚搭桥方法以及注意事项。比如慢慢走，踩椅子的中间等方法。

3. 第三层次（5米）

导语："真棒，你们用了不同的搭桥方式渡过了小河。现在，小河变得更宽了（移动终点线至5米处）。怎样用6把小椅子渡过小河？"

幼儿尝试后，出示各种材料，鼓励幼儿进行尝试。（要求：选择一种材料，最多用两块。）

请幼儿介绍经验，如从椅子上跳下的时候落地要轻，走的时候保持平衡，用材料进行搭建的时候，注意是否牢固等。

三、结束部分

坐在小椅子上做放松活动，深呼吸，伸展上臂，压腿等。

注意事项：

1. 幼儿自由或合作探索椅子玩法的时候，教师要注意关注较为危险的玩法，并进行指导和安全教育。

2. 1米远的过河游戏中，当出现搭高、重叠情况时，教师注意进行保护。

3. 5米远的过河游戏中，教师注意发现材料连接情况，注意材料摆放的是否牢固，提前给予保护。

活动反思：整个教学活动的环节由易到难，对幼儿来说非常具有挑战性和趣味性。通过逐步加强游戏的难度，提升幼儿的运动能力，增进幼儿之间的交往能力。

活动开始探索小椅子的各种玩法，教师给孩子们创设了充分的自主学习空间，让他们自由探索和尝试，发现小椅子的多种玩法，并鼓励幼儿独立完成一些有难度的动作，让他们体会成功的喜悦。之后，在幼儿自主探索的基础上再组织同伴间的相互学习与自由探索，不断引导幼儿交流经验。最后设计的搭桥过河的游戏是本次活动的难点。这一环节非常符合大班幼儿的年龄特点和共同学习的学习方式，培养了幼儿合作、协商、倾听等能力。通过游戏活动，他们在活动中发挥聪明才智，不断进行沟通、合作与尝试，在游戏中展示自己的个性特点，极大地提高了他们参加体育运动的热情。

教师：张文婷

（二）幼儿园户外综合体育游戏活动

户外综合体育游戏是在户外开展的一种体育活动的组织形式，目的是让幼儿能够在户外按照自身的兴趣爱好、能力和水平，有选择地进行体育活动，以便更有效地调动幼儿参加活动的主动性和积极性。在内容选择上，包含各种大、中、小型幼儿运动器械的活动，通过游戏形式进行的各种基本动作练习，利用阳光、空气、水和沙石等自然资源进行的各种活动。户外综合体育游戏一般在上午和下午各开展一次，每次活动的时间为 30 分钟左右，活动形式以分散的自由活动与集体活动相结合的方式为主。

活动一

活动名称：兔宝宝运萝卜

适宜年龄：3～4 岁

设计思路：小班幼儿活泼好动，喜欢蹦蹦跳跳，但是，很多幼儿在双脚连续跳时容易两脚分开或踢中障碍物。《指南》中 3～4 岁健康领域目标也指出"幼儿能够身体平稳的双脚连续向前跳"。结合小班幼儿喜欢模仿小动物的特点及我班幼儿的现有水平和兴趣，我创设了情境游戏"兔宝宝运萝卜"，让幼儿带上小兔子头饰，模仿小兔子探索双脚连续跳的动作。

活动目标：

1. 在游戏中探索双脚连续跳的动作，知道跳的时候双脚同时起跳、不分开，双臂摆动。

2. 尝试动作协调地双脚连续跳 2～3 米。

3. 喜欢参加游戏，乐意遵守游戏规则。

活动准备：

场地准备：在一条直线上每间隔 50 厘米画上标记，共 10 个标记（可根据幼儿人数做 2～4 列）。两端分别画上起始线和终点线，在起始线的位置上画两个小脚丫，在终点处散放萝卜和筐。

材料准备：兔子头饰人手 1 个，纸片做的石头 10 个，纸砖做的草堆 10 个，用布做的立体大萝卜若干，筐 3 个。

摆放要求如图所示：

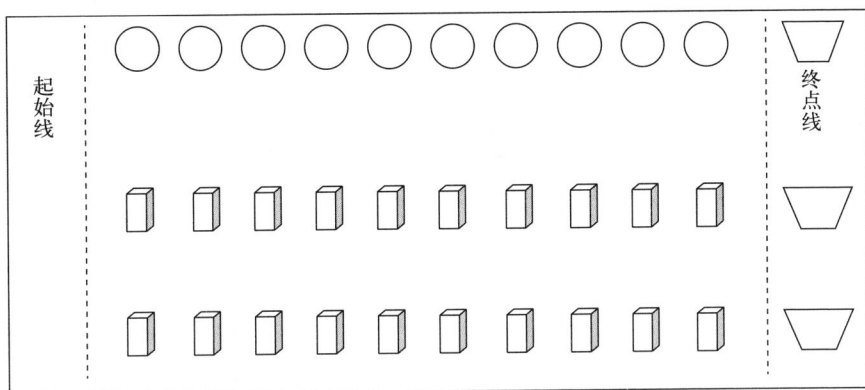

游戏玩法：

玩法一：无障碍双脚连续跳

材料：兔子头饰人手 1 个，纸片做的石头 10 个，大萝卜若干，筐 3 个。

游戏要求：把纸片做的石头（共 10 个）间隔 50 厘米摆放，兔宝宝站在起始位置，双脚连续跳到每片石头上，跳到终点后拔一个大萝卜放到筐里。

玩法二：有障碍双脚连续跳

材料：兔子头饰人手 1 个，纸砖做的草堆 10 个，大萝卜若干，筐 3 个。

游戏要求：把纸盒做的草堆（共 10 个）间隔 50 厘米进行摆放，兔宝宝站在起始位置，双脚连续跳过每堆草，跳到终点后拔一个大萝卜放到筐里。

玩法三：有障碍、双膝夹住萝卜双脚连续跳

材料：兔子头饰人手 1 个，纸砖做的草堆 10 个，大萝卜若干，筐 3 个。

图 2-12

游戏要求：把纸盒做的草堆（共 10 个）间隔 50 厘米摆放，兔宝宝双膝夹住萝卜站在起始位置，双脚连续跳过每堆草，跳到终点后将萝卜放到筐里。

注意事项：

1. 游戏前要做好热身活动，把身体的各个关节活动开，避免受伤。

2. 提醒幼儿有序参加游戏，不拥挤、不打闹。

3. 提示幼儿跳的时候双脚同时起跳、不分开，双臂摆动。

4. 游戏后引导幼儿将场地整理干净，将物品按标志送回。

活动反思：《纲要》中指出要"用幼儿感兴趣的方式发展基本动作，提高动作的协调性、灵活性"。小班幼儿的学习方式是在游戏中学，在玩中学，基于幼儿的兴趣、小班幼儿的年龄特点及发展水平，我们设计了游戏"兔宝宝运萝卜"。整个游戏情境共设计了三个由易到难的游戏方式，教师可根据幼儿游戏情况适当调整游戏方式，有侧重点地进行游戏。在游戏中教师要特别关注幼儿双脚连续跳的动作并进行适当提醒。

教师：任艳姣　任秀玲

活动二

活动名称：小蚂蚁运砖

适宜年龄：3～4岁

设计思路：小班幼儿特别喜欢钻爬。在区域游戏时，他们经常爬着去捡掉在地上的玩具。在户外分散活动中，经常不由自主地就开始爬行。小班幼儿的身体正处于不断发展中，他们的肌肉力量和能力有待提高，平衡能力差，多数幼儿动作不协调，在体育游戏中爬的动作也表现得各不相同。针对这一特点，教师创设了小蚂蚁盖房子的游戏情境，开展本次的户外综合游戏。

活动目标：

1. 在游戏中，尝试手膝着地爬行，锻炼手臂的肌肉力量以及身体的协调配合能力

2. 愿意参与爬行游戏，体验游戏带来的乐趣。

活动准备：垫子、拱形门、铃铛、木板、轮胎、草地、指压板、花布、黑布、纸砖、小蚂蚁胸牌。

游戏玩法：蚂蚁宝宝背着纸砖爬过草地、山洞，爬上山坡，爬过独木桥、陷阱，最后到达目的地将房子盖好。

游戏过程：

玩法一：平地爬行

材料：垫子4块，自制草坪、指压板。

游戏要求：幼儿背上纸砖，先自由在（自制草坪）草地上爬行，手膝爬过草地（垫子），爬过坑坑洼洼的草地（指压板），眼睛看向前方，保持身体平衡，不让纸砖掉下。

玩法二：变化方向爬行

材料：垫子4块，拱形门若干、铃铛、花布、黑布。

游戏要求：幼儿背纸砖手膝着地爬过山洞，然后爬过弯曲的盖着花布的山

洞，最后爬过盖着黑布的系着铃铛的山洞，提示幼儿钻山洞时不能碰到山洞两边和头顶上的铃铛。

玩法三：有一定高度爬行

材料：木板、斜坡。

游戏要求：幼儿背着纸砖爬上不同高度的山坡，然后爬过不同高度、不同宽度的独木桥，爬下山坡。

玩法四：障碍爬行

材料：轮胎。

游戏要求：幼儿背着纸砖爬过高矮不同的轮胎障碍，不要掉进陷阱。爬过后用纸砖盖房子。

注意事项：

1. 关注幼儿手膝同时着地爬行的动作技能是否正确、协调，并进行适当的指导。

2. 教师要注意观察幼儿出现的问题，根据情况及时调整。

3. 关注幼儿在游戏中的心理变化，如果幼儿有恐惧心理，教师及时进行疏导。

活动反思：《纲要》中指出"游戏是幼儿的基本活动"。而在《指南》健康领域中也特别强调"要开展丰富多样，适合幼儿年龄特点的各种身体活动"。作为成人要经常和幼儿一起在户外进行游戏。此活动为幼儿创设了盖房子的情境，用小蚂蚁的形象贯穿游戏的始终，爬行游戏层层递进，挑战不断升级，幼儿在自然的游戏中不断适应新的变化与挑战。在这种轻松的氛围下幼儿尽情地进行游戏，完成了爬行的目标。

教师：张文婷

活动三

活动名称：闯关小达人

适宜年龄：4～5 岁

设计思路：《指南》中指出"要在日常生活中利用多种活动发展幼儿身体的平衡和协调能力"。本班幼儿活泼好动，他们的动作比较灵活，协调性较好，但在跳跃和平衡能力上还有待提高。于是我们利用这个教育契机，结合幼儿的兴趣点，收集大量户外游戏材料，创设符合中班幼儿年龄特点的游戏情境，设计了本次户外综合游戏。

活动目标：

1. 在游戏中体验双脚跳跃、平衡的运动方式，提高身体的灵活性。

2. 尝试动作协调、灵敏地跳过障碍物。

3. 懂得遵守游戏规则的重要性。

游戏准备：荡桥 2 个、平衡木、梯子 1 个、轮胎 17 个、跳圈 10 个、奶箱 10 个、纸板 2 个（一个长 100 cm、一个长 55 cm）、垫子 3 块。

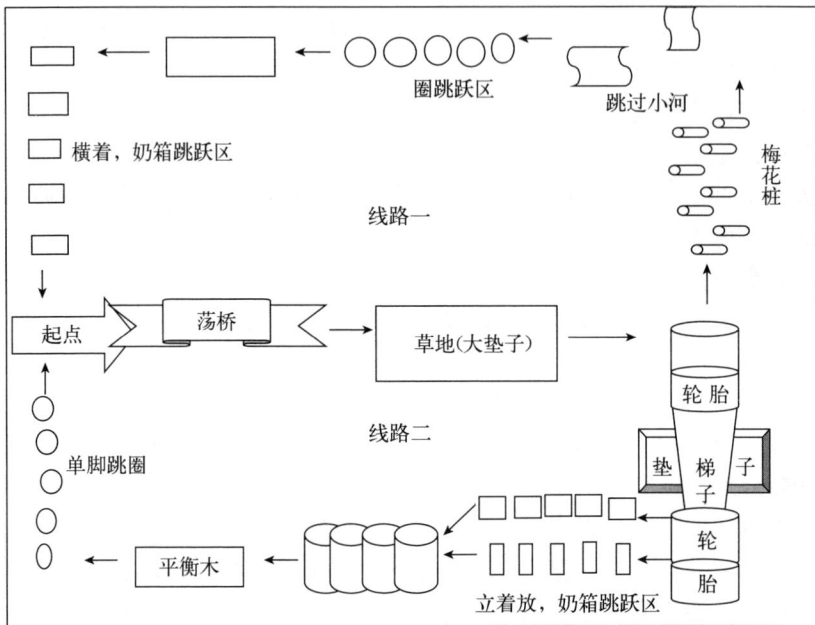

游戏玩法：幼儿走过小荡桥，爬过草地，分别进入沼泽地（梅花桩），跳过小河，跳过小荷叶，走向独木桥，跳过障碍物或越过悬崖，跳过障碍物，越过小山丘，走向独木桥，跳过小池塘，最终闯关成功。

游戏过程：

玩法一：跳跃障碍和平衡游戏

材料：荡桥 1 个，垫子 2 块，梅花桩 8 个，纸板小河 2 块，圆圈 5 个，平衡木 1 个，奶箱 5 个。

游戏过程：幼儿经过荡桥，手膝着地爬过草地，双脚交替迈步走过梅花桩，双手摆臂跳过小河，交替走过平衡木，双脚向上跳过障碍物（奶箱），走回原点。

游戏要求：幼儿按照材料摆放的先后顺序进行游戏，男女孩根据自己的能力来选择小河的宽度进行跳跃。

玩法二：加大难度，跳跃障碍和平衡游戏

材料：荡桥 1 个，垫子 2 块，轮胎 4 个，梯子 1 个，垫子 1 块、奶箱 6 个，轮胎 8 个，平衡木 1 个，圆圈 5 个。

游戏过程： 幼儿经过荡桥，双臂举过头顶，侧身滚过草地，走过危险的山崖，从搭好的梯子上面行走，跳过障碍，越过山丘，走过平衡木，双脚连续跳过荷叶。

游戏要求： 幼儿按照材料摆放的先后顺序进行游戏，男女孩根据自己的能力来选择奶箱的跳跃高度（奶箱的高度分为两个层次，一种是侧着放，一种是立着放），要保持平衡地走过轮胎的四周。

图 2-13

注意事项：

1. 游戏前要做好热身活动，把身体的各个关节活动开，避免受伤。

2. 遵守每个环节的游戏规则，不能调整材料的位置，要注意安全。

3. 跳跃时有连续跳和立定跳两种，小脚自然合拢向前跳，跳障碍物时要根据自己的能力选择器材进行游戏。

4. 走障碍物时，要保持身体的平衡，别从轮胎上面掉下来，注意安全。

活动反思： 教师充分利用幼儿园的现有资源设计了此次闯关游戏。幼儿可以根据自己的兴趣选择游戏种类，孩子们通过这样的游戏形式进行锻炼，激发了他们参与游戏的兴趣，挑战了自我，也锻炼了胆量。幼儿体验到了不同的游戏材料有不同的跳跃方法，个别胆小的幼儿也敢于参加走平衡木的游戏。在组织过程中教师利用丰富的表情及形象的肢体语言感染幼儿，并和幼儿一起快乐地做游戏，使幼儿积极投入到活动之中。

教师：张丽娜 谢春旭

活动四

活动名称： 小士兵运粮

适宜年龄： 4～5 岁

设计思路： 《指南》中指出"要利用多种活动发展平衡力与协调能力，开展丰富多样、适合幼儿年龄特点的各种身体活动，如跑、跳、攀、爬等，鼓励幼儿坚持下来，不怕累。"我班幼儿很喜欢参加户外运动，但是在活动中会表现出不协调、平衡能力弱的问题，如骑车的时候手脚不协调，爬的时候手脚配合不好，过障碍的时候身体倾斜等。结合中班幼儿喜欢具有挑战性且游戏性强的体育活动，教师设计了这次综合游戏。

活动目标：

1. 在游戏中，敢于尝试走过宽窄不同、高低不同的桥。

2. 喜欢参加体育活动，感受与小朋友一起参加运动游戏的快乐。

活动准备：

场地准备：操场、操场大型玩具。

材料准备：小士兵的胸牌、小背包若干、沙包若干、自行车、轮胎、小椅子、绳子、平衡木、小圆车。

摆放要求：

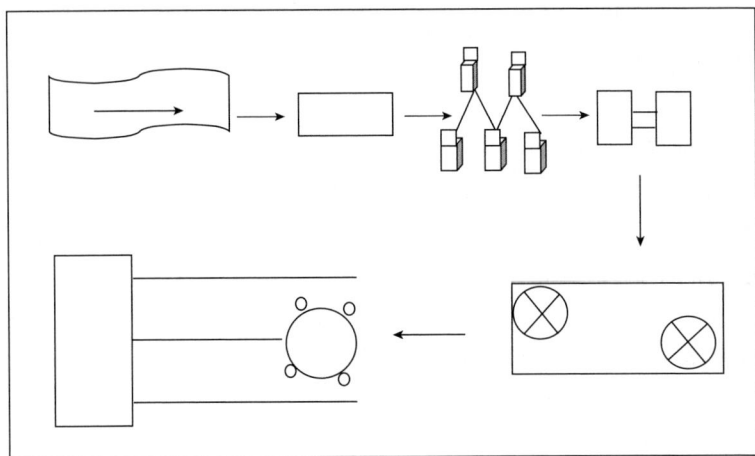

活动重、难点：

活动重点：通过不同高度、粗细的小桥运粮。

活动难点：拿好粮食的同时，通过晃动的荡桥、铁索。

游戏玩法：幼儿拿好粮食，匍匐钻过铁丝网，走过小桥，经过荡桥，通过铁索骑车。

游戏过程：

玩法一：陆地运粮

材料：用绳子拉好 S 形路、推车、大型地垫、小椅子、麻绳。

要求：幼儿把粮食放在小车上，自由选择直线路或 S 形路穿过，来到铁丝网，双手推着粮食匍匐前进，跨过火线双手举起粮食。

玩法二：运粮过桥

材料：平衡木、大型玩具、绳索桥。

要求：幼儿拿好粮食，通过粗细不同的平衡木，来到荡桥，抱住粮食过桥，走过晃动的绳索桥运粮。

玩法三：躲闪运粮

材料：轮胎、油桶，教师扮演敌人。

要求：幼儿通过森林，随时躲避出现的敌人，快速绕过障碍，跃过陷阱，将粮食送到军营。

注意事项：

1. 教师摆放道具时要检查摆放是否合理以及道具的安全性。

2. 幼儿在游戏前要进行充分的热身活动，避免受伤。

3. 在跨线运粮、铁索桥运粮和快跑运粮环节中，一定要进行重点关注和指导。

4. 游戏结束要带领幼儿拉伸放松。

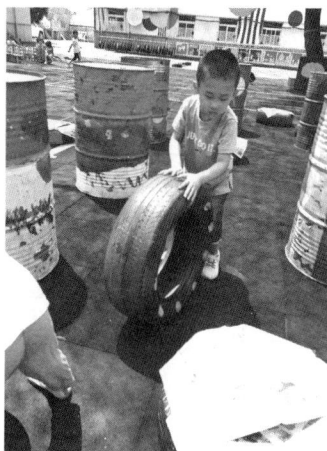

图 2 - 14

活动反思：本次综合游戏的设计结合了《指南》中动作发展的目标、班级幼儿的兴趣和现有水平。将递进的游戏设计贯穿整个情景，从陆地到高空再到障碍，通过推车、匍匐、木桥、绳索桥等多种方式发展幼儿动作的协调性与平衡能力。在游戏中能够感受到幼儿主动参与的热情，他们为了完成挑战，能够不放弃，积极主动地参与，身体更加协调和灵敏。在玩的过程中锻炼了身体，提高了身体素质。

教师：侯梦涵　李悦

活动五

游戏名称：我是勇敢的解放军

适宜年龄：5～6 岁

设计思路：《指南》指出要"发展幼儿动作的协调性和灵活性，鼓励幼儿进行钻爬和投掷"。在体能测试中，我发现幼儿在投掷和平衡木项目上比较弱，所以结合《指南》，利用户外游戏环节开展炸碉堡游戏，帮助幼儿掌握正确的投掷方法。

游戏目标：

1. 掌握肩上挥臂投掷的基本动作，发展动作的协调性和灵活性。

2. 能够克服困难，勇于完成任务，体验游戏的快乐。

活动重点：利用正确的方法进行投掷练习。

活动难点：掌握挥臂向上、向前投掷的基本动作。

活动准备：音乐、油桶 2 个、木板 1 个、露露罐 20 个、自制爬行网 1 个、沙包人手 1 个、桌子 3 张、地垫 2 块、轮胎 6 个、梯子 2 个、手榴弹若干。预先搭建好敌人碉堡。

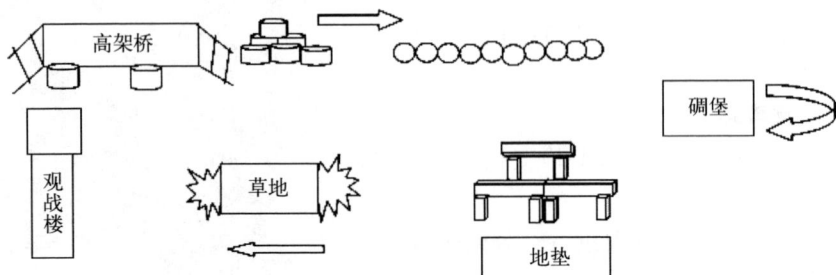

游戏玩法： 勇敢的解放军爬梯子上高架桥，走过高架桥，爬过轮胎山，走过露露罐小桥，炸碉堡，炸完碉堡爬桌子墙，然后匍匐穿过草地，最后炸观战楼。

游戏过程：

玩法一：投掷手榴弹

游戏材料：手榴弹人手一个。

游戏要求：幼儿拿手榴弹向外自由扔出。

玩法二：炸碉堡——近距离投掷

游戏材料：梯子 2 个、油桶 2 个、木板 1 块、地垫 1 块、爬行网 1 个、纸箱 1 个。

1. 高架桥：在两个油桶上放一个长木板，长木板的两边各放一个梯子。

动作要求：在穿过的时候要注意平衡，一个幼儿走下去后，另一个幼儿再上高架桥，避免拥挤。

2. 碉堡：用纸箱粘贴一个碉堡，在纸箱的不同高度上粘贴上敌人。

3. 草地：地垫上面放一个 30 厘米高的网。

游戏要求：幼儿爬梯子上高架桥，走过高架桥，从高架桥上下来，炸碉堡，然后匍匐钻过草地。

注意事项：

1. 在穿过的时候要注意平衡，一个幼儿走下去后，另一个幼儿再上高架桥，避免拥挤。

2. 幼儿站在固定线后，将手榴弹投掷到纸箱碉堡上，重点练习向前投。

3. 要手脚并用匍匐过草地，头不能碰到上面的网。

玩法三：炸观战楼——向上向前投掷

游戏材料：梯子 2 个、油桶 2 个、轮胎 6 个、露露罐 20 个、鼓 1 个。

1. 轮胎山：由六个轮胎组成，第一层放三个轮胎，第二层放两个轮胎，第三层放一个轮胎。

2. 露露罐桥：由二十个露露罐组成，横着放，上下两排各 10 个露露罐，并用铁丝固定。

3. 观战楼：在墙壁上挂一面鼓。

游戏要求：幼儿爬梯子上高架桥，走过高架桥，爬过轮胎山，走过露露罐小桥，然后匍匐穿过草地，最后炸观战楼。

图 2-15

注意事项：

1. 要手脚并用爬过轮胎山，要注意平衡，以免摔倒。

2. 要注意平衡，不要从露露罐上掉下来。

3. 幼儿站在线后，向上投掷手榴弹，击中大鼓，重点练习向上投。

玩法四：综合投掷——向上向前投

活动材料：油桶 2 个、木板 1 个、露露罐 20 个、自制爬行网 1 个、沙包人手 1 个、桌子 3 张、地垫 2 块、轮胎 6 个、梯子 2 个、手榴弹若干。

桌子墙：由三张桌子组成，第一层两张桌子，第二层一张桌子，桌子底下铺上地垫。

游戏要求：幼儿爬梯子上高架桥，走过高架桥，爬过轮胎山，走过露露罐小桥，炸碉堡，炸完碉堡爬桌子墙，然后匍匐穿过草地，最后炸观战楼。

注意事项：幼儿手脚并用地从桌子两侧爬上桌子墙，然后从桌子墙上跳到地垫上。

活动反思：教师在设计活动时遵循《指南》指出的"发展幼儿动作的协调性和灵活性，鼓励幼儿进行钻爬和投掷"的要求，并结合班级幼儿投掷能力不足的现状设计游戏内容。活动中教师注意围绕目标有重点地组织活动，将投掷动作分解，利用不同时段的游戏让幼儿练习向前投、向上投的动作。在整个活动中，教师抓住了大班幼儿喜欢挑战性游戏的特点，让幼儿喜欢挑战的个性得到了充分的发展。

教师：马惠莹 冯蕾洁

第三章 幼儿园健康教育与其他领域的融合

　　《纲要》和《指南》中要求幼儿园把促进幼儿的健康放在工作的首位，决定了幼儿健康教育是幼儿教育中最为重要的组成部分，需要各领域教育的融合。《纲要》中明确要求："教育活动内容的组织应充分考虑幼儿的学习特点和认知规律，各领域的内容要有机联系，相互渗透，注重综合性、趣味性、活动性，寓教育于生活、游戏之中。"倘若幼儿园各领域的内容是有机联系，相互渗透的，那么就不是简单的形式上的综合，而是实质性的融合。

　　幼儿健康的价值和幼儿成长的特点决定了幼儿园在进行任何领域的教育时，都必须将维护和促进幼儿的健康放在首位，因此健康领域与其他领域的融合也是最有必要的。如果教师真正持有健康第一的教育观念，那么健康领域与其他领域的融合也会事半功倍。各领域的目标实质上是协调统一的，差异仅仅是侧重点的不同，因此健康领域与其他领域的融合又是最可行的。

第一节　健康教育活动

　　幼儿园的健康教育应以情感教育和培养良好的行为习惯为主，注意潜移默化的影响，并贯穿于幼儿生活以及各项活动之中。它非常明确地告诉我们，情感教育和良好的一日生活习惯在幼儿健康教育中的重要性，将一日活动与情感教育相结合是有效的教育。

活动一

活动名称：买衣服

适宜年龄：3～4 岁

设计思路：随着天气变冷，孩子们穿的衣服越来越多，在日常生活中，我发现许多幼儿穿不上衣服，系不上扣子，裤子提不好等。《指南》教育建议中明确指出："鼓励幼儿做力所能及的事情，对幼儿的尝试与努力给予肯定，不因做不好或做得慢而包办代替。"结合《指南》精神和幼儿的需要，教师创设去"娃娃服装店"买衣服、试衣服的游戏情景，激发幼儿自己穿衣服的主动性和积极性，从而提高幼儿的生活自理能力。

活动目标：

1. 尝试自己穿衣服、系扣子，提高自我服务能力。

2. 体验独立做事的快乐，树立自信心。

活动准备：

经验准备：家长在家鼓励幼儿自己穿衣服，幼儿尝试过自己穿脱衣服。

物质准备：创设服装店（系扣子的衣服若干）、照相机一个、服装店售货员四名（可以请家长帮忙）、穿衣镜一面。

活动重、难点：

活动重点：在游戏性语言的指导下学习自己穿衣服、系扣子。

活动难点：能够自己正确地穿衣服、系扣子。

活动过程：

一、开始部分

教师以妈妈的身份"开着车"带领幼儿去买衣服。

导语："孩子们，要过新年了，今天妈妈带你们去买衣服，你们知道哪里卖衣服吗？咱们班开了一个'娃娃服装店'，那里有许多漂亮的衣服，快坐上我的车，我们一起去买衣服。"

二、基本部分

（一）来到"娃娃服装店"

导语："你们看服装店里有许多漂亮的衣服，你要想买衣服应该怎样跟阿姨说呢？（告诉阿姨你要买什么颜色的衣服，上面有什么图案）买了衣服小朋友要穿上试一试，看看你买的衣服合适吗？"

（二）在购买衣服的过程中，引导幼儿大胆地表达自己的想法。（要买什么颜色的衣服，上面有什么图案）

（三）利用儿歌指导幼儿尝试穿衣服、系扣子的方法。

1. 引导幼儿辨认衣服的正反面（小标签脸儿向外）。

2. 鼓励幼儿尝试自己穿衣服、系扣子。

把衣服对齐（两扇大门对整齐），边说儿歌边鼓励幼儿尝试系扣子（小扣子，找扣眼，抬起头，钻山洞，钻呀钻，钻呀钻，露出头儿笑嘻嘻）。

（四）请摄影师给穿好衣服的小朋友照相，激发幼儿穿衣服的兴趣。

（五）鼓励穿好衣服的幼儿再去买衣服。

三、结束部分

（一）导语："服装店要关门了，你们都买到了漂亮的新衣服，妈妈看到你们自己学会了系扣子非常高兴。有的小朋友还能帮助别人穿衣服！"

（二）带领幼儿坐车回家。

附儿歌：系扣子

　　　　小扣子，找扣眼，

　　　　抬起头，钻山洞，

　　　　钻呀钻，钻呀钻，

　　　　露出头儿笑嘻嘻。

活动延伸：

1. 在日常生活中鼓励幼儿自己穿脱衣服，系扣子，系拉链，同时还可以创设"我最棒"的环境激发幼儿自己做事的兴趣。

2. 在家也鼓励孩子做一些力所能及的小事，并给予一定的奖励。

活动反思：《指南》中提出："指导幼儿学习和掌握生活自理的基本方法，如穿脱衣服和鞋袜等。"于是在本次活动中，我结合小班幼儿的年龄特点，创设去"娃娃服装店"买衣服、试衣服的游戏情景，在游戏中利用儿歌鼓励幼儿尝试自己穿衣服、系扣子、系拉链，穿好后还利用照相的形式肯定幼儿的劳动成果，帮助幼儿树立自信心。在穿衣服的过程中，小朋友之间还能互相帮助。通过这次活动，幼儿学会了穿衣服、系扣子的基本方法，提高了自我服务能力。

教师：陈大翠

活动二

活动名称： 不用脏手揉眼睛

适宜年龄： 3～4岁

设计思路： 眼睛是人体的重要组成部分。小班幼儿年龄小，缺乏对眼睛重要性的认识。在日常生活中，幼儿经常在眼睛不舒服时随手用脏手揉眼睛，有的幼儿看书、画画的姿势不正确，长时间看电视、玩手机等，这些习惯严重影响了幼儿眼睛的健康。所以我设计了本次活动，通过故事内容帮助幼儿初步了解眼睛的重要性以及保护眼睛的方法，并在日常生活中养成保护眼睛的良好习惯。

活动目标：

1. 通过理解故事内容，知道不用脏手揉眼睛。

2. 了解眼睛对身体的重要性，知道保护眼睛的方法。

活动准备： 故事《小熊生日会》、眼保健操音乐。

活动重、难点：

活动重点：通过理解故事内容，知道不用脏手揉眼睛。

活动难点：通过理解故事内容，了解眼睛对身体的重要性，知道保护眼睛的方法。

活动过程：

一、开始部分

出示小熊手偶，故事引入。

教师："今天咱们班来了一个新朋友——小熊。今天是它的生日，它邀请动物朋友们参加它的生日会。一起听一听生日会上发生了什么吧！"

二、基本部分

1. 讲述故事第一部分，讨论发生了什么事情。

教师："小熊怎么了？为什么眼睛会睁不开？我们可以怎样帮它？"

教师："咱们再来听一听，它的朋友们是怎么说的，又是怎样帮助它的。"

2. 讲述故事第二部分，知道不用脏手揉眼睛。

提问："小熊的眼睛看不清楚了，它的动物朋友们对它说了什么？又是怎样帮助它的？"

小结：我们不能用脏手揉眼睛，当眼睛不舒服时，可以轻轻地吹一吹、洗一洗，眨眨眼睛，用干净的手摸一摸。

3. 感知眼睛的重要性，学习保护眼睛的方法。

教师："眼睛很重要，在生活中，眼睛可以帮我们做什么？所以我们一定要保护好它，你有什么好办法呢？"

小结：我们不能用脏手揉眼睛，不趴着看书，少看电视，多看绿色的东西，比如看看树叶花草，少看电视、平板电脑等，这样才能保护好我们的眼睛。

三、结束部分

和小熊一起做眼保健操。

教师："我们的眼睛用久了就需要休息，咱们跟着小熊一起做眼保健操，让我们的眼睛休息一下吧！"

附：故事《小熊生日会》

今天是小熊的生日，它请来了很多好朋友，它的好朋友们送给它一个大大的生日蛋糕，小熊开心极了，连忙用手拿起来吃了一大口，手上都是蛋糕。一阵风吹来，小熊觉得眼睛痒痒的，用手揉了揉眼睛。"哎呀，我的眼睛睁不开了，什么都看不到了。"小花猫看了看小熊的手说："你一定是用脏手揉眼睛了，我来帮帮你。"说完，小花猫拿出纸巾，帮小熊擦了擦眼睛。小狗看到了说："你一定是用脏手揉眼睛了，我来帮帮你。"说完，小狗拿来一盆干净的水，帮小熊洗了洗。"呀，我的眼睛看到啦，我再也不用脏手揉眼睛了，谢谢你们！"小熊说。

活动延伸：

1. 在图书区制作墙饰"保护眼睛我知道"，提示幼儿时刻保护眼睛，养成保护眼睛的好习惯。

2. 家园互动栏，开展"爱护眼睛"互动墙，家园配合指导，帮助幼儿养成爱护眼睛的好习惯。

活动反思：《指南》中生活习惯与生活能力目标 1 指出"3～4 岁幼儿应养成不用脏手揉眼睛的习惯"。同时，本次活动的选材贴近幼儿生活，符合小班幼儿的年龄特点，教师遵循小班幼儿游戏化的学习特点，以故事"小熊生日会"导入活动，激发了幼儿参与活动的兴趣。活动中，有效利用追加提问，激发幼儿思考，使幼儿进一步认识到眼睛的重要性。活动层层递进，幼儿从知道不用脏手揉眼睛到学习保护眼睛的多种方法。最后的"护眼操"有效地帮助幼儿进行了眼部放松，与活动紧紧相扣，起到画龙点睛的作用。

教师：孔天琪

活动三

活动名称：会飞的坏细菌

适宜年龄：4～5 岁

设计思路：中班的孩子们常常会谈到自己生病时的情景，也喜欢玩医生和病人的角色游戏。《指南》中也指出："为有效促进幼儿身心健康发展，成人应帮助幼儿养成良好的生活与卫生习惯，提高自我保护能力，形成使其终身受益的生活能力和文明生活方式。"教师感冒了，孩子们细心地提醒教师："要多喝水哟！"想到孩子们的慰问和有的幼儿在打预防针时害怕的样子，我不禁思考他们对于"生病"有多少了解，我能不能通过有趣的活动增强幼儿的健康意识，提高防病能力呢？于是，"会飞的坏细菌"活动诞生了。

活动目标：

1. 知道感冒具有传染性，了解预防传染的基本方法。

2. 通过图片、视频、亲身经历和游戏来分享和了解传染途径，增强健康保护意识和能力。

3. 感知健康的生活习惯，养成积极乐观的情绪。

活动准备：

经验准备：根据幼儿已有的经历，说出生病时的感受。

物质准备：《菲菲生病了》PPT 图片 1 张、细菌的 PPT 图片 5 张、动画视频《巧虎和琪琪一起洗手》、音乐《洗澡歌》《洗手歌》。

活动重、难点：

活动重点：知道感冒具有传染性。

活动难点：初步了解传染的途径，会正确地洗手、打喷嚏。

活动过程：

一、开始部分

1. 导入：伴随音乐《洗澡歌》进入活动室。

2. 提问："洗澡有什么好处？"（讨论讲卫生的好处，如干净、不生病）

二、基本部分

（一）会飞的坏细菌

1. 菲菲生病了。

（1）出示《菲菲生病了》的图片，介绍菲菲："这是菲菲，她生病了，感冒了。"

（2）讨论：生病了应该怎么办？（鼓励幼儿说说怎样让身体好起来，鼓励菲菲快点恢复健康）

2. 人为什么会生病？

（1）提问："孩子们，你得过感冒吗？感冒的时候，你有什么感觉？人为什么会感冒呢？"

（2）出示 PPT1，教师"请出"细菌。

导语："大家说得真好，细菌有很多种，有些细菌会让人生病，这些就是坏细菌。你见过坏细菌吗？瞧，它真的来了。"

（3）提问："坏细菌是怎样到我们的身体里的呢？"（如从嘴巴、眼睛、鼻子、耳朵等进入）出示 PPT2，讲述图片内容，引导幼儿观察讨论。

导语："看，坏细菌能在空气里'飞'，它们就这样'飞'到了小朋友的身体里。坏细菌从小鸡身上传到了小朋友的身上，这叫'传染'，小朋友被传染了，生的病就是'传染病'。有时候，感冒就会传染给别人。"

（4）提问："得了传染病很难受，为了尽量不得传染病，我们要怎样保护自己呢？如摸过小动物以后应该怎么办呢？（洗手），还有哪些时候也要赶快洗手？"（如拿过鸡蛋、玩过玩具、玩过户外游戏、饭前便后、去过动物园等）

（5）出示 PPT3，理解图片，伴随动画视频《巧虎和琪琪洗手》模仿洗手的主要动作。

教师："看一看这样的洗手方法真好，我们一起来洗一洗吧！"

（二）怎样保护自己

1. 导语："小手是洗干净了，可是有的坏细菌是通过打喷嚏传染的，我们打喷嚏的时候有什么好办法来避免传染吗？"

2. 出示 PPT4、PPT5，并和幼儿一起讨论打喷嚏的正确方法。（如打喷嚏或者咳嗽的时候不能对着人，可以用纸捂着，痰也要吐到纸上，然后将纸扔进垃圾桶。）

三、结束部分

导语："喝水时间到了，我们去把小手洗得干干净净，把坏细菌都赶走，准备喝水吧！"（播放《洗手歌》洗手）

活动延伸：家长与幼儿共同搜集一些传染病的图片与例子，与班中其他幼儿进行知识分享，增强幼儿对常见传染病种类以及症状的了解与预防。

活动反思：

1. 采取游戏和生活经验相穿插的形式，引导幼儿边看边讨论，边想边学，养成健康的生活习惯。

2. 利用图片帮助幼儿理解"传染""传染病"的意思，用有趣的语言和积极的互动鼓励幼儿讨论怎样保护自己的健康。

3. 在日常生活中提醒和赞许幼儿健康的习惯，树立榜样和表率作用，帮助幼儿形成良好的健康氛围。

4. 在活动中注意运用幼儿的已有经验进行分享交流，使幼儿在互动中学习，在感受中学习。

5. 健康意识和能力的养成要在生活中积极进行练习和巩固，应注意生活习惯的强化。

教师：刘娟

活动四

活动名称：打针我不怕

适宜年龄：3～4 岁

设计思路：小班家长向老师求助，说自家的孩子害怕打针、去医院，有的看到医生就往家长身后躲，有的还会哇哇大哭，请老师帮助孩子克服恐惧心理。《指南》健康领域的目标中也指出"3～4 岁幼儿要情绪安定愉快，很少因一点小事哭闹不止。"因此教师结合家长反映的问题和指南目标，设计了健康活动"打针我不怕"。

活动目标：

1. 知道怎样做能少生病，愿意接受预防接种。

2. 培养不怕打针的勇敢精神。

活动准备：

经验准备：三位家长和老师排练好情景剧。

物质准备：故事 PPT，医生、猪老大、猪老二、医生胸卡若干。

活动重、难点：

活动重点：知道打预防针能预防疾病，让身体健康。

活动难点：不怕打针。

活动过程：

一、开始部分

出示猪老大和猪老二的图片，吸引幼儿兴趣。

教师："今天我们班来了一对好兄弟，是谁呀？它们给我们带来一个好听的故事，名字叫《打针我不怕》。"

二、基本部分

1. 播放 PPT，教师讲述故事。

故事情节：今天猪老大和猪老二去医院打疫苗。医生给猪老大打针时说："打了预防针就能少生病了。"猪老大高高兴兴地伸出了胳膊说："医生，我不怕，你打吧。"很快，预防针打好了。医生说："你真勇敢！"

轮到猪老二了，医生给猪老二打针时说："打了预防针就能少生病。"猪老二一边哭一边摆手说："不打不打我不打。"说完转身就跑了。

在幼儿园里，猪老大和猪老二和生了水痘的小狗一起玩，过了几天，猪老二身上长满了红色的包，又痒又难受。而猪老大却健健康康的，什么事也没有。

2. 幼儿回忆重点情节（展板图示），复述重点对话。

教师："故事里都有谁？发生了什么事？为什么猪老二生病了？为什么猪老大没生病？"

3. 幼儿自由选择角色并佩戴角色胸卡表演童话剧，重点复述对话内容，鼓励幼儿勇敢接受医生打预防针。

教师："请你选择一个你喜欢的角色，把胸卡贴在自己的胸前，一起来表演童话剧。"

教师："刚才小朋友都高高兴兴地让医生给我们打了预防针，都谁没哭举起手来，你们太勇敢了！我们一起给他们一个爱的鼓励。"

4. 播放 PPT（预防针可以预防生病的图片），了解打预防针是帮助小朋友预防很多疾病的。

教师："××的妈妈是医生，她来告诉我们打预防针是怎么回事。"

家长医生："打预防针是预防生病的一种简便有效的措施。打针之后可以预防水痘、流感、乙脑、麻疹等，如果我们不打预防针，就会像猪老二这样被传染上各种疾病（播放患了该种病的幼儿的图片）。可怕不可怕啊？所以我们要去定期去医院打预防针，这样才会少生病。"

三、结束部分

引导幼儿结合生活经验讨论：还能怎样预防生病。

教师："除了打预防针，我们还能怎样预防生病呢？"（如饭前便后洗手，及时添减衣服，多锻炼身体，不吃垃圾食品，讲卫生，不去人多的地方，多喝水，多吃水果蔬菜。）

教师："刚才有的小朋友说多喝水，那我们现在就去喝一大杯水吧。"

活动反思：在活动过程，首先由故事人物引入，边观看 PPT 边听教师讲述故事，然后教师带领幼儿回忆故事人物、情节等，再大胆讨论猪老大、猪老二为什么一个生病了，一个没有生病，初步感受打预防针可以预防生病。幼儿自由选择角色进行表演，不仅体验到表演的乐趣，也在表演中主动伸出胳膊接受打针。接着利用医生的身份强调了打预防针的作用。最后进行经验迁移，幼儿结合自身经验讨论生病了应该怎么办。

活动结束后，在区域活动方面，我班幼儿对打针这件事还有浓厚的兴趣，于是在家庭区增设医生服装、药箱、药瓶、听诊器等道具，幼儿经常扮演医生为病人看病，也常常扮演病人，主动让医生打针等。在领域结合方面，我们引导幼儿欣赏打针的儿歌，让幼儿进一步了解打针吃药能预防和治疗疾病，使身体健康。在家园共育方面，告诉家长不要说"你再不吃药，就去医院打针"等恐吓性的语言，而是要鼓励幼儿配合医生治疗。

教师：任秀玲

活动五

活动名称：兔子耳朵生病了

适宜年龄：3～4 岁

设计思路：《指南》中指出幼儿应具备一定的自我保护能力。由于小班幼儿年龄小，喜欢探索，很容易做一些危险的尝试，缺乏对危险行为的认识。幼儿对身体的各个器官都很好奇，如有的幼儿挖耳朵，有的幼儿往耳朵里塞异物。为了让幼儿了解耳朵的重要性，掌握一些保护它的方法，提高保护耳朵的意识，我设计了健康活动"兔子耳朵生病了"。

活动目标：

1. 通过欣赏故事，知道不将异物放进耳朵里。

2. 了解一些保护耳朵的方法。

活动准备：

经验准备：知道耳朵可以听见不同的声音。

物质准备：手偶兔子、小鸭、啄木鸟，自制玩具土电话，音乐《谁的耳朵》，故事《兔子耳朵生病了》。

活动重、难点：

活动重点：理解故事内容，知道不将异物放进耳朵。

活动难点：知道保护耳朵的方法。

活动过程：

一、开始部分

1. 谜语：左一片，右一片，隔座山儿看不见。

导语："猜一猜这是什么？"

2. 请小朋友摸一摸自己的耳朵，看看别的小朋友的耳朵。

导语："我们每个人都有两只耳朵，小动物也有耳朵。今天老师给小朋友带来一个好朋友——小兔子。可是小兔子有点儿不高兴，我们一起看看小兔子发生了什么事情？"

二、基本部分

（一）讲故事，熟悉故事内容

1. 教师运用手偶讲述故事。

第一段：

小鸭来到兔子的家，可是不管怎么敲门，就是没人开门，小鸭想着一定是兔子没有在家，刚想离开，就听见兔子的哭声，小鸭推开门，看见兔子坐在地上伤心地哭着。

小鸭说："发生了什么事情？"

可是兔子听不见任何声音，它不知道小鸭在说什么，它伤心极了，兔子捂着自己的耳朵说："天啊！我什么也听不见了，我听不到任何声音。"

提问："兔子的耳朵怎么了？"

第二段：

小鸭急忙请来啄木鸟医生，啄木鸟医生检查了兔子的耳朵说："兔子的耳朵里有一个小珠子，可能是它影响了声音的传播，所以小兔听不到声音了。"

兔子伤心地说："我昨天看见一个小珠子特别好看，想把它戴在耳朵上，结果不小心掉进了耳朵里。"

提问："为什么兔子的耳朵听不见声音了？"

2. 保护耳朵我知道。

导语："那我们应该怎样保护自己的小耳朵呢？我们一起来听一听啄木鸟医生是怎么说的吧！"

第三段：

经过啄木鸟医生的治疗，兔子的耳朵终于好了！它又能和小伙伴们在一起唱歌跳舞了。啄木鸟医生还叮嘱兔子说："其实，我们平常走路、打哈欠、睡觉还有喝水时，耳屎都会自动掉出来。耳屎虽然脏，但它的作用非常大，有它守护在耳朵门口，小飞虫、灰尘和脏水都不会轻易钻进去。看上去脏兮兮的耳屎原来是耳朵忠实的卫士，所以也不能经常挖耳朵。"兔子听了以后牢牢记住了啄木鸟医生的话。

提问："生活中我们要怎样去保护自己的耳朵呢？"

小结：不将东西放进耳朵里；注意远离噪声；遇到巨大声响时，要迅速张开嘴巴，同时用双手捂住耳朵，避免震破鼓膜；不挖耳朵等。

（二）游戏体验：打电话

出示玩具"土电话"，介绍游戏规则：两个小朋友一组，一个小朋友将土电话放在耳朵处，另一个小朋友对着土电话说话，请听电话的小朋友将听到的话告诉大家。

三、结束部分

教师："我们一起听一首好听的音乐，让我们的小耳朵放松放松吧！"

活动延伸：了解 3 月 3 日是全国爱耳日，增强保护耳朵的意识。

活动反思：此次活动是根据小班幼儿的年龄特点设计的。通过理解故事内容让幼儿知道不能将异物放进耳朵里，并且学会一些保护耳朵的方法。整个活动中，幼儿都能积极地参与活动，大胆表述自己的想法。教师在活动中运用手偶讲故事能够吸引幼儿的注意力，故事简短易懂，符合小班幼儿的认知特点，幼儿能够理解故事内容，并能说出不能将小珠子放进耳朵里，在学会自我保护的基础上养成了良好的卫生习惯。

教师：郭晶晶

活动六

活动名称：小勺对我笑哈哈

适宜年龄：3～4 岁

设计思路：新入园的很多小班幼儿不太会用勺子吃饭。我们了解到幼儿在家中进餐时往往由成人喂饭，独立进餐的机会甚少。《指南》提出："发育良好的身体、愉快的情绪、强健的体质、协调的动作、良好的生活习惯和基本生活能力是幼儿身心健康的重要标志。"针对初入园幼儿依赖成人帮助做事的现象，我设计了"小勺对我笑哈哈"的健康教育活动，在幼儿的午点或加餐时间进行，旨在鼓励幼儿自觉、自愿地进餐，掌握正确使用餐具的方法，体验自己动手吃饭、做事带来的快乐。

活动目标：

1. 会用三指捏的方法使用小勺。

2. 愿意尝试独立进餐。

活动准备：

经验准备：幼儿有用勺子进餐的经验。

材料准备：各种各样的儿童勺子每人 1 个，餐盘每人 1 个；由切成小块的苹果、香蕉拼成的果盘，自编儿歌《小手乖乖》。

活动重、难点：体验正确使用小勺的方法。

活动过程：

一、开始部分

将水果用餐布盖好放在餐车上推出，引起幼儿的兴趣。

教师："猜猜今天老师给小朋友带来了什么好吃的食物？"（幼儿自由猜想回答）

教师："小朋友们看一看，有没有你刚才说的食物？"（教师边说边将餐布拿开）

教师："你们想吃水果吗？我们需要什么餐具呢？"（勺子）

小结：吃食物的时候我们要使用勺子或者筷子，这样既文明又卫生。

二、基本部分

1. 出示各种各样的儿童勺子，吸引幼儿的注意力。

教师："请小朋友们洗干净小手后，每人取一个盘子和一把你喜欢的勺子坐回座位上。

2. 体验正确使用勺子的方法。

（1）教师："谁会用漂亮的勺子呢？请你来教教大家使用小勺子的方法吧。"（请会使用勺子的幼儿上前做示范）

（2）教师："我们都来学一学。"（幼儿尝试模仿使用勺子，教师巡视指导幼儿拿勺的方法。）

（3）教师："小勺子告诉我一首儿歌，我来念给小朋友听。谁听懂了谁就会用勺子吃东西了，而且小勺还会对他笑哈哈。我的小手真灵巧，三只手指拿小勺，手腕一转盛食物，送到嘴里吃个饱。"（边说边做动作）

小结：小朋友们都会自己使用小勺了，我们的小手真能干。（教师竖起大拇指）

3. 用小勺吃水果块。

（1）在每个幼儿的盘子里发放两种水果。

教师："看看桌子上的水果是什么？用小勺吃水果，要用三只手指拿小勺，转动手腕舀水果哦!"

（2）幼儿使用勺子吃水果，教师指导幼儿正确拿勺的方法及盛水果转手腕的动作，不断用儿歌内容提示幼儿。

小结：小朋友们学会了用小勺吃饭，不用老师帮忙，真是能干的乖宝宝。

三、结束部分

幼儿吃完将餐具放到指定的地方后擦嘴漱口。

活动延伸：

（1）在进餐环节指导幼儿正确使用小勺独立进餐。

（2）在家庭区为幼儿提供"喂喂小动物"的操作材料，鼓励幼儿在自由活动时间体验使用小勺的方法，并逐渐提高小肌肉的灵活性、准确性及手眼协调性。

（3）在家园共育方面，家长要鼓励孩子在家中独立进餐，不要包办代替，以免剥夺幼儿自主学习的机会。

活动反思：幼儿体验使用餐具、尝试自己独立做事，仅靠一次健康教学活动是不够的，教师应该长期坚持并在日常生活中进行渗透。此外，教师对幼儿的能力应做到心中有数，根据个体差异有针对性地在一日生活活动中进行个别指导。

教师：付菲

活动七

活动名称：请不要摸我

适宜年龄：3～4 岁

设计思路：《指南》提出"帮助幼儿养成良好的生活与卫生习惯，提高自我保护能力，形成使其终身受益的生活能力和文明的生活方式"，同时要求教师应结合生活对幼儿进行安全教育。因此，教师开展了"请不要摸我"的健康活动。在游戏中幼儿发现男孩、女孩的区别，学习简单的保护自己隐私部位的方法，从而提高自我保护的意识。

活动目标：

1. 在故事中认识自己身体的隐私部位，并且知道不能让别人摸自己。

2. 能保护自己身体的隐私部位，有初步保护自己隐私的意识。

活动准备：

经验准备：知道自己的性别。

物质准备：换衣间门的教具，男女娃娃玩偶各 1 个，男女孩的泳衣各 1 套，红色圆点 10 个，儿歌《贴红灯》，PPT 故事《请不要摸我》。

活动重、难点：

活动重点：认识自己身体的隐私部位并能保护自己的隐私部位。

活动难点：初步树立保护自己隐私的意识。

活动过程：

一、开始部分

（一）出示男女娃娃玩偶

教师："咱们班来了两个小客人，他叫宝宝，她叫贝贝，跟他们打声招呼吧！"

（二）出示游泳馆的图片，激发幼儿兴趣

教师："宝宝和贝贝给小朋友们带来一个故事《请不要摸我》，一起来听听吧。"

二、基本部分

（一）利用 PPT 和教具讲故事，通过提问引导幼儿理解故事

1. 提问："到了游泳馆，宝宝和贝贝要换泳衣，宝宝应该进哪个图案的换衣间？贝贝应该进哪个图案的换衣间？"

小结：宝宝应该进门上印着穿西服图案的换衣间，因为宝宝是男孩；贝贝应该进门上印着穿小裙子图案的换衣间，因为贝贝是女孩。

（二）引导幼儿回忆重点情节，理解并分辨隐私部位

1. 出示 PPT 图片，引导幼儿观察。

教师："这个叔叔把手伸进贝贝的内裤时，贝贝觉得很不舒服，她是怎样做的？当服务员阿姨要脱宝宝的泳裤时，宝宝是怎样做的？"

小结：贝贝觉得很不舒服，她大声喊道："住手，你不要摸我，这里是隐私部位。"然后赶紧走开。宝宝大声说："你别摸贝贝的隐私部位，你是个坏叔叔。"说完就拉着贝贝去找爸爸妈妈了。

2. 明确男孩和女孩身体的隐私部位。

教师："我们身体有很多不同的部位，谁来指一指宝宝和贝贝身体上的哪些部位是隐私部位？"

小结：我们身体有很多不同的部位，而泳衣遮住的部位就是隐私部位，这些部位不可以露出来给别人看，也不能让别人摸。

（三）利用游戏和儿歌引导幼儿学会保护身体的隐私部位

1. 玩贴红灯游戏、说儿歌。

教师："下面我们一起玩贴红灯的游戏，请你把红灯贴到宝宝和贝贝的隐私部位。我们跟着宝宝贝贝一起说'隐私部位贴红灯，别人不能摸和碰'。"

2. 利用儿歌学习保护隐私部位的方法。

教师："当有人摸你的隐私部位时你该怎么办？宝宝和贝贝还带来一首

《请不要摸我》的儿歌，我们一起说一说。"

小结：当有人要摸你的隐私部位时，小朋友可以像宝宝贝贝一样先大声喊"住手，不要摸我，这里是隐私部位"，然后赶快离开，最后把这件事告诉自己的爸爸妈妈。师生一起念儿歌"隐私部位贴红灯，别人不能摸和碰；如果坏人要摸我，边喊边跑找妈妈。"

三、结束部分

活动自然结束。

活动延伸：

1. 将自编故事《不要随便摸我》的自制图书投放在阅读区，以便接下来开展"不要随便亲我""不要跟陌生人走"等系列安全教育活动。

2. 家园合作，请家长在家为幼儿着装、洗澡时考虑到幼儿的性别，提醒幼儿要保护自己的隐私部位，告知幼儿自我保护的知识。

活动反思：

1. 选材符合幼儿的年龄特点。《指南》指出幼儿应具备基本的安全知识和自我保护能力，因此选材要贴近幼儿的生活。首先宝宝贝贝去游泳馆应能看懂门上的标志，其次小班幼儿适合在游戏中学，在贴红灯的游戏中，幼儿知道如何保护自己隐私部位。

2. 利用多种教学策略支持幼儿主动学习，促进幼儿最大限度的发展。首先小班幼儿喜欢可爱的娃娃玩偶和小动物，喜欢艳丽的色彩。依据这一特点，我选取可爱的男女娃娃玩偶，制作了彩色卡通造型的换衣间的门，直观的形象一下子就吸引了幼儿的注意力，调动了幼儿参与活动的兴趣。在男女换衣间门上贴了辨识度很高的标志，巧妙地融入了认识生活常见标志的常识。通过男孩应该进男换衣间，女孩应该进女换衣间的生活常识，渗透了性别意识；创编的故事和儿歌有效地帮助幼儿知道自己的隐私部位和保护方法。

附：自编故事《请不要摸我》

宝宝和贝贝是一对好朋友。今天天气很热，于是他们俩一起去了游泳馆，宝宝走进印着穿西装图案的男换衣间，贝贝走进印着穿裙子图案的女换衣间。他们俩换好泳衣就游了起来，游累了就爬上岸，坐到椅子上一边擦身上的水珠一边休息。这时走来一个叔叔，他对贝贝说："你好，我是你爸爸的朋友。"这个叔叔继续说："你看这条 Hello Kitty 的毛巾好看吗，这是你爸爸叫我买给你的。"贝贝看了看笑着说："我最喜欢 Hello Kitty 了。"叔叔说："那太好了，我用这条毛巾帮你擦。"一边说一边蹲下给贝贝擦小腿。擦着擦着手伸进贝贝的内裤里，这时贝贝觉得很不舒服就大声喊："住手，你不要摸我，这里是隐私部位。"宝宝也大声说："你别摸贝贝，你是个坏叔叔。"这个自称是爸爸朋友的叔叔灰溜溜地逃跑了。这时一个穿着工作服的阿姨走来对宝宝说："你的泳裤真好看，我也想给我儿子买一条。"宝宝听了，挺着小胸脯说："这是妈妈给我买的，我很喜欢。"阿姨说："我能看看是多大码的吗?"宝宝点点头，阿姨就掀开裤腰往里看，一边看一边说："你的'小鸡鸡'怎么红了?"边说边就要给宝宝脱泳裤。宝宝听后赶紧说："不可以，这是隐私部位。"一边说一边拉着贝贝的手去找爸爸妈妈了。

教师：王淑红

活动八

活动名称：摔跤了怎么办

适宜年龄：3~4 岁

设计思路：《指南》健康领域生活习惯与生活能力发展目标中提出："幼儿在提醒下能注意安全，不做危险的事。"安全教育是幼儿园教育的一项重要内容，也是一切教育行为的基础。小班幼儿年龄较小，走路不是特别稳，加上喜欢蹦蹦跳跳，识别危险的能力不足，缺乏自我保护意识，常常出现摔倒的现象。尤其是许多幼儿不知道摔倒后要如何保护自己身体的重要部位，很容易在摔倒时挫伤脸部等易受伤部位。我们在鼓励幼儿摔倒后勇敢站起来、不怕疼的同时，还需引导幼儿树立正确的应对态度，学习自我保护的方法。引导幼儿摔倒之后用手撑地，这样可以避免脸部挫伤，保护五官。尤其是天气变暖了，幼儿穿的衣服变少，正确的保护方法可以使幼儿在摔倒时及时保护自己，将伤害降到最低。

活动目标：

1. 知道摔倒、擦伤皮肤、碰撞鼻子等可能会导致流血，知道要注意安全，尽量避免受伤流血。

2. 知道摔倒了要用手撑地，以降低受伤的程度；知道流血时不要害怕，要及时寻求成人的帮助。

3. 能大胆、清楚地讲述自己的有关经历或感受。

活动准备：

经验准备：幼儿有摔倒后受伤的经历。

物质准备：小猴的身体图，红色的圆点标记贴纸，鼻子受伤的小猴玩偶，创可贴。

活动重、难点：

活动重点：知道注意安全，知道摔倒、擦伤皮肤、碰撞鼻子等受伤的情况。

活动难点：能够摔倒后用手撑地，降低受伤的程度，及时寻求成人的帮助。

活动过程：

一、开始部分

手指游戏引入：五只小猴床上蹦得高。（手指游戏：五只小猴床上蹦得高，一只小猴摔倒，头上磕个包，妈妈叫来医生，医生就会说，不要站在床上乱蹦乱跳；四只小猴床上蹦得高，一只小猴摔倒，头上磕个包，妈妈叫来医生，医生就会说，不要站在床上乱蹦乱跳；三只小猴床上蹦得高，一只小猴摔倒，头上磕个包，妈妈叫来医生，医生就会说，不要站在床上乱蹦乱跳；两只小猴床上蹦得高，一只小猴摔倒，头上磕个包，妈妈叫来医生，医生就会说，不要站在床上乱蹦乱跳；一只小猴床上蹦得高，一只小猴摔倒，头上磕个包，妈妈叫来医生，医生就会说，不要站在床上乱蹦乱跳）

手偶表演："呜呜呜，我的鼻子流血了！"

导语："小朋友们，是谁在哭呢？它怎么了？我们来问问小猴都发生什么事情了？"

手偶表演："我今天玩的时候，不小心摔了一跤，我的脸就摔在地上了，鼻子都流血了，呜呜呜……"

引导幼儿回忆受伤流血的经历，迁移自己已有的经验，分析小猴摔倒后把鼻子磕流血的原因。

导语："小朋友们，小猴为什么会把鼻子磕流血呢？"

二、基本部分

（一）引导幼儿介绍自己曾经摔倒或流血的经历

导语："小朋友们，你有没有摔倒过或流过血呢？"

（二）引导幼儿将自己受伤的位置在小猴的身体图上粘贴出来

导语："请你将自己摔倒后受伤或是流血的地方，在小猴的身体上粘贴出来吧。"

引导幼儿讨论摔倒后都会伤害到身体的哪些部位，哪些地方最容易受伤。（小朋友的手、胳膊、膝盖、脸、鼻子等部位特别容易受伤流血）

（三）引导幼儿讨论怎样做才能避免摔倒或流血

导语："哪位小朋友知道，怎么做才能不让我们摔倒或受伤流血呢？"（引导幼儿讨论并得出结论：让自己的身体灵活一点，慢慢走不要跑，遇到危险的时候，比如摔倒的时候，要用手撑地，防止挫伤脸部等。）

（四）引导幼儿知道受伤了要怎么做

1. 引导幼儿知道摔倒了要用手撑地保护自己，要立即告诉老师或爸爸妈妈。

导语："虽然小朋友们都很小心地保护自己，但我们有时候还会摔倒，摔倒的时候我们应该怎么做呢?"

2. 利用游戏情景,探索使用创可贴的方法。

出示创可贴,引导幼儿认识并知道创可贴的用法。

导语:"小猴给我们带来了许多礼物,小朋友们,你们认识它吗? 它是做什么用的呢?"

让幼儿扮演"医生"观察受伤的小猴,给小猴在伤口上贴创可贴。

导语:"请小朋友们当小医生,帮小猴处理一下伤口吧,谁知道伤口需要怎么处理呢?"

三、结束部分

手偶表演:"谢谢小朋友们帮我处理好了伤口,我现在一点都不疼了,咱们一起出去做游戏吧,不过,小朋友们一定要保护好自己哦。"

注意事项:小班幼儿对事物都有好奇心,爱模仿,课程中不要让幼儿模仿摔倒,也不要恐惧摔倒和流血。

活动延伸:在活动区摆放出棉签、创可贴等药品,引导幼儿学会自己处理简单的伤口。

活动反思:本次活动设计以手偶引入,内容设计符合小班幼儿的特点。目标侧重于幼儿摔倒后的处理方法。幼儿的已有经验既是教师设计活动的依据和切入点,也是幼儿学习的基础。让幼儿充分体验、感知不安全行为的危害,通过学习、探索、实践逐步掌握自我保护常识。《纲要》中健康领域提到要"密切结合幼儿的生活进行安全、营养和保健教育,提高幼儿的自我保护意识和能力",要求既要高度重视和满足幼儿受保护、受照顾的需要,又要尊重和满足他们不断增长的独立要求,避免过度保护和包办代替,鼓励并指导幼儿自理、自立的尝试。引导幼儿知道必要的安全保健常识,学习保护自己。

教师:郑颖

活动九

活动名称:预防感冒

适宜年龄:4~5岁

设计思路:进入冬季,由于季节交替,气候干燥,加上户外气温低,很多幼儿因为患上了感冒而不能正常来园。《指南》中明确指出"中班幼儿要具有基本的自我保护能力。""喜欢吃瓜果、蔬菜等新鲜食物,常喝白开水,不贪喝饮料"。为了让幼儿了解感冒的病症和原因,知道生活中如何保护自己,预防感冒,教师设计了"预防感冒"这一教育活动。

活动目标：

1. 了解引起感冒的原因。

2. 知道生活中预防和治疗感冒的基本方法。

活动准备：

经验准备：幼儿有过感冒的经历。

物质准备：PPT 图片、动画。

活动过程：

一、开始部分

教师："最近咱们班里有很多小朋友都请假了，今天朵朵小朋友就没有来？有小朋友知道她怎么了吗？感冒的时候人会有什么感觉？"

二、基本部分

（一）听故事

提问："小熊到底是因为什么感冒的？"

（二）观看动画片，了解引起感冒的原因？

提问："动画片中的医生伯伯说还有哪些行为会引起感冒？我们要怎样做才能预防感冒？"

（三）玩预防感冒小游戏

玩法：将幼儿分为三组，在活动区找一找哪些东西可以帮助我们预防感冒，每人找三个拿到桌子上，并请幼儿说一说找到的这件东西是如何预防感冒的。

小结：我们可以多喝水，多吃蔬菜。增加一些衣物，戴上帽子、围巾等来让我们的身体变得暖暖的。有了感冒的症状要及时吃药，并戴上口罩避免传染给其他小朋友。

三、结束部分

教师："当我们身边的好朋友感冒了，我们要怎么做去关心他们？如何提醒身边的小朋友预防感冒？"

活动延伸：

1. 设计预防感冒的小册子。

2. 鼓励幼儿关心身边感冒的朋友，向爸爸妈妈讲述预防感冒的几种方法。

活动反思：本次活动主要是针对冬季幼儿感冒高峰而设计，活动以谈话的形式导入，让孩子们说一说感冒的症状，幼儿根据生活经验回忆，感冒会发烧、流鼻涕、打喷嚏、嗓子疼等。通过小熊感冒的经历来让幼儿初步了解感冒的原因，再观看动画学习如何做才能不得感冒，在幼儿园里我们应当怎样做，引发幼儿思考。又以游戏形式让幼儿找出哪些东西可以预防感冒，幼儿的兴致很高，找到了很多东西。最后引导幼儿关心其他人，提醒身边的小朋友预防感冒。幼儿在活动中知道了预防感冒的方法，知道了如何保护自己不得病。

附：故事《小熊感冒了》

小熊今天和朋友去游乐场玩，身上出了很多汗，太热了，汗水粘在身上黏糊糊的，小熊就把衣服脱了下来。冷风在小熊的身上吹呀吹，妈妈让小熊穿上衣服，可是小熊和朋友玩得正开心，就是不穿。回到家小熊就开始打喷嚏，妈妈让它喝点热水，小熊还是不听。第二天，妈妈要带小熊出去，小熊躺在床上特别难受，怎么也起不来了，妈妈过来说："你这是感冒了。"

教师：安倩

活动十

活动名称：我和笔宝宝做游戏

适宜年龄：5～6 岁

设计思路：大班幼儿能够灵活地使用笔来画画、写简单的数字、画简单的线条、花纹，线条基本平滑。《指南》中指出："要创造条件和机会，促进幼儿手的动作灵活协调。"大班幼儿小手肌肉发展已经更灵活了。在幼小衔接工作中，大班幼儿的正确书写以及握笔姿势也是很重要的任务。因此教师设计本次活动，旨在帮助幼儿通过尝试各种书写工具，促进小手肌肉灵活发展。

活动目标：

1. 掌握正确的书写握笔姿势。

2. 尝试使用各种书写工具，锻炼小手肌肉。

活动准备：

经验准备：了解正确的握笔姿势，学习握笔方法小儿歌；了解文字的书写笔顺（从上往下、从左往右，从外往内写等方法）。

物质准备：铅笔、荧光笔、水彩笔等各种笔，橡皮、垫板等学具。

活动重、难点：

活动重点：正确用笔来书写数字。

活动难点：掌握正确的书写握笔姿势。

活动过程：

一、开始部分

（一）有趣的数字

教师："生活中，你在哪儿看见过数字？和大家分享一下。"

鼓励幼儿用完整的话表达自己的想法，生活中我在哪儿看见过什么数字，表示什么意思等。

（二）数字游戏

教师："你认识这些数字吗？看看它们是怎么写出来的？"

播放 PPT 看数字的书写笔顺。

二、基本部分

（一）看一看

教师："今天，老师还给你们每个人带来了游戏操作纸，你在操作纸中发现了哪些秘密？"

幼儿猜图片上的图案分别表示哪些数字，并把对应的数字粘贴在图案的下面。

（二）玩一玩

幼儿分小组和铅笔做游戏，在图片中完成任务（写下自己的班级、姓名、时间）。

教师："你们都和笔朋友做过什么游戏呢？"（走迷宫的游戏，找规律的游戏，连线的游戏……）

教师："你们还记得怎样和笔朋友做游戏吗？"

教师和幼儿回忆数字歌。（1 像铅笔细又长，2 像小鸭水上漂，3 像耳朵听声音，4 像红旗迎风飘，5 像秤钩来买菜，6 像哨子嘟嘟响，7 像镰刀割青草，8 像麻花拧一圈，9 像勺子来盛饭，10 像棍子打棒球。）

（三）完成今天的任务

教师："我们一起来复习一下握笔的儿歌。小小笔，手中拿，老大老二紧握笔，老三笔下稳稳垫，无名指头藏中间，小拇指头坐桌上，笔儿紧靠老虎口，写起字来稳又好。"

教师："今天老师给你们带来了各种笔，也可以利用桌面上的材料，用自己的方式记录下今天需要完成的任务，学写字，三指捏，身坐正，头不斜。"

教师："在书写的时候，一定要注意身体和桌子的距离要一拳，眼睛离书本的距离要一尺，笔离纸的距离要一寸，保持好三个一。"

幼儿边说儿歌边坐好，准备开始分组活动。

1 组小朋友从盒子里找出相对应的数字，完成表盘。

2 组小朋友从卡片里找出日历中缺少的数字，对应地粘贴好。

3 组把自己或好朋友的生日记录在表格里，想想怎样让大家看得更清晰。（可以参考日历墙，或者询问自己的好朋友）

小朋友可以选择水彩笔、荧光笔、记号笔等来完成以上的游戏内容。

（四）小组分享

小结：我们和笔朋友做游戏的时候不能打闹，要注意保持三个一。身体和桌子的距离要一拳，眼睛里书本的距离要一尺，笔离纸的距离要一寸。这样我们才能既学到本领，又养成好习惯。

三、结束部分

把幼儿的作品展示在楼道墙面上，供同伴互相学习。

活动延伸：

1. 在区域中投放压膜的有数字书写笔顺箭头提示的操作板，幼儿在区域游戏时候可以用笔来练习正确的书写方法。

2. 在班级图书区中，开设"我要做个小学生"区角，布置幼儿书写的课桌以及书本、各种学具、台灯等材料，让孩子们喜欢做个小学生。

3. 在阅读区域中投放各种笔，并创设小学的书桌、书架，让幼儿体验温馨的气氛，并且爱上学习，爱上用笔来写字，体验用笔书写的快乐！

附儿歌：

1.《握笔歌》

小小笔，手中拿，老大老二紧握笔，老三笔下稳稳垫，无名指头藏中间，小拇指头坐桌上，笔儿紧靠老虎口，写起字来稳又好。

2.《数字儿歌》

1像铅笔细又长，2像小鸭水上漂，3像耳朵听声音，4像红旗迎风飘，5像秤钩来买菜，6像哨子嘟嘟响，7像镰刀割青草，8像麻花拧一圈，9像勺子来盛饭，10像棍子打棒球。

3.《握笔三个一儿歌》

小虾儿，真不好，小小年纪弯着腰，我们不学小虾儿，坐的姿势要改好，身体离桌一拳头，挺起腰杆要记牢，两腿摆平放前面，天天做到身体好。

活动反思：此次活动目标符合大班幼儿的年龄特点及发展需求，为幼儿入小学做小学生做了准备，游戏性强，幼儿接受快，并且喜欢参与。在活动中幼儿注意力集中，能够书写规范，这些都为教师达到目的做了很好的铺垫。在活动设计上，教师利用分组的形式让幼儿自由选择，并且在活动中提供了孩子们很喜欢的荧光笔、水彩笔、铅笔等，调动了幼儿参与的积极性。幼儿把学习当成一种分享，一种同伴间友好的学习。通过幼儿体验活动达到较好的幼小衔接的效果，让幼儿爱上学习。

教师：张秋媛

活动十一

活动名称：我换牙了

适宜年龄：5～6 岁

设计思路：生活是幼儿学习的大课堂，让幼儿在生活中学习，在生活中成长，教师应关注幼儿在成长中的特殊生理现象。由于幼儿缺乏生活经验，他们对于牙齿的保健常识知之甚少。有些幼儿在最初换牙时会害怕和担心，遇到各种牙病也不愿意接受检查和治疗。而《指南》中健康领域生活习惯与生活能力目标指出"要帮助幼儿养成良好的个人习惯，做到每天早晚主动刷牙，饭后漱口的好习惯，针对换牙保持良好的心理状态。"所以，我设计了本次活动，帮助幼儿正确认识换牙这一生理现象，了解牙齿的保健常识，使幼儿坦然面对换牙、护牙，并初步养成良好的卫生习惯。

活动目标：

1. 了解换牙的过程，知道换牙时要注意的问题。

2. 体会换牙给自己带来的特殊感受，并与同伴分享换牙期的成长喜悦和烦恼。

活动准备：

经验准备：知道正确的刷牙方法。

物质准备：PPT 图片、《乳牙和恒牙的话》视频、镜子人手一个、牙齿简笔画图片。

活动重、难点：

活动重点：知道在换牙时应该如何做以及应该注意的问题。

活动难点：知道换牙的大致顺序。

活动过程：

一、开始部分

1. 出示豁牙图片。

导语："小朋友们，从这张图片中你看到了什么？你觉得这个小朋友怎么了？"

2. 请幼儿共同讨论图片并说出讨论结果。

二、基本部分

1. 对比观察，引出"换牙"的概念。

导语："请小朋友们张开嘴巴用小镜子照一照，再青春正在换牙的小朋友的牙齿，看看你们的牙齿有什么不一样？"

2. 请换牙的小朋友说一说自己换牙时的感受。

3. 幼儿听故事《乳牙和恒牙的话》，通过故事了解乳牙和恒牙，了解换牙时的正确做法。

小结：小朋友最初换牙时总感到害怕，其实，换牙是每个小朋友必须经历的一个过程，它标志着小朋友的成长。

4. 出示牙齿的图片，请幼儿分组讨论换牙的顺序（每组一份）。

导语："你们觉得我们为什么要换牙？你们觉得换牙的顺序是什么？请你

们一起讨论然后把讨论结果用数字的方式写在这张图片上。"

5. 请幼儿分享组内的讨论结果。

6. 请保健医拿模型来专业讲述幼儿所猜想的问题。

导语："小朋友们都说得非常好，那我们来请保健医老师给我们讲一讲换牙时的顺序。"

7. 请幼儿自由询问保健医有关换牙的相关知识。

三、结束部分

1. 总结提升。

导语："小朋友们除了在换牙时不吃硬东西，不摇动牙齿，还要养成早晚刷牙、饭后漱口的好习惯。"

2. 带领幼儿到盥洗室刷牙，教师注意指导个别刷牙方法不正确的幼儿。

导语："今天小熊宝宝也来到了我们班，可是它还不会刷牙，让我们一起来告诉它正确的刷牙方法。一会儿我们去盥洗室来亲自为小熊展示正确的刷牙方法。"

小结："换牙期是非常重要的，希望小朋友记住正确的刷牙方法，还希望你们每次刷牙后都用小镜子检查检查，让镜子成为你们护牙的小帮手。"

活动延伸：请班里从事牙医工作的家长来给孩子们讲解换牙的顺序以及换牙期间的注意事项，从更科学的角度帮助幼儿理解换牙，同时也引起家长的重视。

活动反思："我换牙了"是本班健康活动的主题之一，借助幼儿的换牙期对幼儿进行换牙护牙的教育，帮助幼儿复习刷牙的正确方法，并逐步形成良好的习惯。在本次活动中，孩子通过观察、小组讨论等多种学习方式，体验和分享了换牙给自己带来的特殊感受，初步了解了换牙的常识。"生活即教育"是陶行知生活教育理论的核心，也是幼儿园健康教育的基本理念，"我换牙了"这一主题活动也充分地体现了这一点。

教师：苏佳

第二节　健康领域融于语言领域的活动案例

活动一

活动名称：我要拉臭臭

适宜年龄：3~4岁

设计思路：《指南》中指出"小班幼儿要具有基本的生活自理能力。"但在带班的过程中我发现幼儿出现了许多如厕的问题，如有的孩子有大便了不知道如厕，拉在裤子里；有的孩子不会脱裤子，出现尿裤子现象；有的孩子不会擦屁股，在家都是父母包办代替等。于是我根据幼儿出现的问题，利用绘本故事引导幼儿在帮助小动物的过程中，提高生活自理能力。

活动目标：

1. 尝试自己擦屁股，感受独立做事的快乐。

2. 知道有大小便时要及时上厕所，养成定时排便的良好习惯。

活动准备：

经验准备：初步了解一些关于上厕所拉臭臭的事情，知道爱吃蔬菜水果对身体有好处，熟悉故事《我要拉臭臭》。

物质准备：故事中小动物的图片、大中小三个厕所的图片、小动物大便图片、《自编健康歌》录音。

活动重、难点：

活动重点：利用绘本故事引导幼儿了解拉臭臭的过程及擦屁股的方法。

活动难点：学会正确擦屁股的方法。

活动过程：

一、开始部分

（一）出示大河马、小猪、小老鼠的图片，激发幼儿兴趣

教师："今天有三位客人来到了我们班，我们来看一看它们是谁？"

（二）看图片引导幼儿认识大、中、小

教师："三个动物有什么不一样？谁是最大的？谁是最小的？小猪是怎样的？"

教师："今天老师给小朋友带来了一个好听的故事，名字叫《我要拉臭臭》，这个故事就是关于这三个动物的，请小朋友竖起耳朵认真听。"

二、基本部分

（一）讲故事，通过提问引导幼儿理解故事内容

1. 提问："谁知道它们在玩什么游戏？"

2. 当讲到三个动物都要拉臭臭时提问："谁可以告诉它们想要拉臭臭的时候应该去哪里？"

（二）出示三个不同大小的厕所

1. 提问："大河马为什么进不去厕所？大河马应该进哪个厕所？这里有几个厕所？"

小结：大河马上最大的厕所，小老鼠上最小的厕所，小猪上第二大的厕所。小朋友想要拉臭臭时一定要上厕所。

（三）继续讲述故事

提问："谁在里面呀？鳄鱼为什么叫了起来？小老鼠和小猪进厕所前先干

什么?"

小结:当我们要进厕所的时候一定要先敲门,里面没有人的时候才可以进去,我们要做一个有礼貌的孩子。

(四)利用儿歌学习擦屁股的方法

1. 提问:"进了厕所第一件事情要干什么?(脱裤子)拉完屁屁要干什么啊?(擦屁股)"

2. 提问:"谁会擦屁股?"请会的幼儿示范给小动物擦一擦。

3. 导语:"现在我们一起来学一学擦屁股方法。"教师边说儿歌边示范。

4. 导语:"擦好屁股一定要把裤子提好,天冷了,一定要把小肚皮藏好。"

5. 提问:"那这些脏脏的粑粑怎么办?(冲水)冲完之后还要干什么?(洗手)"

小结:小朋友上完厕所后要先擦屁股、提裤子,然后冲厕所,最后还要洗手。

三、结束部分

出示大便图片,教育幼儿健康饮食。

1. 导语:"刚才老师把小动物拉的屁屁都照下来了,你们看,它们拉出来的屁屁是什么样的?我们喜欢吃什么才能拉出健康的香蕉屁屁?"

小结:今天小朋友学了很多本领,我们知道了要多吃蔬菜、水果,多喝水、喝汤,少吃垃圾食品,这样我们就能健康长大了。

2. 导语:"大河马给我们带来了一首好听的健康歌,我们来和它一起说一说。"

注意事项:如果没有《我要拉屁屁》这本大书,可以自制有三个厕所的那一页,最好是可以打开的,这样方便幼儿操作。

活动延伸: 幼儿在本次活动了解了拉屁屁的过程及擦屁股的方法,在接下来的活动中,可以丰富幼儿对屁股的认识和了解,开展幼儿喜欢的健康教育活动。

活动反思:《指南》中提出"幼儿的学习是以直接经验为基础,在游戏和日常生活中进行的。"于是我利用绘本故事呈现了三个动物有趣的拉屁屁的情景,小班幼儿有从众的心理,当河马想拉屁屁了,小猪和小老鼠也要拉屁屁,这也符合小班幼儿的年龄特点。这个故事风趣而完整地引导幼儿学习拉屁屁的各个细节,使幼儿在感受故事趣味的同时了解了拉屁屁、擦屁股的正确方法,从而提高了生活自理能力。

附儿歌:

　　健康歌

小朋友,棒棒棒。

什么棒?吃菜棒。

什么棒?喝汤棒。

什么棒?吃水果棒。

爱吃菜，爱喝汤，

爱吃水果，身体棒。

教师：陈大翠

附健康教案

活动名称：屁股的故事

适宜年龄：3～4 岁

设计思路：小班幼儿对自己的身体很好奇，尤其是对"屁股"这类词语很感兴趣。而我们中国人认为屁股是身体的隐私部位，羞于和孩子们谈论。《指南》中提出："幼儿要具备基本的安全知识和自我保护能力，告诉幼儿不允许别人触摸自己的隐私部位。"而现实生活中有很多孩子被侵犯的案例，自己孩子缺少保护自己的意识，也缺少这方面的教育。从小树立正确的性教育观念，无论是对孩子的安全，还是自我意识的建立都有重要意义。因此，为了提高幼儿对身体的认识，丰富幼儿自我保护的知识，教师设计了本次活动。

活动目标：

1. 知道屁股是身体的一部分，和其他身体器官一样有自己的功能。

2. 知道屁股是自己的隐私部位，不允许别人触摸和观看。

活动准备：

经验准备：知道不能要陌生人的东西，不跟陌生人走。

物质准备：屁股故事 PPT，棒棒糖，《呀！屁股》绘本节选图片，配班老师扮演陌生人，音乐《健康歌》。

活动重、难点：

活动重点：知道屁股是自己的隐私部位，是不允许别人触摸和观看的。

活动难点：面对美食和游玩诱惑时，能够不为所动。

活动过程：

一、开始部分

（一）播放 PPT 中屁股图片

导语："这是什么？（屁股）你有屁股吗？"

（二）播放音乐《健康歌》，跳扭屁股舞

导语："让我们站起来跟着音乐拍一拍、扭一扭你的小屁股吧。"

二、基本部分

（一）幼儿自由翻看绘本中节选的图片，了解屁股

导语："今天咱们来了解屁股，老师给你们准备了一些图片，请你看一看这些图片上都有什么？你喜欢看哪一张？"

（二）幼儿分享图片中的内容

导语："请小朋友给大家讲一讲你看到了什么？"

小结：世界上所有的人和动物都有屁股。我们的屁股都能干什么？（可以坐着，可以大便、放屁，前面可以小便）原来屁股可以把我们每天身体里没用的东西排掉，不让我们生病。屁股真的是太重要啦！

（三）观看PPT，了解屁股是自己的隐私部位

教师："屁股每天都藏在哪里？为什么要藏起来？"

小结：屁股是自己的隐私部位，只有自己的爸爸妈妈可以看，当小屁股不舒服的时候，妈妈可以帮你洗屁股，医生也可以在爸爸妈妈在场的时候给你看看有没有生病。其他人都是不能看的。

（四）情景游戏，对陌生人说"不"

1. 请其他班老师扮演陌生人，手拿棒棒糖："请你吃棒棒糖，让我看看你的小屁股好吗？"

导语："我们认识他吗？能让他看你的小屁股吗？你应该对他说什么？"

2. 再请一位老师："我带你去淘气城玩好吗？"

导语："你能跟他走吗？跟他走会会发生什么事？如果他要把你抱走，或者要看你的小屁股，你要怎么办？"

小结：如果是你不认识的人要带你走，或者要看你的小屁股，做了什么让你不舒服的事情，要勇敢地对他说"不可以"。

三、结束部分

请你回家和爸爸妈妈一起看这本有趣的书。

活动延伸：请家长在家和幼儿一起阅读《呀！屁股》，和幼儿一起研究屁股，让幼儿知道隐私部位还有胸部，不能让别人看和触摸，也不看别人的隐私部位，对幼儿进行自我保护教育。

活动反思：性教育无论是在中国的家庭里还是校园里都是一个比较敏感的话题，孩子们也非常缺乏这方面的知识，因此我设计本次活动，通过绘本故事《呀！屁股》让幼儿认识屁股，了解屁股，知道屁股和身体上的耳朵、眼睛一样，是身体不可或缺的一部分。通过本次活动，幼儿明白了小便和大便的部位都不应该让除了爸爸妈妈以外的人看到。能够做到远离陌生环境，不轻易和陌生人搭话，更不能跟着走。

性与生俱来，伴随孩子一生，性教育包含了性别与尊重的教育，爱与生命的教育，情感与责任的教育，道德与法制的教育，一个具有健康开明的性观念，了解科学的性知识，懂得保护自己不受性伤害的孩子，才是健康纯洁的孩子。

《指南》中指出"幼儿的学习是以直接经验为基础，在游戏和日常生活中进行的"。因此，教学设计要尊重幼儿的年龄特点和学习方式，我制作了精美

的PPT，引导幼儿认识与了解屁股，我请幼儿不认识的配班老师拿着棒棒糖来引诱幼儿，幼儿能够做到不被吸引，基本完成了目标。在活动结束部分，我请小朋友回家和爸爸妈妈一起阅读绘本故事《呀！屁股》，了解更多关于屁股的故事，也希望家长能够重视幼儿的性教育，了解更多关于性教育的方法。

教师：尹艳艳

活动二

活动名称：爱生气的小猪

适宜年龄：3～4岁

设计思路：《指南》中指出"要为幼儿创造说话的机会并体验语言交往的乐趣"。小班幼儿在学期初的活动中不太爱发言，在生活中也不会和朋友沟通，为了让幼儿有机会说话，愿意说话，教师设计了此课程。

活动目标：

1. 能理解故事大意，在别人说话的时候能注意聆听，并适当做出回应。
2. 喜欢复述故事内容，并愿意和小伙伴一起对话。

活动准备：

经验准备：喜欢听故事，愿意和伙伴们一起游戏。

材料准备：小猪手偶、《生气猪》故事、小猪头饰、《好朋友》歌曲。

活动重、难点：

活动重点：扮演小猪，并完成对话。

活动难点：在活动中用对话的形式表演出开心、生气的情绪。

活动过程：

一、开始部分

教师："老师今天请来了一位小客人，你们来看看它是谁？"

二、基本部分

（一）观察小猪，回忆故事

提问："小猪怎么了？你猜猜发生了什么事？"

（二）随PPT欣赏《生气猪》故事

教师："我们一起来看看发生什么了？生气猪说了什么？为什么生气猪没有朋友？"

（三）来帮小猪找朋友

教师："生气猪也想要朋友，应该怎么办？谁想帮帮它？应该怎么说呢？"

（四）好朋友舞会

提问："你有好朋友吗？他是谁？我们一起来听音乐跳个舞吧！"

三、结束部分

教师："我们也把《生气猪》的故事讲给爸爸妈妈听吧！"

活动延伸：继续开展健康类教育活动，调动幼儿的情绪情感，鼓励幼儿快乐来园。

活动反思：在活动开始部分出示生气猪玩偶并且模仿生气猪说话能够吸引孩子们的兴趣，故事中运用夸张的语气也能调动孩子们的积极性。最后在帮助小猪找朋友的环节，幼儿充分地活跃起来，非常愿意和小朋友一起游戏。在本次活动后，幼儿更加喜欢这个故事。

教师：霍子烨

附健康教案

活动名称：开心宝宝

适宜年龄：3～4 岁

设计思路：幼儿非常喜欢《生气猪》的故事。《指南》中指出"要让幼儿对幼儿园的生活好奇，喜欢上幼儿园"。在学期初我班幼儿来园时哭闹现象比较严重，甚至有几个小朋友不愿意来幼儿园。喜欢上幼儿园的前提就是要让幼儿愿意来园，高高兴兴地来园。为了让孩子们更加开心地来幼儿园，解决分离焦虑，教师设计了此次活动。

活动目标：

1. 幼儿能开开心心地来幼儿园。

2. 喜欢参加集体活动，感受和伙伴们在一起的快乐。

活动准备：

经验准备：喜欢听故事，愿意和伙伴们一起游戏。

物质准备：开心猪、生气猪的鼻子道具，本班幼儿自己的照片PPT，《开心猪和生气猪》故事。

活动重、难点：

活动重点：在活动中能感受"开心"和"生气"的情绪。

活动难点：在故事后能联想到自己的情绪，明白如何改变生气情绪的方法。

活动过程：

一、开始部分

扮演开心猪、生气猪的老师上场。（"生气猪"表现生气的样子，"开心猪"表现开心的样子与幼儿互动。）

教师："老师今天请来了两位小客人，你们来看看它们有什么不一样？"

二、基本部分

(一)观察小猪,了解不同情绪

提问:"它们一个叫开心猪,一个叫生气猪,你们喜欢谁?"

(二)随 PPT 欣赏《开心猪和生气猪》故事

教师:"开心猪和生气猪还发生了一些有趣的故事呢,我们一起来看看它们发生了什么事?为什么生气猪没有朋友?你想和谁做朋友?你想当开心猪还是生气猪?"

小结:原来"开心"和"生气"都是我们脸上常有的表情,但是我们都更喜欢"开心猪",而且大家都想做"开心宝宝"。

(三)观看照片感受活动中的快乐

提问:"在幼儿园最开心的事情是什么?你最喜欢和谁一起玩?"

小结:幼儿园里有很多好朋友,能做好多好玩的游戏,在幼儿园特别开心,所以每天都要开开心心来幼儿园哟。

(四)讨论生气时怎么办?

提问:"如果我们生气了要怎么做?怎样才能变开心?"

三、结束部分

教师:"我们也把这个好玩的《开心猪和生气猪》的故事讲给爸爸妈妈听吧!"

活动延伸:将幼儿照片印成图书投放在图书区,并将开心猪、生气猪做成小舞台玩具供幼儿在区角活动时表演。

活动反思:本节活动是一节帮助幼儿建立积极的情感体验的活动,在活动开始部分出示开心猪、生气猪的动画能够吸引孩子们的兴趣,在故事中运用夸张的语气更能调动孩子们的积极性。最后的照片欣赏环节源自幼儿本身,贴近幼儿生活。本节活动目标明确,让孩子们在故事中体会"开心"和"生气"两种情绪。在活动设计上,还需多加入一些游戏活动,调动幼儿参与游戏的积极性。

教师:霍子烨

活动三

活动名称:续编《国王生病了》

适宜年龄:4~5 岁

设计思路:《指南》中健康领域指出"健康是指人在身体、心理等方面的良好状态。"因此,幼儿应具有健康的体态、愉快安定的情绪及良好的生活与卫生习惯,所以健康的身体对孩子尤其重要,这也是孩子从小就应树立的一个观念。教师根据中班幼儿语言发展的实际水平及本班幼儿对《国王生病了》这个读本的兴趣，同时也让孩子明白做任何事情不能依赖别人，要培养自己独立自主的精神，设计了本次续编活动。

活动目标：

1. 尝试用较清楚的语言大胆讲述自己续编的故事情节。

2. 能够根据自己续编的故事情节，为国王想出不同治病的方法。

活动准备：

经验准备：了解一些健康常识，如饮食、情绪、运动方面的常识。

物质准备：图片若干张、白纸、胶棒等。

活动重、难点：

活动重点：用较清楚的语言大胆讲述自己续编的故事。

活动难点：在续编的基础上，想出治病的方法及一些健康的常识。

活动过程：

一、开始部分

回忆自己续编的国王又一次生病的故事情节，并进行讲述。

导语："前几天，小朋友和老师、爸爸妈妈一起续编了国王又一次生病的原因，谁来讲一讲你续编的故事？"

提问："××小朋友讲述的国王生病的原因是什么？"

指导重点：鼓励幼儿大胆地完整讲述国王又一次生病的原因。

二、基本部分

（一）自由分组，幼儿主动选择材料创编故事情节

1. 教师根据幼儿讲述的内容进行分类总结。（出示课件）

导语："你们刚才说的国王生病的原因有很多，其中有饮食方面的、有心情方面的、还有运动方面的。一会儿请你来当国王的小医生，帮助国王健康起来吧。"

2. 幼儿分组创编。

导语："老师给小朋友准备了三组材料，第一组是饮食方面的，第二组是不爱运动方面的，第三组是心情方面的，请你根据自己讲述的国王生病的原因选择小组，帮助国王找出不生病的好办法。"

指导重点：引导幼儿利用图片想出给国王治病的办法。

（二）幼儿一起分享自己给国王治病的好办法

导语："请小朋友们把你想出的好办法讲给小朋友听。"

指导重点：引导幼儿能够较完整地讲述自己的故事情节。

三、结束部分

保健医给小朋友讲怎样做一个身体健康的好宝宝

1. 导语:"小朋友当医生,想出了很多给国王治病的方法,×大夫今天也来给小朋友讲一讲怎样做一个身体健康的好宝宝。"

2. 保健医:"在幼儿园里,小朋友要积极参加体育活动,不挑食、不偏食,多吃水果和蔬菜,这样我们的身体才会变得更加健康、强壮。"

活动延伸:

1. 在班级开展童话剧表演"国王真健康"的主题活动。把孩子们创编的故事书投放在图书区,向同伴讲述的国王治病的过程。

2. 在活动中,幼儿了解了使国王变健康的方法。但在日常生活中,本班幼儿还总是出现不爱运动、挑食的现象。为了进一步提高幼儿对健康的认识,我们开展了健康领域教育活动"我是健康好宝宝"。

活动反思:在本次活动中教师利用绘本进行了《国王生病了》第二课时的自编故事活动,在活动中请幼儿大胆想象说出国王再次生病的原因,并且还帮助国王治病。故事角色形象生动,深受幼儿喜欢,幼儿从国王生病的故事中了解到适当的运动和良好的心情能使身体健康。活动中一直以"国王为什么生病,怎么治病"为主线,可以让幼儿直观地认识到运动给我们的身体带来的重要影响,环节紧扣活动重点,为目标服务。

教师:张丽娜

附健康教案

活动名称:我是健康好宝宝

适宜年龄:4～5岁

设计思路:近期班级里有很多幼儿不爱运动,早上不愿意来园参加早操,饮食习惯也不好,导致幼儿生病请假的现象频发。《指南》中指出"幼儿要具有良好的生活习惯,喜欢参加体育活动,不偏食,不挑食,不暴饮暴食。"因此,教师设计了本次活动,目的是为了让幼儿在活动中体会到运动与平衡饮食的重要性,知道运动能让身体变健康,逐渐养成良好的饮食习惯。

活动目标:

1. 通过活动,了解运动及合理饮食对身体健康的重要性。

2. 能积极参加体育活动,体验运动给身体带来的好处。

活动准备:课件一个、故事《胖胖猪和小猪》,胖胖猪、小猪图片。

活动重、难点:

活动重点:了解运动和合理饮食对身体健康的重要性。

活动难点:掌握使自己变健康的方法。

活动过程：

一、开始部分

出示胖胖猪和小猪的图片，激发幼儿的活动兴趣。

小猪："我是一个爱运动不挑食的好孩子，我的身体很健康，每天都能高高兴兴地来幼儿园。"胖胖猪："我是一个就喜欢吃肉、不喜欢吃菜，还不爱运动的小猪。每天我起不来床，更不喜欢早早来到幼儿园运动。"

提问："你们喜欢哪个小动物呢？为什么啊？"

小结：这只小猪每天都能和小朋友一起做操，并且能把老师给的食物都吃掉，身体可好了，可是胖胖猪呢，每天吃了睡、睡了吃，一做事情还觉得很累，慢慢地就变得没有精神，身体也发生了变化。

二、基本部分

（一）开展谈话活动：帮小猪变健康

教师："这只胖胖猪看起来怎么样？那小猪呢？它们为什么一个健康，一个这么没有精神，还这么胖呢？幼儿园里的小动物们叫它们健康猪和胖胖猪，你们知道胖胖猪这么胖会带来什么麻烦吗？"（幼儿自由回答）

（二）生活经验迁移：肥胖带来的不便

教师："小朋友，你们觉得长得太胖好不好？为什么呀？"

教师："肥胖给胖胖猪带来了很大的麻烦，它一走起路来就会呼呼地喘气，现在胖胖猪的心里可难受了。那怎么办呢？我们一起来帮帮它吧！想一想有什么好办法可以帮助胖胖猪变精神，变健康呢？"（幼儿自由回答）

教师："你们真会动脑筋，帮胖胖猪想了这么多的好办法，那胖胖猪到底用了谁想到的办法呢？现在我们就一起听听《减肥的胖胖猪》吧！"

（三）倾听故事，理解故事内容

教师讲述故事《减肥的胖胖猪》。

提问："胖胖猪为什么一走起路来就呼呼地喘粗气呢？可它后来变成了什么？健康猪是用什么办法帮胖胖猪变健康的？"

（四）了解使身体变健康的方法

教师："除了拍球以外，还有哪些运动项目能使我们的身体变健康呢？怎样做我们的身体才会像运动员那样健康强壮呢？"

小结：除了运动外，还要不挑食、不偏食，多吃蔬菜和水果。这样我们的身体才会变得更加健康、强壮。

活动延伸：在日常生活中鼓励幼儿多走路、少坐车、自己上下楼梯、自己背书包等，使幼儿认识到运动对身体健康的重要影响。在班上健身娱乐区内设置"运动与健康"关系的墙饰，使幼儿与之互动起来，让幼儿从生活点滴中知道运动对自己的重要性。

附：故事《减肥的胖胖猪》

早上，森林动物园里的小动物们在运动，处处充满了朝气与活力。健康猪说："胖胖猪，我好像很久没有看到你了，你怎么了，你怎么又胖了？"胖胖猪说："我前阵子生病了，特别严重，都起不来床，下了床之后走几步路就会呼呼地喘，可难受了。现在我也很累，没有精神。""这都是因为你缺乏运动，总是吃完就睡，身体才会生病的。"健康猪对胖胖猪说。小兔子也说："胖胖猪你不能这样了，赶快起来，我们一起去运动，身体才会变得健康起来，咱们先去操场拍球吧。"胖胖猪说："啊？这么简单？"胖胖猪学着小兔子的样子拍起球来。可是，刚拍了一下，球就滚跑了。胖胖猪呼哧呼哧地去捡球，刚拍了一下，球又滚跑了。小兔子拿来一个呼啦圈说："你站在里面，不要把球拍到圈外，试着每次连着拍几下。""1、2、3，累死我了！"胖胖猪拍了三下就累得不行，拍得手发软，腿发抖。小兔连忙扶着胖胖猪："胖胖猪你一定要坚持！"第二天胖胖猪拍了五下，就累得一屁股坐在地上。小兔对胖胖猪说："胖胖猪你一定要坚持住，不能偷懒！"胖胖猪站起来接着拍。拍着拍着，篮球听话了，不会到处乱滚了。一下、两下、三下，胖胖熊可以连着拍十下了。胖胖猪越拍越觉得有趣，每天都来拍球。几天以后，胖胖猪恢复了体力，走起路来再也不会呼哧呼哧地喘粗气了。

活动反思：体育运动是健康的生活方式。结合本班幼儿的实际问题选择、设计教学内容，符合幼儿实际发展需要。在活动过程中层层递进，环节紧凑，运用多种方法引导幼儿知道运动对身体健康的重要性，达成了目标要求。活动中出现的两只小动物让幼儿直观地认识到运动给身体带来的重要影响，了解到健康的饮食与适当的运动能使身体更健康。

教师：张丽娜

活动四

活动名称：小花猫的长指甲

适宜年龄：4～5 岁

设计思路：经过小班一年的游戏和生活，中班幼儿已经能够比较顺畅地进行语言表达，清楚地讲述事情和表达自己的想法，喜欢和人交流，词汇量也有了很大的增长，能基本说清楚一件事情，语言表达的愿望和能力得到了较好的发展。学会语言表达的同时，我也重视幼儿积极的思维和想象。《小花猫的长指甲》是一个有重复性情节的故事，内容容易被幼儿记住，同时它词汇丰富，有助于幼儿语言表述能力的提升。

活动目标：

1. 理解故事内容，能够自选片段进行复述。

2. 体验故事中人物之间的温暖情感，感受和谐的人际交流。

活动准备：

经验准备：了解故事中动物的一些习性与特点。

物质准备：故事图片 PPT、动物角色头饰、表演道具、音乐、布置场景（设置表演区，按照五人一组来安排桌子，模仿小动物的家）。

活动重、难点：

活动重点：倾听故事并复述片段。

活动难点：尝试运用具有人物特点的语调、神情进行复述表演。

活动过程：

一、开始部分

教师："小朋友们，今天老师给你们带来了一个谜语，你们来猜猜是什么呢？像虎比虎小，日夜勤操劳，最爱捉老鼠，捉到就喊'喵'。"（猫）

教师："这只小花猫要去朋友家做客，你们说，小花猫先去谁家做客了呢？"

二、基本部分

（一）理解故事：根据小花猫的行为猜想故事情节

1. 出示小花猫涂指甲油的图片并讲述故事："小黄狗，我是小花猫，我来你家做客啦！"提问："孩子们，你们猜猜小花猫今天做客愉快吗？为什么呢？"

2. 出示小花猫带着胡萝卜到小白兔家去的图片："那我们来看一看小花猫第二天又去了谁家。"并讲述"小白兔，我是小花猫，我来你家做客啦！"请幼儿猜猜小花猫今天做客愉快吗？又是为什么呢？

3. 教师出示小花猫去小山羊家做客的图片："第三天，小花猫的做客经过会是怎样的呢？"并讲述"小山羊，我是小花猫，我来你家做客啦！"提问："今天小花猫会愉快吗？"

（二）讨论小花猫做客的经历，运用生活经验表演。

教师就小花猫的三次做客经历请幼儿充分猜想并说说自己的想法，小花猫可能愉快，也可能不愉快，为什么？

1. 表演第一天。教师邀请幼儿表演小花猫第一天的做客经历。

小结：小花猫和小黄狗都说了什么话？它们都是有礼貌的孩子。

2. 请幼儿表演第二天、第三天的做客经历。（幼儿表演，教师予以积极的肯定、赞赏）

（三）教师完整讲述故事并做小结

1. 教师："小朋友们的想象力太丰富了！把我们的小动物们说得这么可爱！我们来听一听故事，哪里和我们讲的不一样？"

2. 小结：瞧！小朋友们真了不起，猜出了故事的一大半！小花猫咬掉了指甲，忽然，它的肚子疼起来了！怎么回事？

3. 讲述小山羊将小花猫送医部分。

（四）欣赏与游戏

1. 完整欣赏故事，邀请愿意讲述故事的幼儿跟着一起复述。

2. 教师："你最喜欢哪一段故事？为什么？"

3. 表演游戏。教师："请你们一组小朋友一块玩游戏，五个人商量好表演哪一段，分配好角色。"

三、结束部分

教师肯定幼儿的大胆交往和表演，鼓励把小动物们的故事讲给家人及更多的人听。

活动延伸：

1. 在区域游戏中增加人物和情节表演。

2. 在生活中积极推进语言交流和人际交往，发展活跃的思维和表达能力。

3. 健康活动：指甲爱干净。

活动反思：

1. 该故事较长，教师应力求让幼儿主动探索和体验，减少讲长故事的枯燥感受，增强活动趣味性。

2. 第一次游戏是第二次游戏的基础，第二次游戏是第一次游戏的发展提升。应让幼儿充分理解人物的第一次对话和行为互动，减少增加补充内容的难度，增强活动趣味性，便于幼儿记忆故事。

3. 充分欣赏幼儿的片段表演，教师积极认真的态度有助于幼儿大胆展现故事情节，同时也能关注同伴的表演，进一步增强对完整故事的感知理解。

教师：刘娟

附健康教案

活动名称：指甲爱干净

适宜年龄：4～5 岁

设计思路：由于家庭原因，我班部分幼儿或是由老人照看，或是模仿了父母一些不适合幼儿的行为，如不勤洗手，喜欢涂指甲油等，这给日常活动带来了安全和卫生隐患。幼儿的学习是在游戏和生活中自然产生的，利用故事引导幼儿产生对卫生习惯的认识和向往是较好的教育手段。《小花猫的长指甲》从幼儿喜欢的故事入手，采用游戏形式体验不讲卫生的麻烦，感受爱护指甲、讲卫生的好处，达到健康教育的目的。

活动目标：

1. 了解指甲的重要性，知道如何爱护指甲。

2. 感受指甲清洁以及受欢迎的愉悦感。

活动准备：

经验准备：认识自己的手指甲、会唱歌曲《爱干净歌》。

物质准备：小花猫的毛绒玩具、故事《小花猫的长指甲》、PPT 图片、假指甲、歌曲《爱干净歌》。

活动重、难点：

活动重点：知道如何爱护自己的手指甲。

活动难点：感受并用语言表述讲卫生的愉快体验，增强讲卫生的健康愿望。

活动过程：

一、开始部分

1. 出示毛绒玩具小花猫，激发幼儿兴趣。

2. 教师："咱们班来了一只特别漂亮的小花猫，今天它有点不开心，我们来看看它遇到了什么事情？"

二、基本部分

（一）讲述故事《小花猫的长指甲》

1. 教师讲述故事，当讲到"小花猫涂指甲油，小黄狗闻到后打喷嚏"时，出示小黄狗打喷嚏的图片。

（1）提问："小黄狗为什么会不舒服，会打喷嚏？难受打喷嚏是什么感觉？"

（2）请小朋友来扮演小花猫和小黄狗，感觉一下小黄狗的心情。

（3）教师："小花猫的指甲油让小黄狗不舒服了，指甲油只是让小黄狗不舒服吗？那以后小花猫悄悄涂，不让人闻到行不行呢？"（与幼儿讨论虽然有的指甲油很香，但是添加了很多有害的颜色、香料，对小花猫自己的身体也是有害的。）

（4）提问："既然指甲油是有害的，小花猫会怎么办呢？"

（5）提问："你的指甲是什么颜色的？"

2. 继续讲述小花猫去小白兔家做客的情节。

（1）教师："第二天，小花猫没有涂新的指甲油，它又来到小白兔家做客了。这一次，小白兔没有打喷嚏，发生了什么事情？"

（2）教师："小花猫不涂指甲油了是很好的，不过指甲太长了也不好啊！那怎么办？"（剪掉指甲）

3. 继续讲小花猫去小山羊家做客的情节。

（1）教师："第三天，小白兔来到了小山羊家，发生了什么事情？"

（2）教师："小花猫咬掉了指甲，忽然肚子疼起来了，怎么回事？（指甲不干净等）现在应该怎么办？"（看医生）

4. 教师讲述故事至结束。

教师："小花猫的指甲带来了什么麻烦？"

（二）讨论指甲的作用，知道怎样爱护自己的指甲

提问："你知道指甲有什么用吗？那我们应该怎么保护自己的指甲？指甲长了应该怎么办？如果指甲长了不剪，会怎么样呢？"

（三）体验游戏

1. 引导幼儿戴上假指甲玩玩具，体验长指甲给生活带来的不便。

教师："今天我们来玩一个游戏，送给小朋友漂亮的长指甲，请你戴上它来玩玩具。"

2. 去掉长指甲玩玩具，体验舒服指甲的方便。

提问："戴长指甲和不戴长指甲玩玩具有什么不一样？"

总结：如果指甲太长，就会像刚才我们戴上长指甲玩玩具那样，没办法拿起来，很不方便，还会划伤好朋友和自己的皮肤。

（四）小游戏：猜猜看

请幼儿观看并判断 PPT 中小朋友的行为是正确的还是错误的。猜对了就会出现笑脸，猜错了就会出现哭脸。

1. 第一幅图：咬指甲。（这种行为不正确，经常咬指甲会将病菌带入嘴里，使身体生病。）

2. 第二幅图：剪指甲。（这种行为正确，及时剪指甲会使我们做事情很方便，就不会因为指甲过长而伤害别人。）

3. 第三幅图：涂指甲油。（这种行为不正确，因为指甲油里含有很多有毒的化学物质，会危害小朋友的健康。）

4. 第四幅图：洗手。（这种行为正确，如果不及时洗手，指甲中会有许多脏东西使小朋友生病。）

三、结束部分

教师播放歌曲《爱干净歌》，幼儿听音乐自然结束。

活动延伸：利用儿歌、图片、视频以及家园共育等多种有效的形式指导幼儿良好的行为习惯，使幼儿爱干净、勤剪指甲等。

活动反思：

1. 运用边看边议的形式集中理解故事片段，有效解决涂指甲油、指甲长等问题，使幼儿对每一个不良习惯和将要养成的良好习惯有鲜明的情感对比，激发主动意识。

2. 教师的教态、语气应有趣、简洁，便于幼儿理解，使幼儿积极参与讨论。

3. 结合家庭教育，培养良好的卫生习惯，并鼓励幼儿监督自己和家人，体验成就感。

附：故事《小花猫的长指甲》

森林里住着一群非常可爱的小动物，有小黄狗、小白兔、小山羊、河马医生，还有一只非常漂亮的小花猫。小花猫每天都把自己打扮得很漂亮，森林里的小动物们都非常喜欢它，所有的小动物都邀请它去自己的家里做客。于是小花猫答应大家轮流去做客。

第一天，小花猫打算去小黄狗家做客。它想，今天我要涂上我新买的指甲油，指甲肯定会变得特别漂亮，然后再去小黄狗家做客。于是小花猫涂好了指甲油，带上了小黄狗最爱吃的骨头，来到了小黄狗的家门口，它很有礼貌地敲了敲小黄狗家的门叫道："小黄狗，我是小花猫，我来你家做客啦！"小黄狗一听，原来是小花猫来了，赶紧打开了门对小花猫说："小花猫快请进。"小花猫把手里的骨头递给了小黄狗，并对它说："小黄狗，这是我给你带的骨头，希望你喜欢。"小黄狗连忙说道："谢谢你，小花猫。"突然，小黄狗闻到了一股刺鼻的味道，还打了好几个喷嚏，说道："这是什么味道，我的鼻子太难受了，嗓子也痒痒的。"小花猫闻了闻周围的物品，又闻了闻自己的指甲，发现原来是指甲油的味道。它不好意思的对小黄狗说："小黄狗对不起，都是我的指甲油惹的祸。""没关系，我知道你不是故意的。"小黄狗说道。小花猫回到家，马上就把指甲油洗掉了。

第二天，小花猫准备去小白兔家做客。小花猫带了小白兔最爱吃的胡萝卜，来到了小白兔的家门口，它很有礼貌地敲了敲小白兔家的门叫道："小白兔，我是小花猫，我来你家做客啦！"小白兔一听，原来是小花猫来了，赶紧打开了门，对小花猫说："小花猫，快请进。"小花猫把手里的胡萝卜递给了小白兔，并对它说："小白兔，这是我给你带的胡萝卜，希望你喜欢。"小黄狗连忙说道："谢谢你，小花猫。"小白兔正要接过小花猫手中的胡萝卜，可是小花猫的指甲太长了，不小心划伤了小白兔的手，小花猫连忙向小白兔道歉："小白兔对不起，都是我的长指甲惹的祸。""没关系，我知道你不是故意的。"小白兔说道。小花猫回到家，忘记了长指甲的事情，躺在床上睡着了。

第三天，小花猫准备去小山羊家做客。小花猫带了小山羊最爱吃的青草，来到了小山羊的家门口，它很有礼貌地敲了敲小山羊家的门叫道："小山羊，我是小花猫，我来你家做客啦！"小山羊一听，原来是小花猫来了，赶紧打开了门，对小花猫说："小花猫，快请进。"小花猫把手里的青草递给了小山羊，并对它说："小山羊，这是我给你带的青草，希望你喜欢。"小山羊连忙说道："谢谢你，小花猫。"小花猫突然想起昨天自己的长指甲把小白兔的手划伤的事情，害怕今天又划伤小山羊的手，于是它趁着小山羊去放青草，偷偷地用牙齿咬断了自己的长指甲。可是没过一会儿，小花猫的肚子突然疼了起来，这可吓坏了小山羊，小山羊赶紧将小花猫送到了河马医生的家里。

和蔼可亲的河马医生给小花猫边做检查，边向小花猫询问："小花猫，今天你有没有吃过不干净的东西？"小花猫低着头，支支吾吾地答道："我，我怕我的长指甲划伤小山羊的手，所以用牙齿咬断了自己的长指甲。""哦，原来是这样啊。"河马医生说道。经过河马医生的治疗，小花猫的肚子终于好了。河马医生对小花猫说："以后不能再咬指甲了。因为指甲里面有很多的细菌，你用牙齿咬指甲，细菌都跑到肚子里了，所以才会肚子疼。"小花猫使劲地点了点头，答应了河马医生。

小花猫的病好了，它把森林里所有的小动物都邀请到自己的家里来做客，大家一起唱歌、跳舞。看着大家玩得那么开心，小花猫也高兴地笑了，说道："以后我一定不再涂指甲油、留长指甲，更不会咬指甲了！"

教师：刘娟

活动五

活动名称：苦恼的小鼹鼠

适宜年龄：4～5岁

设计思路：孩子们在中班开学初进行了体检，其中的视力检查结果不好，班中一大部分幼儿的视力很差。我们和家长都很重视这件事情，究其原因，还是现在的孩子使用电子产品和看电视的时间太长。于是家园携手从日常生活中引导孩子爱护眼睛。如减少看电视的时间，多陪孩子去户外运动等。但孩子们自己对爱护眼睛的意识还比较薄弱，自控力也比较差。

《纲要》中指出"4～5岁幼儿应知道保护眼睛，不在光线过强或过暗的地方看书，连续看电视不超过20分钟等。"为了进一步让孩子们加强对眼睛的保护意识，了解近视眼对生活带来的不便和影响，教师设计了本节集体教育活动。希望孩子们能通过这节有意思的活动进一步加强爱护眼睛的意识，巩固保护眼睛的方法。

活动目标：

1. 能尝试根据连续画面提供的信息，大胆猜测故事内容。

2. 能够在集体面前清楚的表达自己的想法，讲述比较连贯。

3. 了解日常生活中保护眼睛的基本方法，养成良好的用眼习惯。

活动准备：

经验准备：有看图片猜情节的经验。

物质准备：PPT 课件、动画视频、每人一本自制小书。

活动重、难点：

活动重点：了解日常生活中保护眼睛的基本方法，养成良好的用眼习惯。

活动难点：根据画面信息大胆猜测故事内容，清楚地表达自己的想法。

活动过程：

一、开始部分

情景导入，引发幼儿兴趣。

教师："今天，老师给小朋友们带来一个有意思的故事。故事里的小鼹鼠最近特别苦恼。请你找一找、猜一猜它最近为什么苦恼。"

二、基本部分

（一）每人一本自制图画书，鼓励幼儿仔细观察画面内容，寻找线索。

（二）鼓励幼儿大胆发言，分享自己寻找的线索和猜测的内容。

（三）播放动画小视频，验证幼儿猜测的内容。引导幼儿进一步找出小鼹鼠苦恼的原因。

1. 教师："小朋友的想法特别多，从书上找到了很多的线索来猜测小鼹鼠苦恼的原因。那它到底为什么这么苦恼呢？我们来看一看！"

2. 看完视频再次追问，帮助幼儿梳理小鼹鼠变成近视眼的原因。

提问："小鼹鼠到底为什么苦恼呢？为什么它变成了近视眼？"

（四）出示 PPT，结合一日生活鼓励幼儿大胆说一说应该如何正确保护眼睛。

教师："小鼹鼠因为长时间躺着看书，长时间玩电子游戏，变成了近视眼。小朋友平时也有这样的行为，让我们一起来看看他们做得对不对。"

（五）通过游戏巩固幼儿保护眼睛的知识。

教师："咱们小朋友现在已经知道该怎样保护眼睛了，但是小鼹鼠还在因为近视眼看不清东西苦恼着，咱们快去帮帮它吧！你们每告诉它一种保护眼睛的方法，它的眼睛就会变清楚一些。"

三、结束部分

教师："小鼹鼠的近视眼已经好了，它特别感谢你们。那小朋友们以后要好好爱护我们的眼睛，不要像小鼹鼠一样变成近视眼。"

活动延伸： 开展"有用的眼睛"健康教育活动，增强幼儿爱护眼睛的意识。

活动反思： 根据《指南》中指出的"中班幼儿应该知道基本的用眼爱眼的方法"以及幼儿在体检中出现的视力较差的问题，为了增强孩子们对视力的保护意识，教师设计了本次教学活动。本节活动目标实现得较好，运用了提问、自制小书、动画短片、游戏等手段来支持目标的达成。让孩子们大胆、充分地表达，把自己的猜测完全表达出来。让孩子们通过自己对故事的猜测和理解体会近视眼给故事主人公小鼹鼠所带来的苦恼，接着再利用PPT来激发幼儿思考在生活中我们应该如何用眼，最后用一个有意思的小游戏来巩固孩子们正确用眼的方法。孩子们在整个活动中十分投入，与老师积极互动，在掌握了正确护眼方法的同时也增强了爱护眼睛的意识。通过本次活动，孩子们对爱护眼睛有了兴趣，但是对护眼的方法以及对保护眼睛的重要性认识还不够，所以接下来设计一节集体活动，让幼儿在游戏中提升对眼睛的更多认识。

教师：张亦冲

附健康教案

活动名称：有用的眼睛

适宜年龄：4～5 岁

活动目标：

1. 知道保护眼睛的方法，懂得保护眼睛的重要性。

2. 增强爱护眼睛的意识。

活动准备：眼罩、画纸、画笔、毛绒玩具、水果图片。

活动重、难点：

活动重点：掌握保护眼睛的方法，增强爱护眼睛的意识。

活动难点：小组协商，合作将动眼操用图画的方式记录下来。

活动过程：

一、开始部分

游戏导入，激发幼儿参与活动的兴趣。

（一）游戏：蒙眼取物

游戏玩法：将一个毛绒玩具放置在距离起点 3 米左右的桌子上，第一次游戏时，请幼儿正常走过去取物。第二次游戏时，戴上眼罩，在没有任何辅助和指令的帮助下，自己走过去再次取物。

（二）提问引发幼儿思考，感受眼睛的重要性

提问："第一次没戴眼罩取物是什么感觉？戴上眼罩之后再次取物是什么感觉？当眼睛被蒙上，什么都看不到的时候，你心里是什么感受？"

二、基本部分

（一）游戏：切水果

将护眼食物进行分类，在游戏互动中拓展孩子的护眼经验。

游戏玩法：教师在 PPT 上随机出示一种水果，如果是护眼的就不可以做切水果的动作，如果不是护眼的就可以做切水果的动作。

（二）分组制作"动眼操"图示，增强幼儿爱护眼睛的意识

提问："你们都做过眼保健操吗？谁来给我们做几个眼保健操里的动作？你们想不想有一套自己的眼保健操？"

（三）讨论可以缓解眼部疲劳的动作

1. 鼓励幼儿大胆发言，分享自己的创意，并示范做一做动作。

2. 自由分组，创作"动眼操"图示。

3. 引导幼儿先分工，然后讨论好几个动作，再开始动笔画。

（四）展示各组的"动眼操"图示，进行评比

用举手投票的方式进行选举，并请投票的小朋友说一说为什么选择该组。

三、结束部分

将选出来的"动眼操"图示张贴在图书区的墙上，供孩子们互相学习，缓解眼部疲劳。

活动延伸：孩子们很喜欢这个"动眼操"的墙饰，经常在图书区一起做"动眼操"，所以教师和孩子们商量之后，决定每天抽出 2 分钟的时间，全班小朋友一起做"动眼操"，就像小学生做眼保健操一样。

活动反思：本节集体活动以游戏和幼儿主动参与的方式贯穿活动始终，让幼儿在游戏中体验、感受眼睛的重要性。切水果的游戏潜移默化地拓展了孩子们对护眼方法的了解。《纲要》中指出"中班幼儿能用图画或其他符号进行记录"。本着活动以幼儿为主体，让幼儿主动参与，主动学习，教师设计了最后的制作"动眼操"图示活动。孩子们在活动中自主商讨"动眼操"的动作，为了能够赢得评比，他们相互协商，选出最合适的眼部运动，画出最好看的图示，相互提出好的建议并努力合作。孩子们在整个活动中充分发挥主动性，最后以小组的形式完成了各自的图示，获得了成功的喜悦，同时也增强了爱护眼睛的意识。

教师：张亦冲

活动六

活动名称：小威向前冲

适宜年龄：5～6 岁

设计思路：全面放开二胎后，班级里好几个幼儿的妈妈都怀孕了，《小威向前冲》是一本性教育阅读绘本，告诉我们小精子变成小宝宝的过程，蕴含着

遗传的秘密，它将复杂的生命孕育过程用如此简单的图画表现出来，让人觉得神秘又有吸引力。因此我把这个绘本放到图书区，孩子们很快对绘本产生了兴趣，由此我设计了一节语言活动。

活动目标：

1. 能够仔细观察画面，了解画面内容。

2. 寻找并学习表述自己和爸爸、妈妈之间相像的地方，体验亲情。

3. 通过阅读，初步了解宝宝的由来。

活动准备：

经验准备：幼儿能够说出自己和父母相像的地方。

物质准备：绘本《小威向前冲》（遮挡住文字），《小威向前冲》的故事PPT、孩子与父母相似的照片若干。

活动重、难点：

活动重点：了解图画书的内容，能够表述自己和父母相像的地方。

活动难点：了解宝宝的由来以及小精子变成小宝宝的过程。

活动过程：

一、开始部分

引出绘本《小威向前冲》。

教师："今天老师带来了一个有趣的绘本，里面的主人公叫小威，请你仔细看图书封面，猜猜这本书里讲了一个什么故事？"

二、基本部分

（一）引出主人公

1. 教师："向前冲的小威会是一位怎样的朋友呢？小威真的像你们说的那样，是一位勇敢、不怕困难并且很有力量的一个小家伙，那么小威到底要冲到哪里去呢？"

2. 教师讲述故事的开头，并提问。

（1）"你有和小威一样，做什么事情是高手的吗？"

（2）"为什么会举行游泳大赛呢？"

（3）"小威从起点出发，要经过什么地方，才能游到终点？"

（4）"小步追上来了，小威心里好紧张啊，这个时候，你认为小威应该怎么办？"

（二）幼儿自主阅读小书，寻找答案

教师："小威赢得了比赛，所以，这个美丽的小东西'卵子'就归小威了！小威看见这个美丽的小东西非常可爱，它欢喜地靠了上去，越靠越近，越靠越近，它慢慢不见了。结果，一件奇妙的事情发生了！请你在书中找一找发生了什么事？"

（三）视频播放故事后面的内容，了解胎儿成长的过程

教师："一个小生命慢慢形成了。（胎儿成长图）看！他一天天长大了。把布朗太太的肚子顶得鼓鼓的。日子一天一天过去了，小宝宝终于出生了，是个女孩，布朗先生和布朗太太给她起名字叫小娜，你猜，小娜长大了会是个怎样的女孩呢？"

教师："小娜终于一天天长大了，她的头发是什么颜色的？像谁呢？她在学校里数学不太好，这点像谁？可是她是个游泳高手，这一点和谁很像？看看这两个人，猜猜他们会是什么关系？你从什么地方看出来的？"

（四）观看孩子和父母的照片，学习寻找并表达自己和父母相像的地方，感受亲情

教师："你和你的爸爸妈妈像吗？什么地方很像？除了长相很像之外，你有什么喜欢的事情或者东西也和爸爸妈妈很像吗？"

三、结束部分

在《我爱我的家》歌曲中结束活动。

活动延伸：根据班级幼儿的兴趣点以及大班幼儿对性的好奇，我把图画书投放到了阅读区，孩子们喜欢看这个绘本。同时，我也在思考幼儿的成长需求，以及幼儿对身体的好奇，可以在幼儿感兴趣的时候开展一些相关的健康教育活动。

活动反思：教师根据绘本故事内容制作了《小威向前冲》的PPT，通过PPT和视频的形式帮助幼儿仔细观察画面，感受小生命慢慢形成的过程。幼儿在自主阅读小书的时候，自己探索寻找答案。在问到小威的家在哪里的时候，有的孩子看着绘本PPT就联想到自己的生活，脱口而出："在'小鸡鸡'里。"这说明孩子已经对这一问题有了关注，在看到"小威获得冠军靠近美丽的卵子，奇妙的事情发生了"的时候，心怡说："这是受精卵，我妈妈是医生，我听妈妈说过。"原来孩子对个体成长的了解远远不是教师所想的那么简单，其实幼儿在生活中对性有了一些了解，如妈妈怀孕、宝宝出生、从小长到大、男孩女孩的区别等。

教师：张秋媛

附健康教案

活动名称：男生女生大不同
适宜年龄：5～6岁
活动目标：

1. 初步了解男孩和女孩身体器官等方面的不同，形成正确的性别意识。

2. 懂得保护自己的身体，学会尊重他人。

活动准备：

经验准备：知道男生女生身体上的不同，以及平时的习惯、爱好等的不同。

物质准备：男女生标记、多媒体课件。

活动重、难点：

活动重点：了解男孩和女孩身体器官等方面的不同。

活动难点：懂得保护自己的身体。

活动过程：

一、开始部分

游戏"找朋友"，调动幼儿对异性同伴的观察兴趣。

游戏要求：男孩子必须找女孩子做朋友，女孩子必须找男孩子做朋友。

提问："你怎么知道你的朋友是男孩还是女孩？"

二、基本部分

引导幼儿讨论男孩和女孩之间的相同点和不同点。

（一）谈话：男生女生大不同

提问："男孩和女孩有哪些相同的地方和不同的地方？男孩喜欢玩些什么？女孩喜欢玩些什么？"

小结：男孩和女孩在体貌、穿着和兴趣爱好方面都有许多的不同。

（二）男生女生找不同

1. 出示男孩、女孩身体的图片，从身体部位（特别是生殖器官）以及如厕习惯入手，引导幼儿进一步认识男女的区别。

2. 初步引导幼儿认识生殖器官及其名称。

提问："男孩怎么上厕所？女孩呢？为什么？"

（三）分组讨论：怎样保护自己的生殖器官

引导幼儿主要从卫生习惯、自我保护等方面进行讨论。

（四）幼儿分组完成操作材料

小结：每个人的身体都是属于自己的，应该保护好自己的身体，同时也要尊重别人的身体。除了爸爸、妈妈和医生，任何人都不能接触自己的生殖器官。男女有别，有些事情男女要分开做。

三、结束部分

回家把本次活动中自己的感受和爸爸、妈妈进行交流，结束活动。

活动延伸：亲子用绘画、粘贴等方式共同创作属于自己的成长档案。

活动反思：性教育在幼儿园的教育活动中尝试较少，是很容易忽略的内容。因为进行性教育时既要如实相告，又不能太复杂。既要鼓励孩子的求知欲，又要把一些具体细节很自然地延迟到孩子的未来生活中去了解，这个尺度较难把握。通过本次活动，既满足了幼儿的好奇心，又让幼儿掌握了有关性科学、性道德和性文明的最基本的知识。首先通过"找朋友"的游戏调动幼儿对异性同伴的观察兴趣，之后出示男孩和女孩的身体图片，将幼儿对身体器官的探索兴趣提到了最高点，从而自主地参与到探索活动中来。最后的图片判断题将幼儿的兴趣及参与活动的积极性保持到了活动结束。本次活动遵循幼儿的年龄特点，教学环节由浅入深、层层递进、重点突出。

教师：侯梦涵

第三节 健康领域融于社会领域的活动案例

活动一

活动名称：爱的抱抱

适宜年龄：3～4 岁

设计思路：小班幼儿的情绪具有不稳定性，行为也常常受情绪所支配。《指南》中指出："要为幼儿创设温馨的人际环境，让幼儿充分感受到亲情和关爱，形成积极稳定的情绪情感。"快乐是一种积极的情绪，对幼儿的发展至关重要，孩子在这种情绪中可以获得良好的情感体验，建立自信，发展自尊。小班幼儿刚来园时，分离焦虑较严重，而看似简单的抱抱是向幼儿传递爱最直接、最温暖的方式。

活动目标：

1. 通过游戏，体验抱抱的愉悦感受。

2. 通过听故事，了解动物妈妈对动物宝宝表达爱的方式。

3. 知道抱抱是表达爱的一种方式。

活动准备：课件《妈妈抱抱我》，鸡妈妈和鸡宝宝头饰，狗妈妈和狗宝宝头饰，鸟妈妈和鸟宝宝头饰，象妈妈和象宝宝头饰，妈妈和小宝宝头饰各三个。

活动重、难点：

活动重点：知道抱抱是表达爱的一种方式。

活动难点：了解动物妈妈对动物宝宝表达爱的方式。

活动过程：

一、开始部分

导语："小朋友，你们爱自己的妈妈么？妈妈爱你么？妈妈是怎样爱你的？小动物的妈妈是怎样爱它们的宝宝的呢？我们一起来听个故事《妈妈抱抱我》。"

二、基本部分

（一）播放课件《妈妈抱抱我》

1. 提问："小鸡妈妈是怎样抱鸡宝宝的呢？（鸡妈妈用翅膀抱宝宝）鸡宝宝在妈妈的怀里感觉怎么样？（开心、舒服）我们一起来学学鸡妈妈抱宝宝的样子。"

2. 提问："狗妈妈是怎样抱狗宝宝的呢？（狗妈妈用舌头舔宝宝）狗妈妈舔呀舔呀，狗宝宝感觉怎么样？（开心、幸福）我们一起来学学狗妈妈。"

3. 提问："鸟妈妈是怎样抱鸟宝宝的呢？（鸟妈妈用嘴巴亲宝宝）"引导幼儿学一学。

4. 提问："大象妈妈也很爱自己的宝宝，你们猜猜它会怎样抱宝宝呢？"鼓励幼儿结合自己的经验说一说。

小结：大象妈妈用鼻子温柔地抚摸着象宝宝。结合语言、动作，引导幼儿理解"抚摸"一词的含义。

5. 导语："看，这里有个小朋友在喊妈妈，她也想要抱抱，妈妈抱宝宝的感觉怎么样啊？妈妈抱宝宝的时候会说些什么呢？宝宝对妈妈又会说什么？"

小结：故事里有许多许多的爱。原来，妈妈抱宝宝可以用翅膀抱，用舌头舔，用嘴巴挠，用鼻子抚摸，做了这些事情，宝宝就知道妈妈有多爱他了。

（二）表演游戏"妈妈抱抱我"

幼儿自选头饰，一组幼儿分别扮演鸡妈妈、狗妈妈、鸟妈妈、象妈妈、小宝宝妈妈，另一组幼儿分别扮演鸡宝宝、狗宝宝、鸟宝宝、象宝宝和小宝宝。故事说到哪种动物，小朋友就学动物妈妈的动作。第二次游戏时，互换角色。

三、结束部分

导语："动物妈妈用不同的方法表达了对宝宝的爱，其实还有很多种表达爱的方式。今天回到家后，你也可以用不同的方法跟自己的爸爸妈妈表达爱。"

活动延伸：为进一步缓解幼儿的分离焦虑，可以开展快乐抱抱的活动，通过在报纸上平稳站立这一游戏，使幼儿之间主动拥抱，既锻炼了平衡能力，又为幼儿的交往提供了机会和空间。

活动反思：在此次活动中，幼儿了解了动物妈妈对动物宝宝表达爱的方式都是不一样的。幼儿对"妈妈抱抱我"的游戏兴趣很高，在游戏中，幼儿的脸上洋溢着开心和幸福。这样的游戏也提高了幼儿之间的交往与合作。接下来，我还将利用小班幼儿喜欢抱抱的特点开展户外体育游戏，让两名以上的幼儿进行交往合作，体验同伴游戏的快乐。

教师：隗姗

☀ **活动二**

活动名称：我的心情

适宜年龄：4～5 岁

设计思路：幼儿在相处时总会发生一些摩擦，有时候会控制不了自己的情绪，特别是在升入中班以后，但快乐是一种重要的情绪，也是身心健康的一个标志，对于幼儿的健康成长非常重要。指南中健康领域的目标之一就是让幼儿能身体健康，在集体生活中情绪安定、愉快，为此我开展本次活动。

活动目标：

1. 正确认识自己的情绪，学习调节自我情绪的简单策略。

2. 初步感知他人的情绪变化，懂得关心和帮助他人。

活动准备：

经验准备：能初步感知喜怒哀乐的情绪。

材料准备：表情图片（笑脸、哭脸、生气、愤怒）、镜子人手一份。

活动重、难点：

活动重点：感知他人的情绪变化，并能大胆猜测和表达。

活动难点：能够学习调节自我情绪。

活动过程：

一、开始部分

活动导入：欣赏音乐。

提问："听了这个音乐你们感觉心情怎么样？"引导幼儿说出一些表示心情愉快的词，如开心、高兴等，并让幼儿用面部表情表现出来。

二、基本部分

（一）幼儿自由分组和小伙伴一起分享快乐

导语："每天都会发生很多事情，那咱们现在自由分组说一说你们在生活中还遇到过哪些高兴的事情。"

提问："当你遇到不开心的事情时，你的心情是什么样的？（伤心、难过、生气等）当你有这样的心情时，你的面部会怎么样？"

（二）出示图片，请幼儿猜一猜它是什么心情

1. 笑脸。

提问："娃娃为什么这么开心，他遇到了什么事情？"让幼儿自由回答，并用表情表示。

2. 哭脸。

提问："娃娃为什么会哭？他遇到什么事情了？"

3. 生气。

提问："娃娃为什么会生气？他遇到了什么事情？你在生气时还会做什么动作？"让幼儿自由讨论回答。

4. 愤怒。

提问："娃娃为什么这么愤怒？他遇到什么事情了？那我们怎样能让他变开心呢？"

小结：我们能从每个人的脸上看出她的心情，在她不开心时，我们可以想一些办法来帮助不开心的人。

（三）讨论

提问："当我们遇到烦心的事情时，你会怎样让自己变得快乐？"

小结：你们不高兴时可以告诉老师和小朋友，让大家一起帮助你，还可以去玩你喜欢的玩具，吃一些你想吃的东西，这样就能变得开心了。

三、结束部分

表情游戏：幼儿照镜子，听教师的指令做不同的表情。如"变变变，我变得很快乐！变变变，我变得很生气！……"

活动延伸：让幼儿认识了解"心情卡"，并把每天的心情画在上面，以便教师及时了解幼儿每天的心情。引导幼儿通过"心情卡"和同伴交流自己的情绪变化，表达自己的情绪。由此延伸出健康教育活动《每天都是好心情》。

活动反思：本次活动是健康领域和社会领域相融合的一节活动，活动过程中教师首先利用一段开心的音乐入场，让幼儿感知开心的情绪，然后出示不同情绪的图片，让幼儿根据图片进行大胆的猜测和表达，并展开讨论。我们应该如何帮助他们，怎样让他们变开心等问题引发了幼儿极高的兴趣，让幼儿在本次活动中有所习得，了解了人的基本情绪，知道了情绪愉快有利于身心的健康。在活动中，幼儿对于如何让心情变得愉快也有了初步的经验。本次活动对幼儿今后控制良好的情绪有帮助，幼儿也会乐于表达自己的心情，对幼儿的健康成长有奠基作用。

教师：王梦童

附健康教案

活动名称：每天都是好心情

适宜年龄：4~5 岁

活动目标：

1. 知道为了身体健康要保持愉快的心情。

2. 结合生活经验讨论情绪转换的方法，并尝试保持快乐的方法。

活动准备：

经验准备：初步知道好心情能给人带来健康。

材料准备：不同表情的人物图片3张，空白卡片，绘画笔，心情卡若干。

活动过程：

一、开始部分

导语："小朋友们听说过快乐王国吗？只要到了快乐王国，每个人都可以满足自己的一个愿望，你们愿意去吗？想去快乐王国，必须要闯过3个难关才可以拿到通行证，你们愿意接受挑战吗？"

二、基本部分

1. 第一关：猜猜谁最健康。

出示三个不同表情的图片。

导语："第一关的问题是请你们猜一猜三个小朋友中谁的身体最健康？"（教师提示幼儿回忆自己生气或者难过时是什么样的）

小结：原来我们的心情会影响自己的身体健康，我们经常伤心、生气就会吃不好饭、睡不好觉，对我们的身体很不好，容易生病。好的心情可以让小朋友们吃饭香睡觉好，还能让我们的身体变得更加健康。

第一关我们闯关成功！贴红旗！

2. 第二关：赶走坏情绪。

导语："我们经常会遇到一些不好的事情，让我们的情绪变得很坏，所以我们要想办法赶走这些坏情绪，你们有什么好办法吗？"

请个别幼儿讲述，教师根据幼儿的回答用图示的方式进行总结记录。

总结：当我们不开心的时候，一定要想办法开心起来，我们刚刚找到了很多方法，我们一起来看看都有哪些。（和幼儿一起看图示）

第二关闯关成功！贴红旗！

3. 第三关：用自己的办法逗好朋友或老师开心。

导语："小朋友可真厉害！就差最后一关啦，最后一关有点儿难，你们还要挑战吗？第三关你们要用自己的方法把你身边的好朋友或者老师逗笑。"

导语："小朋友都成功地把好朋友逗笑了吗？你用了什么方法呢？"

三、结束部分

导语："恭喜小朋友们拿到通行证啦！那你们知道快乐王国在哪了吗？快乐王国其实就在我们身边，幼儿园也是你们的快乐王国！拿到通行证的小朋友可以提一个小愿望，老师一定满足你！"

活动延伸：幼儿回家可以告诉自己的家人和朋友，心情可以影响健康，为了我们的身体健康，一定要让自己开心起来！回家后和爸爸妈妈分享我们的这些好办法吧！

活动反思：通过活动，孩子们大胆地参与并讲述。通过闯关的形式调动幼儿的积极性以及表达的愿望。幼儿在活动中知道了心情会影响自己的身体健康，并把这些好玩的小游戏带回家，告诉爸爸妈妈每天都要有好心情。

教师：王梦童

活动三

活动名称：我一定可以

适宜年龄：5～6 岁

设计思路：大班幼儿已经初步养成了自己的事情自己做的好习惯，但现在的幼儿独生子女居多，他们无法接受失败，自己的意志力、耐力以及克服困难的能力较差，比如，有的幼儿拼图拼不出来就不想玩了，有的幼儿搭了一会儿积木，不想搭了直接放弃……《指南》中社会领域的目标指出："幼儿能主动承担任务，遇到困难能够坚持而不轻易求助。"教师要及时引导幼儿保持良好的心态面对困难，战胜自己，坚持到底。

活动目标：

1. 感知坚持的重要性，初步尝试克服困难。

2. 体验面对困难时自我鼓励后的良好心态。

活动准备：

经验准备：有遇到困难放弃的经历。

材料准备：扑克牌、"厉害的小熊"PPT、打结的绳子。

活动重、难点：

活动重点：幼儿能积极主动地自我鼓励。

活动难点：能理解坚持这种品质，并能应用到生活中。

活动过程：

一、开始部分

幼儿观察绳结，挑战解绳结。

教师："这些绳结太难解了，老师一点也解不开，这可怎么办呀？"（鼓励幼儿挑战解绳结）

二、基本部分

（一）尝试解绳结

教师："老师想了半天也没有解开，你们是怎么解绳结的？当你解不开这个绳结的时候，心里是什么感觉？"（太难了、不想解、肯定解不开……）

小结：原来我们遇到困难的时候想法都一样，都觉得太难了，想放弃。

（二）观看"厉害的小熊"PPT

教师："我们的好朋友小熊也遇到了困难，我们一起看看小熊是怎么做的。"

提问："小熊成功了吗？它是怎么做的？每次小熊遇到困难，它会说什么？"

小结：小熊没有放弃，遇到困难的时候就鼓励自己"我一定可以"。

（三）游戏：纸牌叠叠乐

播放小熊录音："小朋友们，我已经战胜了困难，一点也没放弃。但现在我又遇到了困难，我想请你们和我一起挑战叠纸牌塔。"

教师："连小熊都做到了，我们也不能认输！每个小朋友面前都有一副纸牌，我们一起陪小熊挑战纸牌塔吧！"

（四）幼儿分享自己的经历

教师："你们成功了吗？失败的时候你是怎么做的？"

（五）重复挑战叠纸牌游戏

教师："你们现在挑战成功了，心里什么感觉？在搭纸牌塔的时候，你们的眼睛特别明亮，小手特别灵活，遇到困难就大喊'我一定可以'。"

三、结束部分

教师："生活中我们会遇到很多困难，当遇到困难或挑战的时候你应该怎么做呢？"

活动延伸：

1. 在益智区中投放绳子，幼儿可以进行解绳子的比赛，也可以合作解开绳子。

2. 益智区投放纸牌，进行叠纸牌比赛。

3. 每月评比"我是坚持小明星"。

活动反思：心理健康是幼儿成长中的重要一环，它影响着孩子的一生。作为教师，要提供充足的条件为幼儿树立自信，培养幼儿良好的心理品质。在本次活动中，我结合区域中幼儿常出现的"受挫"现象，利用游戏和故事的方式支持幼儿的主动学习。解绳结让幼儿体验、回想自己遇到困难时的感觉，再通过一个有趣简单的小故事鼓励幼儿勇于面对困难，在后续叠纸牌受挫时，主动将负面情绪转化为激励自己的能量。通过活动，幼儿在面临困难时更有自信，不惧困难，越挫越勇，为幼儿今后做事的坚持性、持久性、自信心的树立以及挑战都做了很好的铺垫及奠基作用。同时，结合《指南》中健康领域提出的"和幼儿一起谈论自己高兴或生气的事，鼓励幼儿与人分享自己的情绪"这一建议，延伸出一节心理健康课《情绪变变变》。

教师：赵丹阳

附心理健康教案

活动名称：情绪变变变

适宜年龄：5～6岁

设计思路：在开展"我一定可以"这次活动后，我发现幼儿在面对困难时的心态有所好转。但是当幼儿多次体会到负面情绪时，常会控制不住自己的心情。因此，我设计了情感教育活动"情绪变变变"，让幼儿学会控制自己的情绪，初步学会调节情绪的方法。

活动目标：

1. 知道每个人都有情绪，并能辨别几种基本情绪。

2. 了解不同情绪对人身体健康的影响，初步知道调节自己的情绪。

活动准备：

经验准备：有过不同类型的情绪。

材料准备：六个情绪脸谱（兴奋、高兴、悲伤、愤怒、害怕、烦恼），做有六个情绪脸谱的大色子，情绪温度计（每人一个）。

活动重、难点：

活动重点：了解几种基本的情绪。

活动难点：能尝试调节自己的情绪。

活动过程：

一、开始部分

观看1～2段区域活动时的视频，观察同一区域中幼儿的不同情绪。

教师："刚才我发现视频里的你们玩得都可好了，当时你们都是什么心情啊？（请视频中的幼儿回答）为什么你当时会有这样的心情？"

二、基本部分

（一）游戏：玩色子

1. 游戏一：幼儿分组扔色子，色子扔到一种情绪时，尝试做出相应表情，并讨论情绪产生的原因。

教师："这里有这么多大色子，我们来跟好朋友一起玩一玩，看看上面都有什么情绪。"

2. 游戏二：幼儿在遮挡物后扔色子，根据扔到的情绪做相应的表情，让其他小朋友猜猜他扔到的是什么表情。

小结：色子上一共有六种不同的情绪，分别是兴奋、高兴、悲伤、愤怒、害怕、烦恼。每个人都会有这六种情绪，兴奋、高兴是好情绪，悲伤、愤怒、害怕、烦恼是不好的情绪。

（二）讨论：遇到不好的情绪时该怎么办

教师："你喜欢哪种情绪，不喜欢哪些情绪？老师现在很烦恼，不知道遇到这些不好的情绪应该怎么办，哪位小朋友能帮帮我？如果你有不好的情绪时，你会怎么做呢？"

小结：当我们有不好的情绪时，要想办法排解不好的情绪。

（三）律动《情绪歌》

教师："听一听这首好听的《情绪歌》，我们来试试歌曲里的方法吧！"

三、结束部分

教师："当我们遇到不好的情绪时，你还有什么好办法呢？"

活动延伸：可以把歌曲放在班级一日环节中播放，在家庭区里投放心情小屋，把不同心情的脸谱投放到心情小屋，幼儿可以根据自己每天的心情选择进入心情小屋玩。

活动反思：在本次活动中，我利用幼儿在同一区域内出现的不同情绪，通过反复玩情绪游戏让幼儿认识到六种基本的情绪，并初步尝试调节情绪的办法。在游戏中，利用听、看、玩、说等方式认识六种基本情绪，再通过改编幼儿熟悉的《幸福拍手歌》支持幼儿初步体验调节情绪的办法。本次活动基本完成了《指南》中健康领域提出的"和幼儿一起谈论自己高兴或生气的事，鼓励幼儿与人分享自己的情绪"这一建议。

附：歌曲《情绪歌》

如果感到幸福你就拍拍手，如果感到幸福你就拍拍手

如果感到幸福你就快快拍拍手呀，大家都一起拍拍手

如果感到生气你就跺跺脚，如果感到幸福你就跺跺脚

如果感到生气就快快跺跺脚呀，大家都一起跺跺脚

如果感到烦恼就找好朋友，如果感到烦恼就找好朋友

如果感到烦恼你就找朋友，找到好朋友一起拍拍手

如果感到悲伤你就抱一抱，如果感到悲伤你就抱一抱

如果感到悲伤你就快来抱一抱，如果感到悲伤你就抱抱我

教师：赵丹阳

活动四

活动名称：我做哥哥了

适宜年龄：5～6 岁

设计思路：随着近年来"开放二孩"政策的执行，越来越多的家庭考虑生第二个孩子，家里有了弟弟妹妹的幼儿会觉得爸爸妈妈再也不疼爱自己了。而

且，很多幼儿的独占意识比较强，不愿意跟弟弟妹妹分享各种关怀与爱。《纲要》中社会领域指出："要让幼儿乐意与人交往，学习互助、合作和分享，有同情心。"为了让幼儿转变观念，愿意接受弟弟妹妹，学会分享，我组织了本次活动。

活动目标：

1. 理解故事内容，感受故事中野田的心理变化。

2. 通过大带小的活动，体验与弟弟妹妹分享的快乐。

活动准备：

经验准备：班级幼儿有照顾弟弟妹妹的经验。

物质准备：PPT《我做哥哥了》、绘本《我做哥哥了》、小猫野田图片、幼儿在家照顾弟弟妹妹的照片。

活动过程：

一、开始部分

图片导入，引起兴趣。

导语："今天咱们班来了一位新朋友，我们看看它是谁？（小猫）这只小猫的名字叫野田，野田要当哥哥了，你们觉得它想当哥哥吗？为什么？（鼓励幼儿大胆猜想）我们一起来听一听。"

二、基本部分

（一）看PPT，理解故事内容

1. 提问："猫妈妈生了几只小猫？（五只）野田觉得有弟弟妹妹好吗？"

2. 提问："妈妈让野田带弟弟妹妹出去散散步，野田愿意吗？它是怎么做的？"

（二）自主阅读绘本，感受野田的心理变化

1. 提问："野田不喜欢弟弟妹妹，它想怎样做？野田躲到树上时，弟弟妹妹是怎样做的？野田丢下弟弟妹妹了吗？为什么？"

2. 提问："野田带着弟弟妹妹往前走时遇到了谁？野田是怎么想的？它把弟弟妹妹送给大灰狼了吗？为什么？大灰狼要吃掉小猫，野田是怎么做的？"

3. 提问："经过独木桥时野田心里是怎么想的？野田扔掉弟弟妹妹了吗？为什么？"

4. 提问："野田回到家，弟弟妹妹对妈妈说了什么？弟弟妹妹这么喜欢哥哥，那妈妈呢？"

小结：妈妈也很爱野田，因为弟弟妹妹小所以妈妈要用更多的时间来照顾它们，但是当妈妈知道野田也能帮着妈妈照顾弟弟妹妹时，妈妈为野田感到自豪。

5. 提问："野田现在喜欢做哥哥吗？为什么？"

小结：现在的野田喜欢做哥哥了，因为当弟弟妹妹遇到困难时，野田能去救它们，它还会帮着妈妈照顾弟弟妹妹，弟弟妹妹和妈妈都很开心。

（三）请幼儿分享自己在家里照顾弟弟妹妹的照片

提问："你喜欢你的弟弟（妹妹）吗？你为什么要照顾他（她）？你是怎样照顾的？"

（四）带幼儿去小班体验"大带小"

1. 大胆介绍自己，认识弟弟妹妹。

2. 每个幼儿找一个小班的弟弟或妹妹，照顾他们，跟他们一起做游戏、看图书、玩玩具。

3. 说一说跟弟弟妹妹在一起玩的感受。

三、结束部分

教师："我们大班的小朋友可真棒啊！知道怎样照顾好弟弟妹妹了。"

活动反思：《我做哥哥了》这个绘本的情节时而惊险，时而温情，深深地吸引着幼儿。故事中的主人公小猫野田从刚开始不情愿地做哥哥，到后来可以保护弟弟妹妹，再到最后感受到做哥哥的自豪，诠释着野田的心理变化。二胎家庭的"老大"，因为有了弟弟妹妹，心里或多或少都会受到一些影响。通过此次活动，幼儿能从野田的身上看到自己的影子。知道自己已经是大班的哥哥姐姐了，要能接受弟弟妹妹，并愿意去照顾弟弟妹妹，与弟弟妹妹一起分享玩具、图书和快乐的事情等。

教师：王欢

活动五

活动名称：我是情绪管理员

适宜年龄：5～6岁

设计思路：我班的孩子大多是独生子女，个性强，以"自我为中心"的性格特点非常突出，很容易为一点小事发脾气，遇到问题不能及时调节自己的情绪，也不顾及身边人的感受。为此，我特地设计了"我是情绪管理员"的活动内容，一方面引导幼儿了解不良情绪对身体的危害，学习一些应对不良情绪的方法，学会控制自己的情绪；另一方面引导幼儿通过观察表情了解他人的情绪变化，并尝试用自己的方法帮助身边的人。

活动目标：

1. 体验理解、原谅、帮助等积极的行为给自己和他人带来的愉快感受。

2. 能够通过观察表情了解他人的情绪变化，并尝试用自己的方法使身边的人快乐。

活动准备：

经验准备：熟知人的基本情绪。

物质准备：PPT、大头娃娃（高兴、悲伤、愤怒）、情绪转椅、花瓶 3 个、花若干枝、背景音乐《找朋友》。

活动重、难点：

活动重点：体验情绪给自己和他人带来的愉快感受。

活动难点：积极寻找各种调节情绪的好方法。

活动过程：

一、开始部分

导语："今天老师给小朋友们带来了两首好听的音乐，跟我一起来听一听。"

二、基本部分

（一）感知音乐中的情感

1. 播放《摇摆的小花狗》，感知高兴、快乐的情绪。

导语："现在我们来听第一首歌曲，听完后请你告诉我你的感觉。"

2. 播放《鲁冰花》，感知伤心、难过的情绪。

导语："我们来听第二首歌曲，听完后请你告诉我你的感觉？"

小结：不同的音乐可以让我们开心或者伤心。高兴、伤心都是人的情绪。

（二）给大头娃娃献花，感受不同情绪

1. 出示大头娃娃的表情，引导幼儿观察大头娃娃的表情并尝试用一个词语（高兴、悲伤、愤怒）进行描述，激发幼儿参与活动的兴趣。

2. 请幼儿猜测这些大头娃娃的表情，为什么会有这样的情绪以及他们遇到了什么事情，鼓励幼儿大胆表达自己的想法，并说明自己的理由。

3. 幼儿为自己喜欢的大头娃娃献花。

导语："小朋友，给你喜欢的大头娃娃送一朵花吧！"

提问："哪个大头娃娃收到的花最多？为什么大家都把花送给了高兴的大头娃娃呢？你有过让你快乐的事情吗？大家为什么都不愿意把花送给悲伤娃娃和愤怒娃娃呢？你们有过这样的情绪吗？发生了什么事情？"（鼓励幼儿积极表达自己对情绪的认知和感受）

小结：悲伤和愤怒都是不良的情绪，这些情绪对身体有很大的危害。

（三）游戏：掷色子

1. 教师掷色子，色子扔到一种情绪时，请小朋友试着做这种表情，并说说在怎样的情况下会出现这种情绪。

2. 请一名幼儿掷色子并做相应的情绪表情，让其他小朋友猜猜他扔到的是什么情绪表情。

（四）讨论

提问："在生气、害怕、难过的时候，你会怎么做呢？怎样才能让自己有个好心情？当小伙伴情绪不好时，我们可以用哪些办法帮助他们?"

小结：与别人交谈倾诉，将不良情绪发泄出来，如用小棍敲打铁皮罐头，转移注意力做一些别的事情，如看书、观看小动物、画画等。

三、结束部分

播放《找朋友》的音乐，帮助幼儿体验快乐情绪带给人们的愉悦感受。

活动延伸：

1. 家园共育，使幼儿进一步学会调节自己的情绪。在日常生活中认知和辨别不良的情绪，鼓励幼儿积极找出调节不良情绪的办法。

2. 鼓励幼儿制作一本《我们是快乐的小朋友》的画册。

活动反思：结合《纲要》理念，教师在本节教学活动中充分坚持"幼儿在前，教师在后"的教学原则，把教学目标自然地渗透到每一个环节当中，形成了一个循序渐进的教学过程。教师的思路清晰，在引导幼儿了解不良情绪对身体危害的基础上，不断鼓励幼儿关心身边人的情绪变化，并帮助小朋友调节不良的情绪体验。在活动中，教师运用谈话、讨论、互动等方式引导幼儿关注表情的变化，同时充分调动幼儿的原有经验，鼓励幼儿大胆表达对不良情绪的体验和感受。教师还运用"献花"的投票方式，让幼儿直观地感受到大家对快乐情绪的喜欢，进而鼓励幼儿寻找调节情绪的方法，逐步培养幼儿乐观向上的情绪情感。

本次活动对于幼儿的健康发展具有长远的意义，培养幼儿积极乐观的品质是教师和家长在一日生活中要长期关注的。这就需要教师在一日生活中关注幼儿身体健康的同时还要关注幼儿的心理健康，同时利用家园共育的方式，与家长一起引导幼儿调节自己的不良情绪，用适宜的教育行为和教育策略培养幼儿积极乐观的心态。

教师：谢春旭

第四节　健康领域融于科学领域的活动案例

活动一

活动名称：银耳变变变

适宜年龄：3～4 岁

设计思路：幼儿入园半年以来，仍存在不爱吃银耳、木耳、香菇的情况。我在孩子们中间开展调查，发现原来幼儿只见过、吃过菜品里的香菇、银耳、腐竹、木耳等，而没有见过这些食材本来的样子，以至于不认识这些蔬菜而不喜欢吃。于是我在自然角投放了木耳、银耳、腐竹、香菇、豆子等。孩子们很好奇，这些干干的食物是如何变成饭菜的呢？结合《指南》中科学领域指出的"3~4幼儿能感知和发现物体和材料的软硬、光滑和粗糙等特征"，我设计了这节"银耳变变变"的集体教育活动。

活动目标：

1. 观察并比较干银耳与泡发银耳的不同，喜欢吃用银耳等食材制成的食物。

2. 在探索中感知银耳等类似的可泡发食品由小变大、由硬变软的有趣现象，体验探究的乐趣。

活动准备：

经验准备：认识木耳、银耳、腐竹等。

材料准备：干木耳、干银耳、腐竹、紫菜、盛温水的水壶若干、透明水杯若干、魔法盒、照片、银耳雪梨汤。

活动重、难点：

活动重点：比较干银耳与泡发银耳的不同，喜欢吃用银耳等食材制成的食物。

活动难点：能用语言描述银耳泡发前后的变化。

活动过程：

一、开始部分

以"神奇的魔法盒"引发幼儿兴趣，引导幼儿观察、描述干银耳的特征。

导语："孩子们，今天老师带来了一个神奇的魔法盒，咒语是'咕噜咕噜变'，变好了！你来摸一摸，说一说你是什么感觉？猜一猜里面会是什么？"

导语："我们来看一看里面是什么？哦，原来是可以变魔法的银耳啊！那你吃过哪些用银耳做的食物？"

小结：干银耳摸起来干干的、硬硬的、扎扎的，是黄颜色的，闻起来还香香的。银耳可以做成炒菜和银耳雪梨汤。

二、基本部分

1. 大胆猜测木耳放进水里之后的变化，激发幼儿操作的兴趣。

导语："现在我要用银耳变魔术了，'咕噜咕噜变'，把一个银耳里放进温水，猜猜它会变成什么样？"

2. 幼儿动手泡银耳，进一步感知和验证。

导语："现在你也可以变魔法，老师给小朋友也准备了银耳和水，请你也试一试，看看银耳会发生什么变化。"（教师巡回指导幼儿操作和观察）

3. 师幼共同比较观察结果，得出干湿银耳的不同。

提问："你的银耳变了吗？谁来说一说你的银耳是怎么变的？湿银耳摸起来是什么感觉？"

小结：银耳泡水前是干干的、硬硬的、扎扎的、小的，泡水后会变得软软的、光光的，而且会变大。银耳变了一个由小变大、由硬变软的神奇魔术。

4. 看实物和PPT，迁移生活经验。

（1）了解其他可以泡发的食物。

导语："我们的小银耳可真会变魔术，你还见过什么东西泡水后也会变魔术的呢？"

小结：木耳、腐竹、银耳、紫菜、干香菇、粉丝、海参、胖大海等。生活中有很多东西一下子吃不了，人们就会把它们晒干，吃的时候再用水把他们泡发，就可以吃了，达到长时间储存的目的。

（2）观看幼儿园用银耳、木耳、香菇、紫菜、腐竹、粉丝、豆子等制作的食物照片，引起幼儿对这些食物的兴趣，引导幼儿不挑食、不偏食。

导语："这些食材经过厨房阿姨的巧手就变成了一道道营养又美味的食物。我们看一看都有什么好吃的吧？"

三、结束部分

品尝用银耳做的食物——银耳雪梨汤。（提前用布盖好，放在餐车上）

导语："'咕噜咕噜变'，老师把泡好的银耳变成了美味的银耳雪梨汤，我们快来尝尝吧。"

活动延伸：家园配合，在家请幼儿泡发银耳、木耳、腐竹等，并喜欢吃银耳、木耳等。

活动反思：本次活动是以科学领域为主，健康领域为辅的两个领域的综合课程。活动的目标侧重于探索和发现。难点在于比较和描述出银耳在用温水泡发前后的材料软硬、大小、光滑和粗糙的变化。设计活动时，我根据小班幼儿的年龄特点，尝试运用"做中学"的教育理念，从幼儿的生活经验出发，引导幼儿通过自己的探究和发现获得有关的经验。同时考虑到游戏性、趣味性对小班幼儿来说尤其重要，就以变魔术的游戏形式来贯穿始终，持续引发幼儿内在的探究动机和兴趣。基本部分以幼儿园厨房制作的各种泡发食物的照片来吸引幼儿对这些食物的兴趣。

教师：任秀玲

附健康教案

活动名称：爱吃蔬菜的宝宝

设计思路：丰富合理的营养和良好的饮食习惯会促进幼儿的生长发育。但是我班幼儿挑食、偏食的现象较为普遍。《指南》中健康领域中生活习惯与生活能力指出"3～4岁幼儿在老师的引导下，不偏食、不挑食"。因此教师设计了"多吃蔬菜不挑食"这一活动。

活动目标：

1. 认识常见的蔬菜，并能大胆在小朋友面前说出自己爱吃的蔬菜名称。

2. 知道多吃蔬菜的好处。

活动准备：

经验准备：认识各种常见的蔬菜。

物质准备：模拟的蔬菜超市、蔬菜宝宝、制作蔬菜沙拉的材料、音乐。

活动重、难点：

活动重点：了解三种常见的蔬菜，并知道多吃蔬菜的好处。

活动难点：养成爱吃蔬菜的良好饮食习惯。

活动过程：

一、开始部分

播放音乐，带领幼儿逛一逛蔬菜超市。

教师："今天老师要带大家去逛蔬菜超市，在逛超市的过程中，请大家仔细观察，看看超市里都有哪些蔬菜。"

二、基本部分

（一）讨论。

教师："蔬菜超市要关门了，请小朋友们排队回家，快快坐到小椅子上。蔬菜超市里的蔬菜多不多？你们都看到了什么蔬菜啊？请小朋友们说说你爱吃什么蔬菜？"

小结：我们班的小朋友可真棒，都是爱吃蔬菜的好孩子，每种蔬菜都有它的营养价值，对小朋友的成长很有帮助。

（二）逐一认识蔬菜

教师："今天，老师从蔬菜超市里为大家请来了几位蔬菜宝宝，它们都很想成为你们的好朋友，我们一起来看看它们都是谁？"

1. 胡萝卜（教师）："大家好，我是胡萝卜哥哥，我的身体里全都是胡萝卜素，吃了我以后，你们眼睛会变得更明亮。"

2. 大蒜（教师）："嗨！我是大蒜弟弟，别看我又矮又胖，我可有无限的力量，我的大蒜素有很好的杀菌作用，吃了我以后就会少生病。"

3. 西红柿（教师）："你们好，我是西红柿姐姐，看我全身红红的多漂亮，我身体里有丰富的维生素，吃了我以后就能像我一样漂亮。"

小结：这些蔬菜都很厉害，都有自己的本领，多吃胡萝卜能让眼睛变得更亮；多吃大蒜能杀灭病菌，不生病；多吃西红柿会让我们变得像西红柿一样漂亮。老师希望你们一定要多吃蔬菜，这样才能让身体更强壮，更有力量。

（三）动手制作蔬菜沙拉

教师："蔬菜这么有营养，我们一起动手制作蔬菜沙拉吧！我给大家准备了各种蔬菜，有困难可以找我帮助，现在开始动手吧！"

三、结束部分

欣赏儿歌《多吃蔬菜身体好》。

教师："今天，×××小朋友给我们带来了一首好听的儿歌，我们一起听一听吧。"

附：儿歌《不挑食》

多吃蔬菜身体好，大萝卜，水灵灵，小白菜，绿莹莹，西红柿，像灯笼，黄瓜一咬脆生生。多吃蔬菜身体好，壮壮实实少生病。

活动延伸：提供蔬菜的书籍，放到图书区供幼儿阅读。

活动反思：活动以幼儿参观蔬菜超市为切入点，吸引幼儿兴趣。再通过与蔬菜宝宝的互动加深对几种常见蔬菜的认识，初步了解蔬菜的营养价值，喜欢蔬菜，从而在进餐中不排斥蔬菜，养成不挑食的好习惯。最后，幼儿通过动手切胡萝卜、撕生菜等感受动手制作蔬菜沙拉的乐趣，品尝自己的劳动成果会让幼儿更喜欢吃蔬菜。其实幼儿挑食的现象并不是通过一个简单的活动就能改变。活动后，可以请幼儿看一看挑食、厌食产生的不良后果的动画片，以此来加深教学效果。

教师：任秀玲

活动二

活动名称：保护小鼻子

适宜年龄：3~4岁

设计思路：鼻子是人体的重要器官，它有很多的用途。在日常活动中我发现小班幼儿挖鼻孔的现象很多，没有保护鼻子的意识。《指南》中科学领域指出"3~4岁幼儿能用多种感官或动作去探索物体，关注动作所产生的结果，发展初步的探究能力"。本节活动主要是以孩子们感兴趣的游戏方式引导幼儿用自己的鼻子来探索，感知鼻子的重要性和保护鼻子的方法。

活动目标：

1. 在探究游戏中感知鼻子的重要性和保护鼻子的方法。

2. 体验探究活动带来的乐趣。

活动准备：

经验准备：熟悉醋、香油、感冒冲剂、擦手油、香皂、香水的味道。认识红、黄、蓝三种颜色。

物质准备：分别装有醋、香油、感冒冲剂的红、黄、蓝三个用纱布封好口的瓶子（三组），分别装有擦手油、香皂、香水的红、黄、蓝带孔小瓶子（三组），故事《鼻子怎么了》PPT，小猪手偶，保护鼻子的图片。

活动重、难点：

活动重点：用自己鼻子的进行探究。

活动难点：说出多种保护鼻子方法。

活动过程：

一、开始部分

教师与幼儿一起玩"鼻子、眼睛、嘴巴在哪里"的游戏，感知五官的具体位置。

二、基本部分

（一）感知鼻子的作用

1. 教师："小朋友们，今天猪妈妈去超市买回来这些东西（分别装有醋、香油、感冒冲剂的红、黄、蓝三个用纱布封好口的瓶子），结果她忘记瓶子里装的是什么了，想请小朋友来帮忙。你们要怎样帮助猪妈妈呢？"引出用鼻子闻闻。

提问："你是怎么知道红色碗里是醋的？鼻子有这么大的本领啊。"

2. 导语："猪妈妈说谢谢小朋友的帮助，还给小朋友准备了礼物。礼物藏在了小瓶子里，小瓶子上有很多的小孔，请你用小鼻子闻一闻，你们的小礼物是什么？"（瓶子里分别装有擦手油、香皂、香水）

提问："红色的小瓶子里是什么礼物？你是怎么知道的？"

3. 导语："原来我们的鼻子可以闻味道，那你的小鼻子还闻到过什么气味？"

小结：不同的东西有不一样的气味，鼻子帮助我们辨别不同的味道。

4. 导语："小鼻子本领真大呀！小鼻子除了能闻味道，还能干什么？"（呼吸）

（二）学习保护鼻子的方法

1. 教师利用 PPT 讲述故事。

2. 展示故事图片并提问："开始小猪对鼻子做什么了？妈妈是怎么说的？小猪在院中玩时把什么塞进了鼻子？结果鼻子怎么了？妈妈把它带到哪儿了？羊医生怎么说的？你觉得小猪做得对吗？挖鼻孔会怎么样？把东西放进鼻子里会怎么样？"

3. 讨论保护鼻子的方法。

导语："小朋友快告诉小猪要怎样保护鼻子？生病了，有鼻涕应该怎么做？"

三、结束部分

导语："小朋友一定要记得平时不挖鼻孔，有鼻涕了要用正确的方法擦鼻涕。游戏时注意保护自己不让鼻子受伤，不往鼻子里放东西。天气变冷了，可以出门戴口罩保护自己的鼻子。多吃蔬菜和水果，加强锻炼、增强体质。"

活动反思： 此次科学领域的两个有趣的小游戏充分调动了幼儿的主动性和积极性。在游戏中深刻地感知了鼻子的重要性并产生了保护鼻子的意识。通过日常观察发现，小班幼儿有了保护鼻子的意识，但是季节交替时，小班幼儿感冒、流鼻涕的现象很多，擦鼻涕的方法掌握的还不是很熟练。《指南》健康领域中指出要指导幼儿学习和掌握生活自理的基本方法，如擦鼻涕的正确方法。本次活动后要再次复习擦鼻涕的方法，巩固幼儿的经验。

附：故事《翘鼻子的噜噜》

小猪噜噜有个翘翘的鼻子，鼻子上有两个圆圆的鼻孔。噜噜有个坏毛病，经常挖鼻孔，有时还往鼻孔里塞东西。猪妈妈告诉它，这样做很不好，不仅会弄破鼻子，也会让自己不舒服。

一天，噜噜自己在院子里玩，感觉特别没意思。咦！它突然发现小豆子、纽扣还有糖纸团都是圆圆的，和它的鼻子一样。于是噜噜把它们都塞进了自己的鼻孔里。不好，噜噜有点难受，感觉自己喘不过气来了。它想赶快把这些东西拿出来，就用手指掏，可是手越掏，这些东西越往里钻，鼻子有点出血了，噜噜的脸开始发白了，它着急地大叫："妈妈快来呀！"妈妈赶紧带噜噜到动物医院，熊医生用镊子取出噜噜鼻子里的纽扣、糖纸团和涨大的小豆子。羊医生说："这样太危险了。"从此，噜噜再也不敢把小东西塞进鼻孔了。

教师：王雪杰

附健康教案

活动名称： 擦鼻涕

适宜年龄： 3～4 岁

活动目标：

1. 掌握擤鼻涕的正确方法。

2. 知道做一个讲卫生、爱干净的人。

活动准备：

经验准备：流过鼻涕。

材料准备：两个手偶（丁丁、妞妞）、手帕、卫生纸。

一、开始部分

带领幼儿做"小手拍拍"的游戏，边唱儿歌边根据歌词指到相应的五官。

二、基本部分

（一）出示手偶玩具并表演

1. 导语："你们好，我是丁丁。阿嚏，阿嚏，我感冒了。瞧！我的鼻涕都流出来了，我要把它擦掉。（左手擦一下，右手擦一下）哎呀！鼻涕都流到脸上了，再用手擦擦。（左手擦一下，右手擦一下）"

2. 导语："你们好，我是妞妞。天气冷了，我也感冒了。我的妈妈在我的身上放了手帕。如果鼻涕流出来了，我就用手帕轻轻擦干净。阿嚏！阿嚏！（用手帕擦）瞧！我擦得多干净呀！"

（二）讨论

1. 丁丁是怎样擦鼻涕的？妞妞是怎样擦鼻涕的？

2. 你喜欢谁？为什么？

3. 如果你有鼻涕，会怎样擦呢？

总结：小朋友有了鼻涕，要用自己的手帕或者纸巾擦干净，这样才是一个讲卫生的好宝宝。

（三）通过儿歌学习擦鼻涕的方法

1. 教师边念儿歌边做擦鼻涕的动作。（儿歌：宝宝流鼻涕，拿起小纸巾，按住小鼻子，用力擤一下，轻轻擦干净，鼻涕不见了。）

2. 教师："那咱们一起来学一学怎么擦鼻涕吧。"

教师拿出卫生纸带着孩子们一起做，重点要让幼儿学会擤鼻涕。

3. 练习用正确方法擦鼻涕，教师进行个别指导。

三、结束部分

教师："小朋友一定要记得平时有鼻涕了，就用正确的方法擦干净。做一个讲卫生、爱干净的小朋友。"

活动延伸：活动后，与家长沟通，通过家园共育指导幼儿使用正确的方法擤鼻涕。家长和教师在日常生活中观察幼儿的行为，表扬幼儿擦鼻子的正确方法并及时纠正错误的行为。

活动反思：季节变换，幼儿年龄小，抵抗力弱，流鼻涕的现象频繁，教师通过幼儿喜欢的卡通手偶引入主题，激发了幼儿的兴趣。在活动中教师运用幼儿喜欢的儿歌等形式和他们一起学习擦鼻涕的方法。良好的生活习惯不是一节活动就能够完成的，在日常的生活环节中，老师和家长还要多提示幼儿擦鼻涕的正确方法。

教师：王雪杰

活动三

活动名称：玉米大变身

适宜年龄：4～5岁

设计思路：9月开学后，孩子们带来了很多秋收的农作物，于是我班利用身边的乡土资源开展了主题活动"农家乐"。在其中的一次参观农场活动中，孩子们有了新的发现：农场的路上晾晒着很多的玉米粒，孩子们很好奇玉米是怎样脱粒的。于是，从农场回来后孩子们就自发地寻找工具，要给班里收集的玉米脱粒。那么玉米脱粒后能做什么呢？跟我们的生活有什么关系呢？带着孩子们浓厚的兴趣和种种的疑问我们开展了本次活动。

活动目标：

1. 在探索过程中积极动手，体验探究的乐趣。

2. 能根据自己的想法选择工具，尝试给玉米脱粒。

3. 了解粗粮，知道粗粮的营养。

活动准备：

经验准备：在活动前了解玉米脱粒的方法并调查玉米的吃法。

物质准备：关于玉米的短片、玉米断若干、带皮玉米若干、袋子、玩具改锥等工具。

活动重、难点：

活动重点：知道粗粮的营养以及吃粗粮的益处。

活动难点：多次尝试，选择适宜的工具给玉米脱粒。

活动过程：

一、开始部分

出示去农场的照片。导语："看一看地上是什么？你知道玉米是怎么变成一粒一粒的吗？"

二、基本部分

（一）针对玉米脱粒展开讨论

提问："我们可以用什么办法让玉米变成一粒一粒的？你是怎么知道的？"

（二）出示幼儿搜集的工具，讨论使用方法

1. 尝试自选工具为玉米脱粒。

2. 说一说这个工具的使用方法以及注意事项。

3. 小结。

（三）幼儿自由选择材料和位置为玉米脱粒

小结：请幼儿说一说是怎样用工具为玉米脱粒的，感觉怎么样。

（四）出示手摇脱粒机，感受工具的进步

1. 演示并请幼儿一起尝试，感受脱粒机可以很快地脱粒，但是需要很大的力气。

2. 讨论玉米脱粒后可以做什么？欣赏视频。

三、结束部分

和幼儿一起品尝用粗粮做的食品，自然结束活动。

活动延伸：在家庭区投放磨盘，幼儿探索、体验从玉米到玉米粒再到玉米面的过程。

活动反思：本次活动是主题下的一次幼儿自发活动，贴近幼儿生活，环节紧凑，目标完成准确。孩子们针对在农场观察到的现象提出问题和猜想，由此引发了此次活动。活动设计合理，活动前、活动中以及活动后都体现了幼儿极高的参与性。

活动前幼儿通过与家人讨论、上网查资料等方法搜集玉米脱粒的方法，并将相应的工具带到幼儿园。在给玉米脱粒前，幼儿能够自信地讲述自己找到的方法和需要的工具，幼儿积极主动的表达也为本次活动营造了一个良好的气氛。活动中，教师运用鼓励性语言激发幼儿分组尝试多种方法，尝试后说出自己觉得最有效的脱粒方法。教师也为幼儿提供了一个手摇玉米脱粒机，用这样比较的方法使幼儿直观地感受到工具的发展变化以及现代工具给我们生活带来的便捷。活动后，教师通过引导幼儿讨论粗粮的营养以及吃粗粮的益处这一环节，使幼儿知道适量吃粗粮对身体的益处，并巧妙地运用加餐环节品尝粗粮制成的食物，使活动更生动。

教师：王云飞

附健康教案

活动名称：好吃的粗粮

适宜年龄：4～5岁

设计思路：《指南》指出要通过了解食物的营养价值，引导幼儿不偏食、不挑食，少吃不利于健康的食品，从而帮助幼儿养成良好的饮食习惯。现在的幼儿在日常生活中吃细粮较多，吃粗粮较少，同时吃粗粮的意识也淡化了，因此教师设计了本次活动。

活动目标：

1. 通过了解粗粮的营养价值，知道日常饮食中应适当地摄取粗粮。

2. 与加餐相结合，养成良好的加餐习惯。

活动准备：

经验准备：幼儿对粗粮有一定的了解。

材料准备：PPT、用粗粮制成的窝头、贴饼子等。

活动重、难点：

活动重点：喜欢吃粗粮。

活动难点：了解粗粮的营养，生活中有意识地摄取粗粮的营养。

活动过程：

一、开始部分

猜谜语：一个老头子，头上长胡子，脱下绿袍子，全身金珠子（玉米）。

二、基本部分

（一）玉米可以怎样吃？

提问："玉米可以怎样吃？味道如何？你在什么季节吃过这样的食品？"

（二）粗粮有哪些？

1. 好吃的粗粮有哪些？

出示图片，渗透粗粮的种类。

2. 粗粮可以怎样吃？

讨论：这些粗粮都可以做成哪些食品？你吃过哪些用粗粮制成的食品？

（三）品尝好吃的粗粮

幼儿园厨房的阿姨为小朋友准备一些用粗粮制成的食品，有贴饼子、窝头、菜团子，请幼儿洗完手后品尝。

三、结束部分

提问："这些好吃的粗粮是用什么做成的？（玉米）还可以用哪些粗粮做出美味的食品？"

活动延伸：

1. 开展《好吃的玉米》亲子活动，幼儿和家长亲自动手制作用玉米制成的食品。

2. 体验玉米脱粒及磨玉米面的过程。

教师：王云飞

活动四

活动名称：巧取核桃仁

适宜年龄：4～5 岁

设计思路：秋天是收获的季节，许多果实成熟了，孩子们带来了许多熟透的核桃放在班里。看着一个个饱满的核桃，他们对吃核桃产生了兴趣。根据《指南》"给幼儿提供丰富的材料和适宜的工具，支持幼儿在游戏过程中探索并感知常见物质、材料的特性和物体结构特点"。怎样才能把坚硬的核桃壳剥下来呢？为了满足孩子的好奇心，尊重他们对剥核桃的兴趣，开展了此次活动。

活动目标：

1. 在探索过程中积极动手，体验探究的乐趣。

2. 能根据自己的想法选择工具，尝试使用工具压核桃。

活动准备：

经验准备：有制作核桃食品的经验。

材料准备：关于核桃的短片、核桃、核桃仁若干、核桃夹、积木等工具。

活动重、难点：

活动重点：探索使用工具压核桃。

活动难点：尝试使用不同工具和利用不同方式来砸开核桃。

活动过程：

一、开始部分

出示核桃实物，提出问题，激发幼的兴趣。

教师："我们前两天在家庭区制作核桃饼干的时候遇到了什么问题？"

二、基本部分

（一）讨论剥核桃的方法

教师："昨天给小朋友们布置了小任务，我们可以用什么办法把核桃坚硬的壳剥下来呢？"

（二）尝试自选工具剥核桃

教师："你们的办法真多呀，现在，你们来利用自己的办法砸核桃吧。"

教师重点指导幼儿使用不同工具和利用不同方式来砸开核桃。（有选取积木砸的、有利用两张桌子的缝隙挤的、有用核桃夹夹核桃的等。）

（三）小结

提问："请你说一说是怎样用工具剥核桃壳的。你在剥核桃仁的时候遇到了什么困难？"

（四）讨论

提问："你知道核桃剥壳后可以做什么？"出示用核桃仁做的食品的图片，并渗透核桃的营养，引导幼儿不偏食、不挑食。

三、结束部分

和幼儿一起品尝核桃，自然结束活动。

活动延伸：把工具和核桃投放到科学区，幼儿可以尝试利用更多的工具砸核桃。

活动反思：本次活动符合幼儿年龄特点。中班的幼儿总是不停地看、听、摸，见到了新奇的东西，总爱伸手去拿、去摸，还会放在嘴里咬咬、尝尝，或者放在耳边听听，凑到鼻子前闻闻，他们会积极地运用感官去探索、了解新鲜事物。所以根据他们年龄的特点，我们让幼儿利用工具去探究压核桃的方法，让幼儿自己去感受。

本次活动的取材源于幼儿的生活，是幼儿经常接触的、感兴趣的，所以幼儿在活动中的兴趣和探究欲望很高。在活动中，教师提供了丰富的可供幼儿操作的各种材料，使每个幼儿都能亲自操作实践，并在探索中构建知识。

教师：马惠莹

附健康教案

活动名称：好吃的干果

适宜年龄：4～5 岁

活动目标：

1. 认识几种常见的干果，能说出它们的名称和外形特征。

2. 了解常见干果的营养价值，知道吃适量干果有利于健康。

活动重、难点：

活动重点：了解常见干果的营养价值，知道常吃适量干果有利于身体健康。

活动难点：了解常见干果的营养价值。

活动准备：

经验准备：了解一些常见干果的名称和营养。

材料准备：各种干果实物和图片。

活动过程：

一、开始部分

以游戏导入。玩法：准备一个装有各种干果的布袋（核桃、花生、瓜子、松子、夏威夷果、葡萄干、开心果、杏仁等），请幼儿摸一摸里面的东西，猜猜是什么。

二、基本部分

（一）出示布袋中的干果

让幼儿说出认识的几种干果的外形特征，并说出平时最常吃的干果名称。

讨论：人们为什么要吃干果？吃这些干果对我们的身体有什么好处？

（二）播放视频，介绍吃干果的好处

小结：人们平时可以适当补充一些干果，增加人体营养。干果较少，外壳坚硬，干果中富含不饱和脂肪及丰富的营养，可以健脑、美白、提高视力等，但小朋友要注意不能一次吃太多，吃多了对人体就有害了。

（三）游戏"找朋友"

要求一个幼儿说出最喜欢吃的一种干果，并说出它的营养价值。另一个小朋友找图片，哪组用时短，哪组获胜。如我喜欢吃核桃，因为它可以补脑，使我变得更加聪明。然后另一个小朋友从若干的干果图片中找出这种干果。

三、结束部分

教师将事先准备好的多种干果和干果的食品摆成"干果展销会"，幼儿自由参观并品尝。

活动延伸：教师把干果放在自然角，幼儿可以在平时观察不同的干果。

活动反思：教师利用多种方式激发幼儿的兴趣。在开始部分，教师利用游戏形式出示干果，通过游戏让幼儿了解常见的干果。在基本部分教师利用"找朋友"的游戏巩固了幼儿对干果营养的认知，突出了"玩中学"的理念。教师还利用视频的形式介绍干果的营养，这样更能够吸引幼儿的注意力，幼儿在观看中了解了干果的营养价值。

教师：马惠莹

活动五

活动名称：自制夏季自我保护飞行棋

适宜年龄：5～6 岁

设计思路：近期我发现很多幼儿不由自主地玩起了跳方砖的闯关游戏，有的小朋友提议说："我们可以一起做一个飞行棋在户外活动的时候玩。"《指南》中也提出要给幼儿提供创造体验的机会，能够大胆表现的活动，让幼儿在具体的活动中体会创造的乐趣及相互配合带来的成功感，基于此我设计了本次活动。

活动目标：

1. 在了解飞行棋类游戏基本特点的基础上尝试设计飞行棋。

2. 尝试遇到问题一起解决，体验与同伴一起合作探索的快乐。

活动准备：

经验准备：了解夏季自我保护的方法，会玩飞行棋。

材料准备：教师搜集的几种自制棋图片，纸、笔等工具，师幼共同收集、制作的各种各样的棋子和色子，分组制定好的夏季自我保护计划书。

活动重、难点：

活动重点：能根据棋类游戏四要素设计飞行棋。

活动难点：合理设计飞行棋的路线。

活动过程：

一、开始部分

导语："前几天，小朋友们分组制作了飞行棋的计划书，我们一起来看一看你们都设计了哪些夏季自我保护的好方法。"

二、基本部分

（一）分组介绍计划书

导语："你们组设计了哪些自我保护的好办法？"

小结：小朋友们说了很多夏季自我保护的好方法，有用遮阳伞，擦防晒霜，戴太阳镜，勤洗澡，多吃蔬菜水果，多喝水，少吃烧烤，要在成人的看护下游泳，外出运动注意穿长裤子以防磕碰等。

（二）讨论如何自制飞行棋

1. 出示图片，引导幼儿观察制作飞行棋的要素。

导语："今天老师给小朋友带来了一些飞行棋，我们一起来看看这些棋是怎么设计的？"

小结：设计飞行棋一定要包含起点、终点、路线和障碍四个要素。

2. 讨论制作飞行棋的方法。

导语："小朋友们看了这么多飞行棋，一定都会做了！"

小结：我们要先确定棋的起点、终点，然后设计棋的路线，最后设计棋的障碍以及棋的玩法。

（三）分组制作

导语："请每组小朋友根据自己的计划书来制作飞行棋吧！如果遇到困难我们应该怎么办？"

小结：同组的小朋友先一起想办法解决，如果实在解决不了可以请全班小朋友一起解决。

（四）集体分享

导语："每组小朋友都完成了飞行棋。你们组设计的飞行棋怎么玩？你觉得其他组设计的飞行棋哪些方面值得你学习？哪些方面需要调整？"

三、结束部分

导语："小朋友自制的飞行棋真棒，现在我们带着自己制作的飞行棋去户外玩吧！"

活动延伸：在户外在玩棋中发现幼儿缺乏安全意识，特别是在夏季，幼儿穿的比较少导致在跳的过程中经常出现磕碰肘关节、膝关节的现象，针对这一问题，我们开展了健康领域教育活动"保护身体关节"。

活动反思：在活动中，教师能根据幼儿的年龄特点和幼儿的兴趣设计尝试性、操作性和探索性比较强的活动，整个活动内容新颖，有创意，组织形式灵活。幼儿通过小组讨论、分工、合作，提高了发现问题、解决问题的能力。亲身设计、制作夏季自我保护飞行棋，不仅提高了幼儿的思维灵活性和动手操作能力，还帮助幼儿掌握和巩固了更多的夏季自我保护方法，强化自我保护意识。教师在幼儿玩棋的时候注意提示幼儿遵守飞行棋规则，注意安全，学会保护自己的身体不受伤。

教师：任艳姣

附健康教案

活动名称：保护身体关节

适宜年龄：5~6岁

活动目标：

1. 探索身体会动的地方，认识身体中的常用关节。

2. 感知关节与人体活动的关系，了解保护关节的方法。

活动准备：

经验准备：熟悉并能哼唱歌曲《健康歌》《动一动》。

物质准备：歌曲《健康歌》《动一动》，挂图"人体骨骼关节图"4张，红笔4只，黑板，保护关节的图片若干。

活动重、难点：

活动重点：认识身体中的常用关节。

活动难点：简单掌握保护关节的方法。

活动过程：

一、开始部分

播放歌曲《健康歌》。

教师："请小朋友跟老师一起做运动吧！我们的身体哪些地方会动？为什么这些地方会动呢？"

小结：我们的身体之所以会动是因为我们的骨骼中有关节。

二、基本部分

1. 分组寻找人体会动的关节。

教师："老师给小朋友带来了人体骨骼关节图，请你们分组探索人体会动的主要关节，然后用红笔画圈做好记号。"

2. 分组展示挂图，验证身体会动的部位。

教师："哪组先来分享一下你们组找出的会动的关节？想一想这些部位为什么能动呢？"

3. 音乐游戏：动一动。

教师："今天老师给小朋友带来一首好听的歌曲《动一动》，我们一起跟着音乐活动一下自己身体的关节吧！"

4. 体验活动：运盒子。

教师："老师这有很多早阅图书的盒子，想请小朋友帮我把它们运到积木区。你是怎么把盒子运到积木区的？身体里的很多关节对我们重要吗？没有关节会怎么样？"

小结：关节对我们来说十分重要，人因为有了关节，身体才能活动。如果没有了关节，我们就像木头人一样，什么事也不能做。

5.出示图片，讨论如何保护关节。

提问："关节这么重要，那我们要怎样保护关节呢?"

小结：在运动、游戏中注意安全，不推拉挤撞，不爬高，不提重物，互相谦让，避免摔伤，注意走路和跑步的姿势，多吃钙制品等。

三、结束部分

提问："要是关节受伤了我们应该怎么办?"

小结：不能乱动，要及时请老师或父母帮忙处理，严重时上医院处理。

活动延伸：引导幼儿继续探索身体内部会动的地方。

活动反思：幼儿在游戏中认识了不易理解的身体关节，了解保护关节的方法，活动中真正做到了"玩中体验，玩中交流，玩中探究"。在接下来的活动中教师可以充分利用家长资源，建议家长在家中给幼儿购买一些探索关节秘密的书籍或利用互联网搜集一些相关图片、知识，利用闲暇之余与幼儿一起进一步探索保护身体关节的方法，提高幼儿的自我保护意识。

教师：任艳姣

活动六

活动名称：食物旅行记

适宜年龄：5～6岁

设计思路：随着生活水平的提高，家长为孩子提供的饮食也越来越富有营养，但依然有许多家长抱怨孩子不能好好吃饭，孩子的健康不能得到保证，原因是许多幼儿有一些不良的饮食习惯，如不吃早饭、大量喝饮料、吃冷饮、不定时大便等。为了使孩子们明白食物在体内消化吸收的过程，养成良好的饮食和卫生习惯，学习保护自己的健康，我创编了《食物旅行记》的故事并设计了此次教育活动。

活动目标：

1. 了解各消化器官的功能和食物在人体内消化吸收的过程。

2. 学习简单的自我保护的方法。

3. 通过学习故事，能够养成良好的饮食和卫生习惯。

活动准备：

经验准备：幼儿在益智区玩过人体棋游戏，并看到过人体解剖图。

材料准备：《小豆子的旅行》PPT及故事录音、健康知识卡片、消化图、自制健康行为棋、塑料插花若干。

活动重、难点：

活动重点：了解各消化器官的功能，学会简单的自我保护的方法。

活动难点：食物在人体内消化吸收的过程。

活动过程：

一、开始部分

观看《小豆子的旅行》PPT 动画，了解各器官的功能。

教师："今天，有颗小豆子要到淘淘的消化器官中去旅行，它会看到些什么，里面会发生什么事呢？请小豆子来告诉我们。"

二、基本部分

（一）播放 PPT 动画

1. 放食物从口腔到食管的动画。提问："小豆子从哪里进去的？它看到了什么？"

2. 放第二段动画，了解胃的功能。提问："胃有什么作用？小豆子在胃里还看见了什么？我们怎样来保护我们的胃呢？"

小结：以后我们要注意少吃冷、硬的东西，少吃零食，不吃不干净的东西，不能吃得太饱，也不能饿坏了胃，要吃饱早饭少喝冷饮。

3. 放第三段动画。提问："小豆子到哪里去了？（小肠）小肠有什么用呢？小豆子在小肠里看到了些什么呢？小豆子为什么没有从小门里出去呢？"

4. 放第四段动画。提问："小豆子又到了哪里呢？大肠里都是些什么呢？什么叫残渣？能不能让残渣长时间留在体内呢？"

小结：我们小朋友要定时大便，这样就不会有许多的残渣毒素积累在小肠里了。

（二）分组排序

导语："我们知道了每个消化器官的用处，现在，老师为每组小朋友准备了一套图片，图片分别表示每个消化器官的工作情况，请各组小朋友合作，按照刚才小豆子旅行的顺序排列出来。然后讲一讲为什么这样排？"

（三）讨论如何保护各消化器官

1. 如何保护牙齿，保持牙齿的锋利？

2. 气管旁边有一把小锁，平时是关闭。如边吃饭边讲话，就容易把食物呛入气管。

3. 大肠里的残渣都是脏的东西，所以大便以后要洗手。

三、结束部分

进行健康知识有奖抢答游戏。

把幼儿分成四组，准备一些图片，图片中有的行为是对的，有的是错的，如在路边摊吃东西、喝酒，运动后马上喝水，饭后剧烈运动，吃汤泡饭等。当教师出示图片时马上抢答是对还是错？为什么？回答得又多又对者为胜。

活动反思：本活动选取的内容贴近幼儿生活，受到孩子们的欢迎。活动的第一部分通过一颗没有被嚼碎的小豆子去淘淘体内旅行时的所见所闻，形象地表述了食物旅行的经过和不良生活习惯对消化器官的损坏，知识量较大，但通过动画这种形式使孩子们非常投入，并在不知不觉中接受，第二、第三部分通过动手给消化图排序，使幼儿进一步明白了食物旅行的顺序和各消化器官的功能，并通过细致观察图片发现进食时应注意的问题，活动第四部分，在让幼儿知道消化系统的功能和作用的基础上，使幼儿关注平时的生活卫生和饮食习惯，这部分的内容起到巩固和延伸的功能。

为了使幼儿掌握的知识能落实到日常的行为中，并形成习惯，我设计了延伸活动——玩健康行为棋。整个活动运用了多种形式做到动静交替，手段丰富，吸引幼儿，充分调动了幼儿的多种感官，幼儿积极参与其中，注意力集中，对活动的内容感兴趣，使活动传递给幼儿的信息具有很强的科学性和趣味性。

教师：张秋媛

附健康教案

活动名称：吃健康的食物

适宜年龄：5～6 岁

活动目标：

1. 知道识别食品包装上的生产日期以及安全标志，并能区分哪些食品是安全的，哪些食品存在安全隐患。

2. 增强食品安全意识，提高食品安全自我保护能力，培养良好的饮食卫生习惯。

活动准备：

经验准备：幼儿有对食物外观、名称以及营养价值有基本了解。

材料准备：教学课件《吃健康的食品》、图片若干（健康食品：蔬菜、水果、坚果；垃圾食品：油炸食品，罐头类食品，腌制食品，加工的肉类食品，肥肉和动物内脏类食物，奶油制品，方便面，烧烤类食品，冷冻甜点，果脯、话梅和蜜饯类食物；过期食品：霉变及变质的食品）。

活动重、难点：

活动重点：知道健康饮食的重要性，养成良好的饮食卫生习惯。

活动难点：认识和区分哪些食品是安全的，哪些食品存在安全隐患。

活动过程：

一、开始部分

1. 谈话导入：平时你最喜欢喜欢吃什么东西？

幼儿自由回答，教师点击课件——出示食物的图片。

2. 小结：你们喜欢吃的东西真是各式各样，但是有的食品吃了是有益健康的，而有的食品吃了则对我们的身体有害。

二、基本部分

1. 区分各类食品。

导语："食物的种类有很多，请你来给这些食物分类，说说你的理由。"（点击课件，引导幼儿将食品分成两大类）

（1）健康食品：水果类，牛奶，蔬菜类。

（2）垃圾食品：油炸食品，方便面，果冻，蛋糕，烧烤、甜点，饼干，可乐等。

2. 了解吃垃圾食品对人体的害处。

（1）请幼儿说说平时自己都喜欢吃什么食品。

（2）点击课件请幼儿了解垃圾食品的制作过程并进行讨论。教师在幼儿讨论的基础上进行小结：在我们喜欢吃的食品中有很多都是垃圾食品，吃了垃圾食品以后会对我们人体造成一定的伤害。所以，小朋友们要少吃或不吃这样的食物才能健康成长。

（3）提问："你还知道哪些垃圾食品？"（油炸食品，罐头类食品，腌制食品，加工的肉类食品，肥肉和动物内脏类食物，饼干类，奶油制品，方便面，烧烤类食品，话梅和蜜饯类食物。）

教师将幼儿说到的垃圾食品逐一用课件展示，帮助幼儿了解更多的垃圾食品。

3. 区分食品安全标记。

提问："除了垃圾食品，还有什么食品也不能吃？"

4. 请幼儿观看课件（小朋友喝过期牛奶出现肚子痛的画面）。

提问："他怎么了？为什么会这样？"

小结：我们购买食品的时候一定要看清楚包装袋上面的食品保质时间，过期的食品是不能吃的，否则会产生身体不适，还可能会发生危险。

认识生产日期和安全标记：教师出示图片请幼儿观察并进行分辨食品袋上的生产日期、保质期及安全标准。

小结：食品包装袋上的这些标记会告诉我们哪些食品是安全的，哪些食品是不安全的，我们购买的时候一定要仔细地看清楚，还要提醒爸爸、妈妈不要忘记看清楚食品的安全标记哦。

三、结束部分

游戏：健康大冒险。

游戏规则：幼儿分成红、蓝两组开始健康大冒险的比赛游戏，轮流抛掷骰子，按骰子所指的点数前进，到位后再按照所在圈内的文字要求行走，以先到终点者为胜者。

引导幼儿在游戏时讨论零食中存在的安全隐患，鼓励幼儿一定要克制自己，少吃或不吃零食，养成良好的饮食卫生习惯。

活动延伸：在一日环节中，还可以玩健康大冒险的游戏，提示幼儿少吃或不吃垃圾食品，要吃健康食品。PPT 里的内容可以打印成册放到图书区供幼儿翻看。

活动反思：食品卫生和安全是与我们日常生活息息相关的话题，让孩子学会食品安全知识是件非常重要的事情。通过活动，孩子们和老师积极互动，并从中了解不吃或少吃垃圾食品，不吃对我们身体不利的食品，多吃健康食品，了解了健康的食品都有哪些，了解保质期怎么看，要注意查看食品的保质期等生活常识。

教师：张秋媛

第五节　健康领域融于艺术领域的活动案例

活动一

活动名称：走路（一）

适宜年龄：3～4 岁

活动由来：小班幼儿对小动物都非常感兴趣，而且在日常活动中经常模仿小动物，但是他们对小动物的了解还比较少，开展这样一节音乐活动，帮助孩子们在音乐模仿游戏中了解生活中最喜欢的动物朋友们。

活动目标：

1. 在模仿小动物走路的基础上，初步学唱歌曲，体验音乐活动的乐趣。
2. 能用语言大胆表达出动物走路的姿态。

活动准备：

经验准备：初步了解小兔子、小鸭子、小乌龟、小花猫的特征和生活习性。

材料准备：《走路》歌曲、PPT、小兔子、小鸭子、小乌龟、小花猫卡片。

活动重、难点：

活动重点：对小动物走路感兴趣，愿意大胆模仿小动物走路的样子。

活动难点：在游戏环节中能跟随图片记住歌词。

活动过程：

一、开始部分

听音乐《走路》入场。

二、基本部分

（一）回忆歌曲

导语："刚刚歌曲里唱到了哪些小动物？老师把它们都请到了我们的班里，我们来看看。"

（二）逐页播放 PPT《走路》

1. 小兔子是怎么走路的？（幼儿可以自由模仿）

2. 谁跟在小兔后面？小鸭子是怎样走路的呢？我们一起学一学。

3. 小乌龟从昨天晚上就出发了，可是它现在还没到我们班呢？为什么呢？原来小乌龟走路慢吞吞的！我们一起学学。

4. 咦，小猫咪什么时候来的，我怎么没有听到它的脚步声？它走路为什么没有声音呢？原来小花猫走路是静悄悄的。小动物们给我们带来了一首歌，我们一起来听听！

（三）图片巩固歌词

这首好听的歌曲叫《走路》，我们一起来唱一唱吧！

（四）给小动物送歌

小动物们要回家了，我们把这首歌送给它们吧！

（五）听音乐表演

我们学着它们的样子来一起做游戏吧！

小兔子走路，蹦蹦跳，蹦蹦跳。

小鸭子走路，摇摇摇，摇摇摇。

小花猫走路，静悄悄，静悄悄。

小乌龟走路，慢吞吞，慢吞吞。

我们快来和小动物们一起游戏吧！

三、结束部分

小结：我们今天认识了这么多朋友，回家也给爸爸妈妈表演一下吧！

活动延伸：可以开展健康类活动，让幼儿关注自己走路的问题。

活动反思：本节活动中幼儿表现得很积极，目标完成较好。《走路》是幼儿非常喜欢的歌曲。通过这样一节音乐模仿活动让幼儿对自己身边的小动物更加了解，也对歌曲更加感兴趣了。

教师：霍子烨

附健康教案

活动名称：小兔拔萝卜

适宜年龄：3～4 岁

设计思路：现在的家庭以幼儿为中心，几个家长哄一个孩子，抱孩子的时间多，让孩子锻炼的时间少。孩子缺少了腿部的锻炼，造成孩子不爱走路，怕累，双脚连续跳的能力比较薄弱。《指南》中指出："要开展适合幼儿年龄特点的各种身体活动，如走、跑、跳等，鼓励幼儿坚持下来，不怕累。"在小班刚入园时也应鼓励幼儿多走路、多运动。因此教师设计本次活动，幼儿对双脚跳感兴趣，培养幼儿热爱运动的好习惯。

活动目标：

1. 能双脚连续跳，能双脚灵活交替地跨越障碍。

2. 愿意参加体育活动，喜欢与同伴一起游戏。

活动准备：

经验准备：幼儿能够四肢协调地走路，喜欢模仿小动物走路的样子。

材料准备：《走路》歌曲、轮胎 6 个、拱形门 3 个、小萝卜卡片若干、用彩纸制作的草坪一片、用彩纸制作的小河一条。

活动重、难点：

活动重点：能够双脚连续跳，能双脚灵活地跨过障碍。

活动难点：在第一次游戏小结后，能够总结提升，达成目标。

活动过程：

一、开始部分

导语："听，这是什么声音？"（播放走路音乐）

二、基本部分

（一）热身活动

提问："小兔子是怎么走路的？小鸭子呢？小乌龟呢？小猫走路是什么样子的呢？"

（二）变身小白兔拔萝卜

导语："我们一起去拔萝卜吧！（邀请幼儿示范）我们要怎样到草地上呢？（双脚跳到草地上）跳着走时要怎样保护自己呢？前面还有一座大山呢！怎么办？"

（三）第一次游戏：拔萝卜

导语："小白兔们准备好了吗？我们一起拔萝卜去啦！"

小结：小白兔们的小脚真有劲！

（四）第二次游戏：拔萝卜（加大难度，设置更多障碍）

导语："这次我们再来拔一次萝卜。前面还有小河呢，我们要怎样过去呢？还有一座独木桥呢？怎么办？"

小结：今天我们都拔了好多的大萝卜！真棒！

三、结束部分

今天我们挑战成功啦，小兔们的小腿都酸了，快捏一捏、锤一锤。

活动延伸：可以开展更多课时，如在下次课时让幼儿自己选择模仿得小动物，增加更多主动性。

活动反思：本节活动的开始部分运用了幼儿非常喜欢的《走路》歌曲进行热身，充分调动了孩子们的积极性。变身小动物拔萝卜的活动生动，且适合小班幼儿。在第一次游戏后的小结环节用问题引发幼儿思考，充分体现了幼儿的主动性。第二次游戏增加难度，体现活动的层次性。本节活动游戏性强，幼儿非常喜欢，可以继续开展更多模仿小动物的体育游戏。

教师：霍子烨

活动二

活动名称：宝宝不怕冷

适宜年龄：3～4岁

设计思路：天气冷了，班级部分幼儿怕冷都迟迟来园，幼儿容易感冒生病，身体抵抗力下降，影响幼儿健康，《指南》中指出小班幼儿应具有一定的适应能力，结合《指南》和本班幼儿的年龄特点设计了本次活动。

活动目标：

1. 理解歌词，初步学唱歌曲并愿意用动作表现冬天不怕冷。

2. 感受歌曲所表达的冬天不怕冷的积极情绪。

活动准备：歌曲《宝宝不怕冷》《健康歌》、布娃娃、PPT《宝宝不怕冷》、钢琴。

活动重、难点：

活动重点：理解歌词内容。

活动难点：学唱歌曲并用动作表达。

活动过程：

一、开始部分

1. 幼儿随音乐《健康歌》进场。

2. 发声练习。

导语："小朋友们，刚刚我们在路上看见了许多小动物，它们都有谁啊？你们喜欢它们吗？让我们用好听的声音来和它们打招呼吧！"

二、基本部分

（一）利用情境导入，激发幼儿兴趣

1. 导语："今天班里还来了一位好朋友，她有一个好听的名字叫甜甜，咦？甜甜怎么了？"教师边操作布娃娃边说"北风北风呼呼，雪花雪花飘飘，我好冷！"

2. 提问："你们有什么好办法来帮帮甜甜，让她不冷呢？"（引导幼儿说说怎样使甜甜不冷，如搓搓小手、跳一跳、多穿衣、跑跑步等。）

（二）教师播放 PPT，幼儿观察图片内容

1. （出示图一）提问："我们一起来看看大班的哥哥想了什么好办法让甜甜的身体暖和起来？图片里的哥哥在干什么？"小结：小脚小脚跳跳。

2. （出示图二）提问："大班的姐姐也想了一个什么好办法能让甜甜不怕冷？图片里的姐姐在干什么？"小结：小球小球拍拍。

3. 小结：边看图边说怎样让我们变暖和。（小手小手搓搓、小脚小脚跳跳、小球小球拍拍）

（三）学唱歌曲《宝宝不怕冷》

1. 教师完整演唱。

2. 导语："小朋友们，你在歌曲里听到了什么？请你用好听的声音和我一起唱。"

3. 导语："跟着音乐来跳跳舞，让自己暖和起来吧！"（播放 PPT，帮助幼儿记忆歌词）

4. 导语："小朋友的小手都暖和起来了，我们再来跟着音乐边唱边动，让我们的小脚也暖和起来吧。"

5. 导语："甜甜听到了你们告诉她的好办法，她要跟你们一起来唱歌了，我们跟甜甜一起唱这首好听的歌。"

（四）互动游戏：对唱

1. 导语："我们一起来跟钢琴玩一个好玩的游戏，我唱一句，你们来答一句。听听谁的声音最好听。"

2. 请男孩女孩来对唱。

3. 小结：小朋友都学到了许多锻炼身体的好办法，我们唱歌跳舞，小手小脚就变暖和啦！

三、结束部分

我们再也不怕寒冷的冬天啦！现在让我们一起听着音乐去户外锻炼身体吧！

活动反思：本次活动来源于幼儿实际生活。小班幼儿肢体还不太协调，并且现在家庭养育得太过精细，导致孩子们缺少锻炼，到了冬季就不爱来园，不爱户外活动。《指南》中艺术领域指出"小班幼儿具有初步的艺术表现与创造

能力，能学唱短小的儿歌，随音乐做身体动作"。健康领域指出"小班幼儿具有一定的适应能力，能在较冷的环境中活动"。

在活动中利用布娃娃导入，根据小班幼儿爱模仿的年龄特点，播放大班哥哥姐姐运动的照片，给幼儿直观的感受。学唱歌曲是活动的重点，为了让幼儿感兴趣，能更直观地理解歌词内容，我制作了PPT，帮助幼儿记忆歌词，通过学习歌曲，将健康教育渗透其中。通过活动"鸡妈妈和小鸡"，幼儿尝试动作协调地快速跑，知道在户外锻炼可以使身体变暖，喜欢上寒冷的冬天，愿意在户外进行体育活动。

教师：梅娆祎

附健康教案

活动名称：鸡妈妈和小鸡

适宜年龄：3～4 岁

活动目标：

1. 愿意在较冷的户外进行活动，尝试动作协调地快速跑。

2. 散跑时能够躲避他人，体验户外活动带来的快乐。

活动准备：母鸡、狐狸头饰各一个、小鸡头饰人手一个、大树一棵、音乐《健康歌》。

活动过程：

一、开始部分

热身运动：小鸡来运动。

教师扮演鸡妈妈带幼儿在音乐声中进入活动场地，音乐停止。

教师："鸡妈妈我真能干，看看今天生下了哪个蛋宝宝。"幼儿随即蹲下做蛋宝宝。

"宝宝长多大了？我们跳出蛋壳了！"幼儿做跳跃动作。

二、基本部分

1. 游戏：鸡妈妈和小鸡。

提问："谁知道我们出去玩时应该怎样走？"（引导幼儿说出一个跟着一个走，进行队列练习）

导语："宝宝们越来越棒，现在你们长大了，要自己出去寻找食物了，如果在找虫时遇见了大狐狸，可要赶快跑回家里。"（幼儿模仿捉虫的动作）

2. 营救同伴。

导语："不好了，有小鸡宝宝被狐狸抓走啦！我们一起去救它们吧！"教师和幼儿轻轻跑出去躲到大树后面，把同伴救出后一起快速跑回家。注意提示幼儿不要撞到同伴。

3. 鸡宝宝再次外出捉小虫，捉到后把它快速带回家。

三、结束部分

教师："我们都累了，一起来听音乐做操吧。"鸡妈妈和鸡宝宝一起做整理活动，自然结束。

教师：梅娆祎

活动三

活动名称：球宝宝跳舞

适宜年龄：4～5 岁

设计思路：《指南》艺术领域表现与创造中指出"积极进行音乐感受与体验，培养中班幼儿初步的创造力。"本学期，我班在开展主题活动"我们爱运动"中，幼儿对玩球、拍球表现出了浓厚的兴趣。因此，我捕捉到本班幼儿的兴趣点和已有经验开展本次音乐活动，尝试让幼儿发挥想象力和创造力，自主编排关于球的律动游戏。本次活动不仅提高了幼儿音乐的感受力和创造力，也提高了幼儿玩球的兴趣。

活动目标：

1. 在熟悉音乐的基础上，能够使用道具进行简单的创编。

2. 喜欢音乐活动，体验和同伴一起合作的快乐。

活动准备：

经验准备：幼儿熟悉的音乐。

物质准备：音乐、球、动作编排计划表、平板电脑等。

活动重、难点：

活动重点：能用肢体动作表现音乐。

活动难点：在熟悉音乐的基础上，使用道具创编动作。

活动过程：

一、开始部分

幼儿抱着球听音乐《跳舞的音符》做简单的动作入场。

二、基本部分

1. 完整欣赏音乐，感受音乐的旋律和结构。

导语："你们知道这首歌的名字叫什么吗？喜欢这首歌吗？喜欢这首歌的哪部分？"

2. 幼儿用肢体动作表现音乐（教师抓拍幼儿创编的动作）。

导语："小朋友这么喜欢这首歌，那我们就听着歌跳起来吧！看看谁的动作最好看。"

导语:"小朋友们跳得很好,你的身体有什么感觉?"

3. 介绍球宝宝。

导语:"小朋友的身体都热起来了,球宝宝也想跟我们跳舞,你想怎样跟它跳?"

4. 请几个幼儿展示动作,老师和其他小朋友一起模仿。

提问:"你想怎样跟球宝宝跳舞? ×××是怎样做的? 刚才跳舞的时候,老师拍到了几张好看的动作,这次请小朋友们抱着球跳起来,看看还有没有更好看的动作?"

5. 幼儿再次听音乐抱着球宝宝表现音乐。

6. 幼儿自主分组创编动作,教师帮幼儿记录创编过程。

导语:"球宝宝还想跳舞,你们一会还可以请小伙伴一起和球宝宝跳舞,你们想好和谁一组了吗?"

7. 幼儿听音乐分享创编成果。

导语:"请小朋友们分组来展示下你们创编的结果,我们看看哪些动作做起来特别舒服、优美。"

三、结束部分

导语:"运动后,你的身体有什么感觉? 我们怎样才能让自己的身体更强壮?"

活动延伸:孩子们特别喜欢球,因此又开展了体育活动。

活动反思:幼儿在熟悉音乐的基础上能用肢体动作表现音乐的节奏和旋律。在设计活动时,我们提供了创编相应动作的图片和视频,幼儿可以借助这些辅材更好地创编。其次,在教育理念上,我们做到尊重幼儿,支持他们的自主分组,突出了"幼儿在前,教师在后"的教学策略。在活动中,老师只是作为一个记录员,全程帮幼儿记录创编的过程,用鼓励的语言和表情支持幼儿大胆表现,既体现了幼儿的自主性,又体现了教育的新观念,把主动权留给孩子,幼儿表现出浓厚的兴趣。活动后,孩子们玩球的积极性依然高涨,户外活动时,经常几个人在一起拍球、滚球,还有的小朋友和同伴玩着抛球、接球的游戏,因此可以设计一节抛接球的游戏活动,支持幼儿在游戏中尝试探索抛接球的方法。

教师:张瑜

附健康教案

活动名称:有趣的抛接球

活动目标：

1. 能够在游戏中探索双人抛接球的方法。

2. 通过游戏，能够体验抛接球游戏带来的乐趣。

活动准备：

经验准备：幼儿有拍球的经验。

物质准备：空旷的场地、小皮球人手一个、标志杆。

活动重、难点：

活动重点：尝试双人抛接球。

活动难点：掌握双人抛接球的方法。

活动过程：

一、开始部分

1. 游戏引入：教师带幼儿玩"向左、向右转"的游戏。

2. 介绍篮球"朋友"。

二、基本部分

1. 玩单人抛接球游戏。

导语："小朋友们，我们来和球一起做个游戏吧，把篮球抛起来，看看谁能接得住。"

2. 玩单人抛球击靶游戏。

导语："小朋友们刚才的表现都棒棒的，都能紧紧地抱住球。我们再玩一个游戏，这里有三个靶子，中间挂有一个铃铛，我们试着用球去击铃铛，看看能不能把铃铛击响。"

3. 玩单人抛球过杆游戏。

导语："小朋友们，现在我们再玩一个游戏，老师在前面摆了几个障碍物，有高的也有低的，你们要自己想方法把球抛过去。"

4. 双人抛接球游戏。

动作要求：教师示范抛球与接球，重点介绍来回地抛与接。（两人之间要注意拉开距离，抛者要注意抛的力度与高度，接者要提前把双手准备好，随时等待接球。）

游戏规则：教师示范，幼儿自选同伴进行分组练习。幼儿可分散练习或排好队伍，或是分成两组面对面站立，两两相距 1～2 米，反复练习，熟练后逐渐增加距离进行抛接球。

三、结束部分

放松游戏，跟随音乐抱球开火车走。

活动延伸：户外活动后，利用分散游戏的时间进行球的练习。

活动反思：活动中首先让幼儿单人玩抛接球游戏，感知球在不同高度会有不同的下落速度。在活动内容的安排上，遵循了由易到难、由简到繁的原则，激发幼儿的锻炼兴趣，层次清晰，衔接自然，每一个内容的出现始终围绕活动目标，同时注重个体差异。

教师：张瑜

活动四

活动名称：小妖巡山记

适宜年龄：5～6 岁

设计思路：本次活动选择的这首歌曲的歌词通俗易懂，旋律清晰，速度适宜，形象鲜明，深受孩子们的喜爱。本次活动是以"谁去巡山——怎样巡山——巡山奇遇"为线索层层递进，引导幼儿充分感受音乐后，自主扮演角色表现游戏情境。利用各类玩具材料创设巡山路线，活动注重发展幼儿的表现能力和乐于探索、敏于观察、不怕困难的学习品质。

活动目标：

1. 在熟悉歌曲的基础上，理解歌词并随音乐表现，感受乐曲欢快、幽默的风格。

2. 尝试以唱、跳、演等多种形式与同伴协商、分工、合作完成主人公奉命巡山的路线。

3. 乐于在游戏中扮演角色并与同伴互动，在巡山游戏中体验合作游戏的快乐。

活动准备：

经验准备：熟悉《大王叫我来巡山》歌曲。

物质准备：妖精的图片、小椅子、PPT 等。

活动重、难点：

活动重点：能用肢体动作表现出对音乐的感受。

活动难点：能够通过协商、合作，设计出巡山的新路线。

活动过程：

一、开始部分

感知音乐旋律，跟随音乐歌唱。

导语："今天老师带来了一首你们喜欢的歌曲，会唱的可以一起边拍手边唱。"

二、基本部分

（一）理解 A 段歌词，明确主人公角色

提问："刚才我们听的这首歌叫什么名字啊？你们喜欢这首歌吗？为什么喜欢？歌曲中的我是谁？（小妖精）你们见过妖精吗？（在哪里见过？）电视里

（动画片）都有什么样的妖精？"

（二）观察学习，尝试用语言和动作描述歌曲情境

1.（第一遍听音乐进行律动）幼儿回答，如没有听出来，教师再唱一遍。

导语："这么多妖精，它们都生活在深山老林里，多年修炼后就变成了精。一会儿听音乐看看我变成了什么精？唱到哪一个字时变的？"

2. 导语："我变成了什么精啊？你能变成什么精？谁来学一学（模仿妖精的动作）小妖精们，（幼儿应答）让我们跟着音乐舞动起来吧！当歌词唱到'精'时你要摆出一个小妖精的造型，看看谁的动作最像。"

（三）理解 B 段歌词，明确巡山任务

1. 把小椅子当山头设计路线，随音乐巡山。

提问："哎哟，差点忘了，小妖们快过来，忘了一件什么事？"（巡山）

听音乐巡山。（在自己的椅子旁）山前看一看，山后看一看，没有情况回洞。

2. 幼儿设计初步的巡山路线。

导语："刚才我们跟着音乐把小山头都巡了一遍，谁有不一样的巡山路线？"说完后教师与幼儿一起表演巡山。

3. 幼儿分组协商，合作完成路线的设计。

导语："老师给你们准备了很多妖精的图片，一会儿你们分好组后就可以找一个自己喜欢的妖精图片贴在身上，和本组伙伴设计新路线。"

提示：在巡山找宝的过程中会路过很多危险的地方，小妖精们一定要保护好自己的身体，别磕碰到，要一个个地去巡山，仔细地寻找宝贝，还不能被别的山头的妖精们知道，要不然该和我们一起争夺宝贝了。

4. 幼儿分组随音乐进行巡山表演。

请每组代表说一说自己组设计的巡山路线。

三、结束部分

完整游戏，体验游戏的快乐。

导语："小妖们设计了这么多的巡山路线，刚才大王通知又有新的任务了，明天唐僧师徒经过这里，要我们把唐僧抓来当晚餐，这个任务容易吗？当孙悟空出现时，小妖回洞，不能被孙悟空抓到，抓到后就不能继续游戏了。"

小结：刚才小妖们都回洞里了，不愿意和孙悟空战斗，也不愿意抓唐僧，它们都是善良的小妖。接下来我们去幼儿园里巡一巡吧！

活动反思：《指南》指出"幼儿喜欢艺术活动并大胆表现。"本次活动的目标侧重于音乐的感受与表现的目标。音乐游戏的重点在于提高幼儿对音乐的感受、表现能力。难点在于提高幼儿的合作能力，幼儿能够通过协商、合作，设计出巡山的新路线，体验合作游戏的快乐。

在设计巡山路线的环节中，幼儿通过小组讨论、分工、合作，提高了发现问题、解决问题的能力。活动打破了以往的音乐教育形式，用音乐游戏的方式来开展活动，幼儿愿意与老师一起进行游戏。

活动延伸：在户外时幼儿总是喜欢玩一些大型的器械，对于体能的练习没有人愿意参与。针对幼儿的现状，我利用幼儿对"小妖巡山记"活动兴趣，设计了一节"小妖寻宝记"，利用操场上的大型器械和玩具材料来制定巡山路线，发展幼儿动作、体能的协调性与灵活性，体验运动对我们身体的重要性。

教师：张丽娜

附健康教案

活动名称：小妖寻宝记

适宜年龄：5～6 岁

设计思路：《指南》健康领域中指出：应利用多种活动发展幼儿身体的平衡和协调能力。所以结合班级幼儿的问题和对音乐游戏活动的兴趣，我开展了一节健康领域活动"小妖寻宝记"。

活动目标：

1. 在游戏中体验跑、跳、钻等运动方式，提高身体的灵活性。

2. 通过活动，能大胆、自信地选择适合自己的运动器材，在游戏中增强勇于克服困难的信心。

活动准备：

经验准备：对运动器材的使用经验。

物质准备：小荡桥、平衡木、轮胎、奶箱、梯子、拱形门、压压板、垫子、圆圈、神秘宝物等。

活动重、难点：

活动重点：通过各种运动方式提高身体的灵活性。

活动难点：能够乐于参与到体能游戏的练习中。

活动过程：

一、开始部分

准备活动。导语："小朋友们，今天的天气真好，我们到外面去玩吧。老师喊口令带小朋友们做做热身运动。"（活动手腕、脚腕各关节）

二、基本部分

1. 幼儿自主分组创设巡山路线。

导语："你们还记得我们之前玩了一个有关巡山的游戏吗？今天大王又来通知了，让小妖利用这些运动器材继续分组设计巡山路线。"（幼儿分组，自由

选择器材）

2. 幼儿创设情境自主进行游戏。

（1）请两组幼儿分别展示自己组的巡山路线，并进行讲解与展示。

提问："这两组小朋友设计的路线一样吗？那他们分别运用了哪些运动器材？里面的材料还可以怎么用？"

（2）两组交换设计的巡山路线进行游戏。

提问："刚才你们互相交换了彼此的路线，在体验后你有什么想法吗？谁的路线更好一些呢？如果给你们一次调整的机会，你们想怎么调整？"

3. 请幼儿调整各组的巡山路线。

导语："现在请你们回到你们自己设计的路线旁，按照刚才的讨论一起来动手调整你们的路线吧。"

教师提示幼儿注意使用器材的方法和自我保护。

4. 游戏：小妖寻宝。

导语："刚才大王看到小妖们巡山的时候很卖力气，特别高兴。于是大王在山里面的各个角落里都藏了宝贝，让小妖们去寻宝。在寻宝的过程中一定要注意安全，不能让自己受伤，要不然宝贝就找不到了。"

（1）幼儿分组去寻宝。

（2）交换场地寻宝。

三、结束部分

用游戏做放松运动，引导幼儿将材料收拾整齐。

导语："今天小妖们都特别聪明，还有创意，利用了很多我们以前没有接触过的材料来设计巡山路线。我们快休息一下，捶捶背、捶捶腿，抖抖手臂和小腿。给好朋友也捶一捶背，捏一捏肩。"

活动延伸：引导幼儿利用更多的材料来设计巡山的路线。

活动反思：幼儿是在与材料的相互作用中主动学习和发展的，因此教师要提供适宜的材料，激发幼儿主动探索和发现、创造的欲望。本次活动的内容来源于本班幼儿对巡山的兴趣，在户外结合器材创设情景游戏来激发幼儿参与活动的积极性，使幼儿在游戏中学习、发展。幼儿在活动中真正做到了"玩中体验，玩中交流，玩中探究"。在接下来的户外游戏中，还可以利用这种情景式的活动方式展开一系列的户外体能练习。

教师：张丽娜

活动五

活动名称：牛牛的美餐

适宜年龄：3～4 岁

设计思路：新生入园已经一个月了，他们的情绪渐渐稳定，但许多幼儿都出现了挑食的问题，他们喜欢吃肉和主食，不喜欢吃蔬菜，尤其是绿叶菜、胡萝卜和香菇。《指南》指出："幼儿在教师引导下，不偏食、不挑食。"所以我们结合最近学习的"牛牛吃美餐"的故事，以为牛牛剪吃出它喜欢吃的食物为契机，让幼儿不仅知道蔬菜的营养价值，还练习使用剪刀的能力。

活动目标：

1. 尝试使用剪刀剪出不同颜色的作品，提高手指的灵活性。

2. 喜欢操作剪刀，能够进行大胆地自我表现。

活动重、难点：

活动重点：利用剪刀剪自己想象的作品。

活动难点：灵活地使用剪刀。

活动准备：

经验准备：用过剪刀。

物质准备：不同颜色的卡纸、剪刀、牛牛玩教具（牛牛的图片，在图片嘴的位置挖一个洞，图片后面放一个盒子）。

活动过程：

一、开始部分

教师和幼儿回忆故事《牛牛吃美餐》的内容，并渗透吃蔬菜和水果对身体好。

教师："前几天我们学习了一个好听的故事《牛牛吃美餐》，故事中都有谁？讲了什么事情呢？"

小结：吃有颜色的蔬菜和水果对身体好，所以经常要吃蔬菜和水果，少吃甜的食物。

二、基本部分

（一）出示各种颜色的卡纸，激发幼儿剪纸的兴趣

教师："牛牛的食物吃完了，我们来给牛牛用小剪刀剪一些健康的食物，现在我有许多颜色的材料，看看可以做什么食物？"（红色的纸可以剪苹果，黄色的纸可以剪香蕉，绿色的纸可以剪圆白菜，橘黄色的纸可以剪胡萝卜……）

（二）幼儿为牛牛剪食物

教师："现在我们用自己的小剪刀剪食物，用剪刀的时候，小剪刀的尖不要对着小朋友，要小心手。"

（三）幼儿说一说自己为牛牛剪的食物

教师："请你说说你为牛牛剪的是什么食物？是什么颜色的？"

（四）将剪的食物送给牛牛

教师："现在我们把自己做的食物送给牛牛，送的时候别忘记告诉牛牛食物的名字。"

三、结束部分

教师选几个具有代表性的水果和蔬菜，向幼儿渗透这些食物的营养价值，激发幼儿食用的愿望。

教师："琳琳小朋友为牛牛做的胡萝卜中含有很多的花青素，对我们的眼睛好，让我们的眼睛又漂亮又明亮……牛牛感谢小朋友为它做的美餐，你们做的食物它都喜欢，希望小朋友和牛牛一样，不偏食、不挑食。"

活动延伸：教师将牛牛的玩教具放到艺术区，幼儿在区域活动的时候还可以为牛牛制作美餐。

活动反思：活动的选材来源于幼儿生活中的问题。教师发现在幼儿在进餐方面存在挑食的问题，根据《指南》健康领域目标，选取了幼儿喜欢的牛牛作为活动的主人公，激发幼儿为牛牛利用剪刀做食物的兴趣。在剪的过程中，教师将食物的营养价值潜移默化地向幼儿进行了渗透，引导幼儿不偏食、不挑食。其次，教师支持幼儿的主动学习。教师并没有要求幼儿剪什么水果和蔬菜，也没有在纸上画出线条，让幼儿沿着线条剪，而是给幼儿充分发挥的空间，这样更有利于幼儿自己去想象、创造，对剪纸产生浓厚的兴趣，为无稿剪纸奠定了一个好的基础。

教师：马惠莹

活动六

活动名称：蔬菜印画

适宜年龄：3～4 岁

设计思路：幼儿经常在区域里选择他们喜欢的各种低结构的材料，尤其是颜料，他们喜欢用各种颜色的颜料来涂涂画画。《指南》中指出："为幼儿创造机会和条件，支持幼儿自发的艺术表现和创造。"班级里的幼儿在进餐时挑食情况比较严重，结合班级幼儿的兴趣点以及挑食情况，教师设计了本次集体活动。

活动目标：

1. 能尝试用胡萝卜、藕、辣椒、黄瓜、土豆、柿子椒等蔬菜的横截面进行拓印，初步感知印画的方法。

2. 通过蔬菜印画，体验创作的快乐。

活动准备：

经验准备：有用低结构材料印画的经验。

物质准备：蔬菜宝宝 PPT、藕、萝卜、香菇、胡萝卜、菜花、葱头、辣椒等蔬菜（根据幼儿人数提供），红黄蓝绿色颜料（根据幼儿人数提供），调色盘5个，绘画纸每人一张，轻音乐，桌布，纸巾。

活动过程：

一、开始部分

1. 出示PPT，认识各种蔬菜。

教师："今天咱们班来了很多的蔬菜朋友，我们一起来看一看都是谁？你最喜欢吃哪些蔬菜？"

二、基本部分

1. 欣赏蔬菜印画作品。

教师："小朋友看一看画上都有什么？你来猜一猜它是用什么蔬菜印出来的？"

2. 介绍印画材料及要求。

（1）介绍材料。教师："这些好吃的蔬菜不但很有营养，它们还有一个神奇的本领。"

（2）介绍规则。教师："小朋友印完要把蔬菜宝宝安安全全地送回家。"

3. 放音乐，幼儿操作蔬菜印画，教师巡回指导。

4. 展示并欣赏幼儿的作品。

教师："谁想来说说你画的是什么呢？都用了什么蔬菜？"

三、结束部分

教师："我们把制作好的作品晒干就可以用了！"

活动反思： 幼儿对颜料很感兴趣，结合本班幼儿不爱吃蔬菜的现象，我们开展了此次活动。活动中使用PPT激发幼儿兴趣，请幼儿观察蔬菜印画作品，请幼儿大胆想象、创造。接下来我会开展健康领域活动，开展"多吃蔬菜身体棒"的集体活动，通过活动，帮助幼儿认识了解各种蔬菜的营养及多吃蔬菜的好处，培养幼儿不挑食、不偏食的好习惯。

教师：李悦

活动七

活动名称： 我眼中的春天

适宜年龄： 4～5岁

设计思路： 剪纸是我国优秀的民间艺术之一，也是幼儿喜欢的一项活动。进入中班后，部分幼儿对剪纸的兴趣非常浓厚，针对此情况我便在美工区投放了多种不同材质与不同颜色的纸张，前期我培养了幼儿使用剪刀的方法，方便幼儿创意剪纸。经过一段时间后，本班出现了剪纸热潮，而剪纸对于开发幼儿的右脑，锻炼手眼协调能力和小肌肉的精细动作方面都有相当大的作用。在《指南》艺术领域中指出幼儿能用多种工具、材料或不同表现手法表达自己的感受和想象，为了激发幼儿观察生活、热爱大自然的情趣，巩固幼儿的剪纸兴趣，我设计了此次剪纸活动。

活动目标：

1. 观察春天的景色，尝试使用剪纸元素表现出不同物体的花纹。

2. 掌握正确使用剪刀的方法，锻炼小肌肉及手眼协调能力。

3. 在轻松愉快的氛围中创作，体验成功的快乐。

活动准备：

经验准备：会正确使用剪刀。

物质准备：歌曲《春天在哪里》、PPT 图片、轻音乐、各种纸张、剪刀、胶棒等。

活动重、难点：

活动重点：能够大胆地创造出剪纸作品。

活动难点：能够使用剪纸元素表现出不同物体的花纹。

活动过程：

一、开始部分

1. 播放歌曲《春天在哪里》。

2. 观看 PPT 中春天大自然的画面，引导幼儿欣赏、感知春天的美丽。

小结：春天这么美，那我们一起来欣赏幼儿园里春天的美丽景色。

二、基本部分

（一）小组观察、交流：春天的秘密

导语："春天来了，把你捕捉到的春天的秘密介绍给大家。"（小草变绿了，柳树长出了绿苞，桃花开放了，燕子飞来了等）

（二）请部分幼儿说一说自己眼中的春天

（三）幼儿创意剪纸，教师进行指导

导语："我们眼中的春天这么美丽，今天老师为你们在美丽的幼儿园里准备了桌子、椅子和很多的材料，有彩色纸、剪刀、皱纹纸、胶棒等，请小朋友们把自己眼中的春天表现出来。"

剪纸前建议：

1. 安全地使用剪刀，剪刀尖不要对着自己和其他小朋友。

2. 剪下的碎纸请及时放回小盒里，看谁的桌面最干净。

重点指导：

1. 转纸不转剪刀的方法。

2. 关注个别幼儿使用剪刀的方法是否正确。

3. 关注幼儿粘贴的方法。

三、结束部分

（一）集中分享展示

导语："请小朋友来说一说你觉得谁剪得好？有哪些地方值得自己学习？"

（二）小结：我们从不同的角度看到了其他小朋友的作品中值得我们学习的地方，那我们在下次剪纸中可以再次尝试创意剪纸。

活动延伸：小朋友们找到了幼儿园里春天的秘密，我们还可以和爸爸妈妈一起来找一找幼儿园外面春天的秘密，然后用神奇的小剪刀把它剪出来。

活动反思：幼儿无稿剪纸活动改变了以往教师教什么幼儿学什么的被动状态，让幼儿在掌握一定技能的基础上自由地选择自己喜爱的物体进行剪纸，因为这是幼儿自己选择的，所以幼儿会抱着认真的态度去主动探索，克服一定的困难去完成，每当完成一件作品时，他们就感到十分高兴，真正体验到了成功的快乐，也为下一次的剪纸活动增加了内驱力。

教师：苏佳

附健康教案

活动名称：我和筷子朋友做游戏

适宜年龄：4～5 岁

活动目标：

1. 学习使用筷子的方法，发展小肌肉的协调性。

2. 通过夹豆豆比赛，提高生活自理能力。

3. 在活动中能遵守游戏规则，愉快地进行游戏。

活动准备：

经验准备：用过筷子。

物质准备：筷子人手一双，每人一盘蚕豆、黄豆、开心果、玻璃珠，路（将硬纸板挖成豆子大小的洞）。

活动重、难点：

活动重点：喜欢用筷子吃饭。

活动难点：掌握使用筷子的正确方法。

活动过程：

一、开始部分

（一）猜谜：兄弟两个一样长，上下饭桌总成双，酸甜苦辣好滋味，都请它们先来尝。

幼儿学习正确表述谜底：两只筷子，一双筷子。

二、基本部分

（一）欣赏筷子，了解筷子是中国人用餐的主要工具

（二）出示儿歌，引出使用筷子的正确方法

提问："西方人吃饭用刀、叉，只有中国人、日本人、韩国人才用筷子，其实筷子就是中国人发明的。那你知道筷子是怎样发明的？"

（三）我和筷子做游戏

1. 游戏一：我的小熊吃得饱。尝试用筷子把盘子里的蚕豆夹出来喂给小熊吃。

2. 游戏二：为小熊铺路。尝试使用筷子夹各种不同的豆子。

3. 导语："小熊吃饱了，要回家了，我们来给小熊铺一条回家的路。"

三、结束部分

幼儿将筷子和材料收回，活动自然结束。

活动延伸：将筷子与路（将硬纸板挖成豆子大小的洞）放到玩具区。

活动反思：筷子是幼儿生活中常见的物品，来自于实际生活，孩子们每天都能看到大人们用筷子吃饭。《纲要》中提出："从实际出发，挖掘一切可以利用的自然和社会资源，在为幼儿提供一些必备的基础材料的同时，注意尽量和孩子们一起收集较为合理，让幼儿按自己的意愿和情感进行活动，促进幼儿主动性、独立性、创造性的发展。"为了培养孩子对学习筷子的兴趣，我选用了以游戏的形式来开展此次活动，激发孩子主动学习使用筷子的兴趣。

教师：苏佳

活动八

活动名称：牙齿保卫战

适宜年龄：5～6岁

设计思路：大班幼儿在幼儿园的一日生活中知道了早晚刷牙、饭后漱口的重要性。他们可以将刷牙的好处讲给弟弟妹妹听，可是这并不足以表达他们内心的理解与急切。他们对事物的理解是不同于成人的，处于前书写阶段的他们更愿意用画笔，通过独特的笔触、丰富的想象表达自己的认识和情感。这节"牙齿保卫战"的美术活动由此而来。

活动目标：

1. 尝试用绘画的形式画出牙膏泡泡与坏细菌的形象，并选用暖色与冷色两种不同的色调表现它们的可爱与可怕。

2. 愿意大胆想象人物形象，体验想象画创作的乐趣。

活动准备：

经验准备：幼儿有刷牙的经验，班级大多数幼儿有龋齿，谈患龋齿的

感受。

物质准备：音乐、牙齿线描图、牙膏泡沫图片、龋齿图片、五官图、水彩笔、油画棒、胶棒等，幼儿与家长共同收集的有关细菌的资料。

活动重、难点：

活动重点：绘制牙膏泡泡与坏细菌的可爱与可怕。

活动难点：用暖色与冷色两种不同的色调表现牙膏与细菌。

活动过程：

一、开始部分

幼儿分享收集到的有关牙齿细菌的知识。

教师："你知道牙齿上的细菌是怎样的吗？它们是怎么形成的？"

小结：吃过东西之后，如果没有好好地刷牙漱口就会滋生细菌，进而产生龋齿以及其他严重的牙齿疾病。

二、基本部分

1. 导语："每次我们刷牙，都像是牙膏和细菌在打仗。牙膏是正义的一方，细菌是罪恶的一方。而正义能不能战胜邪恶，取决于我们刷牙是不是认真。"

2. 欣赏音乐，感受两段音乐的不同情感

提问："哪段音乐说的是牙膏泡泡？哪段音乐说的是坏细菌？"

3. 尝试用动作表现牙膏泡泡的善良勇敢与坏细菌的邪恶。

4. 请幼儿说一说牙膏泡泡与坏细菌的形态、表情，它们在打仗的时候会做什么。

小结：如它们有各自的部队，牙膏泡泡勇敢，武器先进，坏细菌胆小，丢盔卸甲等。

5. 展示冷暖色，为牙膏泡和坏细菌挑选颜色。

提问："你觉得哪种颜色适合牙膏泡和坏细菌？为什么？"

6. 幼儿创意画"牙齿保卫战"。

（1）介绍材料：牙齿线描图、白纸、各种表情的五官，根据需要选择。

（2）要求：大胆想象，画面饱满，角色分明。

三、结束部分

把自己画的"牙齿保卫战"编成故事，与同伴分享。

活动延伸：本节活动后，幼儿对如何科学有效地护牙，什么是健康牙等产生了探究兴趣，所以我们又组织开展了健康教育活动"我和牙医有个约会"，支持幼儿进一步了解相关的护牙办法。

活动反思：本节活动来源于幼儿的生活，在他们了解刷牙重要性的基础上渗透牙齿细菌的知识，结合艺术的形式将他们的理解趣味化、具体化、直观化。幼儿先是通过音乐对牙膏泡和坏细菌的形象予以划分和初建，再通过动作、表情的想象和模仿在头脑中形成善良与邪恶的具体形象，最后利用画笔将自己的感受和理解表达出来，最后的"牙齿保卫战"故事又帮助幼儿将这一系列的活动进行了梳理，进行关键经验的提升。

教师：陈冬梅

附健康教案

活动名称：我和牙医有个约会

适宜年龄：5～6 岁

设计思路：在开展美术活动"牙齿保卫战"后，幼儿对科学护牙的方法有了探究欲望，所以我们组织开展了健康教育活动"我和牙医有个约会"，支持幼儿进一步了解相关的护牙办法。

活动目标：

1. 理解牙齿健康的标准，知道蛀牙的原因。

2. 懂得要爱护自己的牙齿，养成护牙好习惯。

活动准备：

经验准备：幼儿基本了解自己牙齿的状况，初步了解保护牙齿的知识。

物质准备：蛀牙视频、唾液护齿视频、护牙习惯 PPT、人手一个小镜子、提前用醋泡好的鸡蛋壳、一名牙医。

活动过程：

一、开始部分

谜语：小小石头硬又白，整整齐齐排两排，天天早起刷干净，结结实实不爱坏。

二、基本部分

（一）健康的牙齿什么样

1. 幼儿发表看法。

2. 牙医解答：牙齿干净，没有蛀牙，不会疼痛，牙龈颜色正常，没有出血。

3. 幼儿照镜子后思考自己的牙齿是健康的吗？为什么是不健康的？

（二）蛀牙哪里来

1. 幼儿发表看法。

2. 牙医播放蛀牙形成过程的视频。

3. 观看、触摸班级用醋泡好的鸡蛋壳。

4. 总结：如果口腔不干净，牙齿表面会堆积大量的细菌，细菌在食物中糖的作用下，产生大量的酸，时间久了，酸对牙齿进行破坏造成龋洞，蛀牙就形成了，进而破坏牙釉质甚至牙神经等。

（三）探索解决蛀牙的方法

1. 讨论：什么办法可以帮助我们保护牙齿？

2. 牙医播放 PPT，归纳幼儿讨论的结果：早晚刷牙、饭后漱口、少吃甜食、睡前不食、定时看牙医、病牙及时就医、乳牙龋齿不忽视、注意换牙期卫生等。

3. "唾液护齿"视频。

4. 幼儿根据自己牙齿的状况，选择目前最需要养成的 4 个护牙习惯图片并讲一讲。

三、结束部分

导语："小朋友们，我们通过牙医和视频了解了牙齿的秘密和保护牙齿的好方法，希望你们能养成 4 个护齿好习惯，拥有健康的牙齿。"

活动延伸：在本节活动后，幼儿对健康牙齿、科学护牙有了全新的认识，也产生了保护牙齿、认真刷牙甚至去看牙医的愿望。但同时我们也注意到家长对这件事情的重视程度还不够，为保证幼儿健康理念得以延续，我们为家长组织了护牙科普讲座活动，从医学角度对牙齿与身体健康的关系做了科学普及，希望家长、园所双方互相配合，共同为幼儿的牙齿健康做出努力。

活动反思：本节活动为延续幼儿对牙齿健康的探究欲设计了观察、实验等环节支持幼儿发现问题牙的成因，对龋齿知其然更知其所以然。幼儿从牙医的讲解、视频的介绍中直观地认识到了牙齿健康的重要性，强烈的护齿愿望激发他们寻找方法的热情。而平常他们熟知却又经常被忽视的护牙方法也在此次活动中得以凸显，结合医生的提升，在幼儿头脑中成为影响深远的内容。本活动根据大班幼儿的年龄特点，在大量的直观视觉与权威言论的冲击中，给予幼儿充分的观察、讨论机会，鼓励他们通过分析、探索，从自身出发发现牙齿的问题并寻找解决办法，幼儿合作、分析、解决问题等能力得到锻炼的同时，健康理念也初步形成。

教师：陈冬梅

第四章　幼儿园健康主题活动

在幼儿园课程综合化发展的趋势下，幼儿园主题教育活动成为一种有效的课程与教学思路。从近百年来我国幼儿园课程与教学的发展历程及当下的改革趋势与实践状况来看，主题教育活动也是幼儿园教育未来变革的基本走向。幼儿园开展主题教育活动，从浅层次看是为了解决幼儿园教育活动中学科中心、课程与幼儿生活脱节等问题；从深层次看是尊重幼儿身心发展与学习特点的体现。幼儿的发展包括身体、认知、情感和行为等方面的整体发展，因此，相应的学习活动应该是不分科的。

儿童作为一个生命体，其发展有各方面的需求，不仅有生理的，也有心理的，不仅有物质的，也有精神的，不仅有行为的，也有认知的、情感的与社会性的。所以，儿童的发展是整体的发展，而不是某一方面单一的、局部的、孤立的发展。因此在选择主题内容时，一个重要的工作就是对课程内容进行整合，寻求不同学习领域知识间更广泛、深刻的关联，将具有内在逻辑或价值关联的分科课程内容及其他形式的课程内容整合在一起，帮助幼儿形成对世界的整体认识。

第一节　身体健康活动

幼儿园健康教育是幼儿园实施素质教育的一个重要组成部分。幼儿园健康教育是根据幼儿身心发展的特点，以提高幼儿对健康的认识水平，改善幼儿健康态度，帮助幼儿逐步形成有益于健康的行为和习惯，促进幼儿身心健康和谐发展为目的的教育活动。因此，在幼儿园教育中，要将健康教育作为主题活动中的一个重要内容，充分挖掘其中的教育价值，根据幼儿年龄特点设置不同类型的主题活动，将幼儿感兴趣以及应了解、掌握的健康内容融入其中，使他们在有趣、系统的主题活动中丰富健康知识、学习健康技能、养成健康习惯。

主题一

主题名称：香香的蔬菜

适宜年龄：3～4 岁

主题由来：《指南》中明确指出幼儿要能"在引导下，不偏食、挑食。喜欢吃瓜果、蔬菜等新鲜食品。"随着人们生活水平的不断提高，家庭生活条件的不断改善，所吃的食物越来越丰富，尤其小班的孩子喜欢吃鸡、鸭、鱼、肉等荤菜，而对蔬菜却不感兴趣，甚至有的孩子一口菜都不吃。为了萌发幼儿喜欢吃蔬菜的情感，我班开展了"香香的蔬菜"主题活动。

主题目标：

1. 认识常见蔬菜的名称和外形特征，感知蔬菜的多种多样。

2. 初步了解蔬菜对人身体的好处，逐步喜欢吃蔬菜，养成不挑食的好习惯。

3. 能根据蔬菜的颜色、大小、数量等特征对蔬菜进行分类。

4. 喜欢阅读有关蔬菜的儿歌或故事，仔细观察画面理解其大意。

5. 喜欢粘贴、绘画、拓印、玩色等活动，大胆表现蔬菜的特征，感受创作的快乐。

主题网络图：

```
                         香香的蔬菜
   ┌───────────┬──────────┬──────────┴──────────┐
综合：多多什么都爱吃  科学：种蔬菜喽   综合：参观蔬菜超市   健康：蔬菜可以怎样吃

科学：我认识的蔬菜   社会：照顾蔬菜宝宝   健康：制作蔬菜沙拉   健康：多吃蔬菜身体棒

艺术：蔬菜变变变    健康：好吃的芹菜    科学：榨蔬菜汁     健康：蔬菜品尝会
```

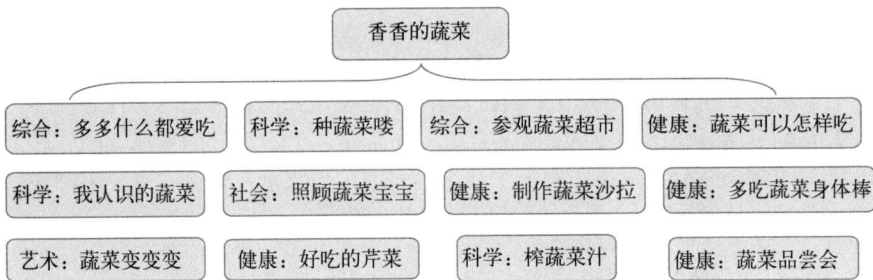

主题墙饰照片：

图 4-1

活动一

综合领域：多多什么都爱吃

活动目标：

1. 看画面，能根据画面说出图中有什么，发生了什么事情，理解故事内容。

2. 能够像多多一样什么都爱吃，养成不挑食的好习惯。

活动准备：

经验准备：认识常见蔬菜。

物质准备：《多多什么都爱吃》图书一本、图画书《多多什么都爱吃》人手一本、可以生吃的蔬菜洗好、切好。

活动过程：

一、开始部分

（一）出示大书《多多什么都爱吃》，引导幼儿观察封面。

（二）请幼儿猜一猜谁叫多多。

二、基本部分

（一）引导幼儿观察图书 P2～P7

1. 幼儿说一说妈妈在做什么，小姑娘是怎么做的，怎么说的。

2. 引导幼儿模仿小姑娘重复的话：多多什么都爱吃，给多多。

（二）幼儿自由阅读小书

1. 请幼儿猜一猜多多如果长大了会有什么好处或不好的地方。

（三）鼓励幼儿大胆发表自己的想法

（四）出示最后一幅画面，引导幼儿观察

1. 导语："小姑娘最后是怎么想和怎么做的呢？"

2. 导语："你觉得怎样才能让自己长大长高呢？我们应该像谁学习呀？"

三、结束部分

（一）品尝好吃的蔬菜。

（二）鼓励幼儿向多多学习，什么都爱吃。

图 4 - 2

活动二

科学领域： 我认识的蔬菜

活动目标：

1. 用多种感官认识蔬菜的名称及外形特征。

2. 能对蔬菜进行简单的分类。

活动准备：

经验准备：家长带幼儿去菜市场买过菜，初步认识一些蔬菜。

物质准备：把收集来的蔬菜布置成"蔬菜超市"，红、黄、绿、紫四种颜色的菜篮子。

活动过程：

一、开始部分

（一）介绍"蔬菜超市"

导语："今天老师把小朋友收集来的蔬菜都放在了班里的'蔬菜超市'里，你们看一看、选一选你最喜欢哪个蔬菜，一会儿给大家介绍一下它叫什么名字？长得什么形状？"

（二）引导幼儿运用多种感官摸一摸、看一看、闻一闻各种蔬菜，并选择自己喜欢的蔬菜。

二、基本部分

（一）介绍蔬菜宝宝

1. 幼儿拿着自己喜欢的蔬菜说一说名称和外形特征。如红红的、圆圆的西红柿，绿绿的、长长的黄瓜等。

图 4-3

2. 鼓励幼儿大胆表达自己对蔬菜的认识。

（二）蔬菜宝宝找家

1. 提问："我们从超市选了这么多蔬菜，怎样才能把他们送回家呢?"

2. 鼓励幼儿大胆发表自己的意见。

3. 游戏：买菜。

出示四种颜色的菜篮子，幼儿去超市买菜，买回来后告诉妈妈蔬菜的名称和颜色。

4. 引导幼儿按颜色把蔬菜分在四个篮子里。

观察幼儿操作情况，及时纠正幼儿的错误。

三、结束部分

1. 分享好吃的蔬菜，把胡萝卜、西红柿、菜椒等几种能够生吃的蔬菜切成小块，鼓励幼儿尝一尝。

2. 请幼儿说一说这些蔬菜是什么味道的。

小结：蔬菜非常有营养，吃了蔬菜可以让我们长高、长大，希望小朋友喜欢吃蔬菜。

活动三

健康领域：好吃的芹菜

活动目标：

1. 知道芹菜对人体的作用以及多种吃法，乐意吃芹菜。

2. 喜欢参与择芹菜活动，感受劳动的快乐。

活动准备：

经验准备：认识芹菜，知道芹菜的营养。

物质准备：芹菜娃娃、芹菜若干、用芹菜做的菜（凉拌芹菜、炒芹菜、芹菜馅的包子、饺子、丸子）、大便痛苦的视频。

活动过程：

一、开始部分

（一）出示芹菜娃娃

提问："这是谁呀? 它的头发、身体和裙子分别是芹菜的什么?"

（二）引导幼儿认识芹菜的根、茎、叶。

二、基本部分

（一）帮助食堂叔叔、阿姨择芹菜

1. 幼儿择芹菜，进一步认识芹菜的根、茎、叶和纤维素。

导语："今天中午我们要吃芹菜馅的饺子，请小朋友帮着择芹菜。"

2. 请幼儿说一说芹菜中纤维素的作用。

（二）了解芹菜的好处

1. 导语："你们喜欢吃芹菜吗？芹菜吃在嘴里有什么感觉？"

2. 播放幼儿大便痛苦的视频，请幼儿说一说原因。

3. 出示芹菜的纤维素，使幼儿了解芹菜能够帮助小朋友消化食物，顺利排便。

（三）了解芹菜的多种吃法

1. 提问："芹菜可以怎样吃？"

2. 出示家长给小朋友做的各种好吃的芹菜食物。（凉拌芹菜、炒芹菜、芹菜馅的包子、饺子、丸子）

三、结束部分

鼓励幼儿品尝好吃的芹菜，萌发幼儿喜欢吃芹菜的愿望。

活动延伸：幼儿把择好的芹菜洗一洗，送回伙房，中午鼓励幼儿品尝芹菜馅饺子，激发幼儿吃芹菜的愿望。

活动四

综合活动：亲子参观蔬菜超市

活动目标：

1. 丰富对蔬菜的认识，感受蔬菜的多种多样。

2. 初步了解蔬菜的营养，喜欢吃新鲜的蔬菜。

活动准备：

经验准备：跟随父母去超市买过东西，认识一些常见蔬菜。

物质准备：联系好超市人员、熟悉去超市的路线、一个家长带领一名幼儿。

活动过程：

一、开始部分

（一）给孩子和家长提好要求，提示他们注意安全。

（二）教师带领幼儿排好队，每个家长领好自己的孩子出发。

二、基本部分

（一）教师带领幼儿集中认识蔬菜

1. 教师把孩子分为三组，每位教师带领 10 个孩子认识蔬菜，家长在周围看好孩子。

2. 重点认识莲藕、西蓝花、柿子椒、香菇等蔬菜。引导幼儿认识蔬菜的名称、颜色、形状及对人体的好处。

（二）家长带领幼儿自由认识蔬菜

1. 家长引导幼儿认识更多的蔬菜，鼓励孩子说一说蔬菜的名字和特征。

2. 家长向幼儿介绍一些蔬菜的营养。

三、结束部分

1. 家长和幼儿一起买一两种蔬菜。

图4-4

2. 鼓励孩子和家长一起结账，感受买菜的乐趣。

活动延伸： 回家后，利用买来的蔬菜和孩子一起制作蔬菜，幼儿品尝自己的劳动成果，引导幼儿喜欢吃蔬菜。

活动五

健康领域： 多吃蔬菜身体棒

活动目标：

1. 初步了解蔬菜的营养价值，知道多吃蔬菜对身体有好处。

2. 初步养成不挑食的良好习惯。

活动准备：

经验准备：认识常见的蔬菜。

物质准备：多媒体课件，芹菜、萝卜、香菇、大蒜的实物，布置小兔的"菜园"，小兔头饰，联系好幼儿园保健医，音乐《蔬菜沙拉》。

活动过程：

一、开始部分

播放课件（哭的声音），提问："是谁在哭呢？它为什么要哭？"

引出故事："小黑小黑真爱吃，爱吃肉骨头，爱吃火腿肠，就是不爱吃蔬菜。吃得太饱了，肚子胀胀的，小黑真是好难受。哎呀呀，怎么办？"

二、基本部分

1. 教师："小黑（小黑狗）这么难受，该怎么办呢？（引导幼儿主动帮助别人）听说小白（小白兔）的身体很健康，从来都不生病的，咱们去问问小白吧！"

2. 小白（由另一名教师戴头饰扮演）："小黑只吃肉不吃菜，大便拉不出来，当然会肚子疼。我最爱吃蔬菜，什么样的蔬菜都爱吃，所以，我的身体棒棒的，从来都不生病。我自己种了还许多新鲜的蔬菜呢，带你们到我的菜园参观一下吧！"

3. 出示小白的"菜园"。（摆上许多芹菜、胡萝卜、香菇、大蒜的实物）

教师："哇！小白种的菜真多呀，让我们来看一下都有哪些菜吧？"（引导幼儿说出这四种蔬菜的名称并通过多种感观感知蔬菜的外形特征）

4. 蔬菜营养多。保健医给小朋友介绍芹菜、胡萝卜、香菇、大蒜的营养及对我们身体的好处。

三、结束部分

1. 教师："蔬菜这么有营养，咱们赶紧给小黑做点吃吧！"

2. 随着音乐《蔬菜沙拉》玩炒蔬菜的游戏。

3. 把炒好的蔬菜送给小黑。

小黑："你们做得菜真好吃，我已经全部吃光了，谢谢你们！"过了一会，小黑大便了，肚子也不疼了。

小结：蔬菜这么有营养，本领这么大，我们一定要多吃蔬菜，这样我们的身体才会棒棒的。

☀ 活动六

健康领域： 制作蔬菜沙拉

活动目标：

1. 乐于制作蔬菜沙拉，体验亲子共同制作的欢乐。

2. 了解蔬菜对人体的好处，逐步养成不挑食，喜欢吃新鲜蔬菜的好习惯。

活动准备：

经验准备：认识常见的蔬菜，请两名家长做助教介绍蔬菜的营养价值。

物质准备：制作好的蔬菜沙拉一盘、盘子若干、洗干净的蔬菜若干、硅胶垫、西餐刀具若干、沙拉酱、勺子、课件。

图 4-5

活动过程：

一、开始部分

1. 出示各种蔬菜，引导幼儿认一认。

2. 请家长助教介绍蔬菜的营养价值。

二、基本部分

（一）出示蔬菜沙拉

（二）利用课件，欣赏蔬菜沙拉

导语："看看蔬菜沙拉里面有哪些蔬菜？它们的造型像什么？"

小结：很多的蔬菜都可以做成蔬菜沙拉，不但味道好，造型美，而且含有丰富的营养成分。

（三）制作蔬菜沙拉

1. 每人一份制作工具，交代亲子制作的要求。

2. 幼儿在家长的指导下动手切一切、摆一摆，最后撒上沙拉酱，制作成蔬菜沙拉。

3. 提示幼儿使用工具时注意安全。

三、结束部分

制作好后，引导幼儿说一说用了什么蔬菜，摆出了什么造型。最后大家一起品尝美味的蔬菜沙拉。

活动延伸：家长在家也鼓励孩子参与做菜的过程，激发幼儿喜欢吃蔬菜的愿望。

主题小结：蔬菜是我们在每天的生活中都离不开的食物，蔬菜中含有许多其他食物中无法代替的营养成分，是幼儿健康成长的物质来源，若长期不摄入蔬菜，会影响幼儿的身体健康和成长。通过开展"香香的蔬菜"主题活动，家园一起带领幼儿认识了许多常见的蔬菜，初步了解了一些蔬菜的营养价值。我们带领幼儿一起走进菜场，通过直观的感受让幼儿对蔬菜有进一步的了解，还让幼儿在家中帮忙择菜、洗菜、做菜，和爸爸妈妈一起为蔬菜做造型。在区域活动中开展蔬菜榨汁、蔬菜印画、制作泡菜、种植蔬菜等一系列活动。让幼儿在看一看、闻一闻、做一做、尝一尝的过程中加深对蔬菜的认识，许多幼儿喜欢上了吃蔬菜，为改善幼儿的偏食挑食问题奠定了良好的基础。

教师：陈大翠　付菲

主题二

主题名称：好吃的水果

适宜年龄：3～4岁

主题由来：《指南》中指出"幼儿应具有良好的生活习惯，如不挑食、偏食。喜欢吃瓜果等新鲜的食品。"但教师从每天的午点环节发现，有些幼儿不太喜欢吃水果，有的幼儿不会剥皮，并且平时都是成人把水果切好再给幼儿吃，因此幼儿对水果的外形以及果肉等不是很了解。

主题目标：

1. 认识水果，能正确说出几种常见的水果名称，了解其典型特征。

2. 喜欢吃各种水果，懂得多吃水果可以让我们变健康。

3. 初步了解有特殊味道的水果的营养及其对人体的作用。

4. 感知水果的不同数量和 2～3 个物体的常见量（如大、小，大、中、小，1 和许多）。

5. 在品尝、观察中认识水果的果肉，感知水果的味道，并了解、认知吃水果前的卫生准备，知道水果要先洗干净再制作和品尝。

6. 通过观察、制作、装饰各种水果，提高动手操作能力。

主题墙饰照片：

图 4-6

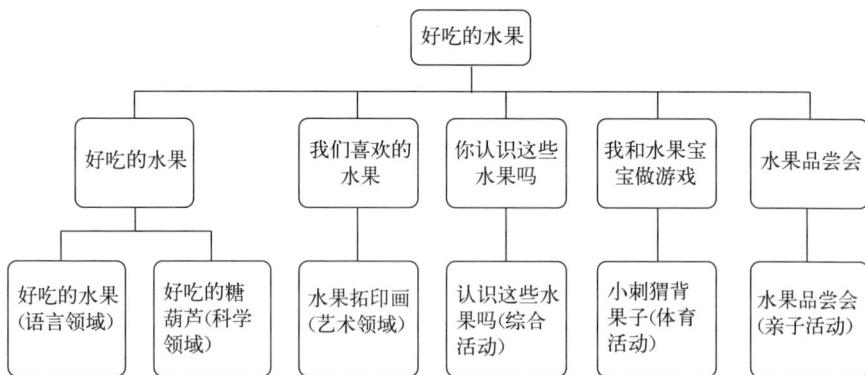

活动一

语言领域：好吃的水果

活动目标：

1. 了解水果的外形特征，种子的生长方式等内容。

2. 通过观察画面能用连贯、较完整的语言说出自己喜欢的水果名称和味道。

活动准备：

经验准备：幼儿熟悉生活中常见水果的特征。

物质准备：《好吃的水果》大书、水果剖面图、完整图、PPT。

活动过程：

一、开始部分

1. 出示水果的整图片。提问："你都看到了什么水果？"

2. 出示水果的剖面图。提问："请你猜一猜这是什么水果？"

导语："你们知道得真不少，今天我们就要读一本关于水果的书，你们看它是谁？"

二、基本部分

（一）介绍封面

1. 提问："你从封面上都看到了什么？"

2. 教师介绍绘本的出版社和作者。

（二）认识水果的名称

P2～3 提问："你看到了什么？你知道它们的名字吗？"

图 4-7

P4～5 提问："这里还有好多的水果，看看你们认识吗？"（请幼儿上前指认）

（三）理解水果的剖面

P6～7 提问："把水果切开，你们还认识它们吗？"

出示水果剖面图，请幼儿利用图卡玩配对游戏。幼儿玩游戏后，展示第8～9页，揭示正确答案。

（四）认识水果的种子

P10～13 提问："水果果肉里面的小点点是什么？它们是水果的什么？"

（五）了解水果的生长方式

（六）了解水果的味道

提问："你们喜欢吃什么味道的水果？"鼓励幼儿完整表达，如"我喜欢吃甜甜的苹果。"

三、结束部分

幼儿完整欣赏绘本内容。

活动延伸：可以把图片投放在图书区供幼儿认知。

活动二

科学领域：好吃的糖葫芦

活动目标：

1. 能手口一致地点数 5 以内的物体。

2. 通过动手体验感知和区分水果的大小、多少等量的特点。

3. 知道多种水果的名称，喜欢吃水果。

活动准备：

经验准备：幼儿之前集体品尝过糖葫芦，了解糖葫芦的制作方法。

材料准备：切好的各种水果，盘子若干，竹签，食堂阿姨熬糖，糖葫芦一串。

活动过程：

一、开始部分

出示糖葫芦实物，激发幼儿的兴趣。

二、基本部分

1. 导语："你们吃过那么多种用水果做的糖葫芦，快看看我这串糖葫芦上都有哪些水果？咱们数一数一共有多少个水果吧，数的时候要指一个数一个。"幼儿一起跟随老师用手指点数，"这串糖葫芦一共有×个水果宝宝，这么好吃的糖葫芦你们想不想亲手穿一串呀？"

2. 教师镜面示范。

导语："我们先看看老师给小朋友们准备了哪些好吃的水果？"请幼儿说出水果的名称。"穿水果宝宝的时候，用没有绑漂亮彩带的左手拿住水果宝宝，用你绑着漂亮彩带的右手握住竹签，用竹签的一头对准水果宝宝的中间，注意不要把竹签对着别人和自己，更不要扎到小手，要把竹签对着没有人的地方。"

3. 幼儿制作水果串。

导语："我的水果串穿好了，你们看，我都穿了哪些水果宝宝呀？我们一起数数有多少个水果吧。""你们也来穿一串吧，把你喜欢的水果宝宝都穿在你的小竹签上，不过在穿之前我们还要做一件什么事情呀？那我们先把小椅子送回家，然后去洗干净小手，轻轻地回到座位上穿水果串吧。"

4. 幼儿展示水果串。

导语："谁想给大家介绍一下你的水果串呢？"引导幼儿说一说都穿了哪些水果，共穿了几个水果。

5. 请食堂阿姨制作糖葫芦。

导语："食堂阿姨听说小朋友们要做糖葫芦，熬好了糖，来给水果串浇糖了。让阿姨给我们讲讲这么好吃的糖是用什么做的？怎么做糖葫芦呢？"

三、结束部分

品尝糖葫芦。

活动三

艺术领域：水果印画

活动目标：

1. 能尝试用苹果、香蕉、橙子、杨桃等水果的横截面进行拓印，初步感知印画的方法。

2. 感受水果印画的乐趣。

活动准备：苹果、柠檬、橙子、香蕉、梨、杨桃等水果，红、黄、蓝、绿色颜料，调色盘。

活动过程：

一、开始部分

出示 PPT，介绍各种水果。

教师："今天咱们班来了很多水果宝宝，我们一起来看一看它们都是谁？谁来说一说你最喜欢吃哪些蔬菜？"

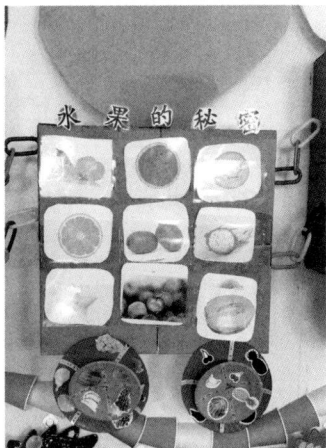

图 4-8

二、基本部分

1. 欣赏水果印画作品。

教师："今天老师带来了几幅漂亮的画，小朋友看一看画上都有什么？你来猜一猜它是用什么水果印出来的？"

2. 介绍印画材料及要求。

导语："这些好吃的水果不但很有营养，还有一个神奇的本领。谁想来猜一猜它有什么神奇的本领？"

教师："老师给小朋友准备了很多种水果和不同颜色的颜料，你可以装饰自己喜欢的水果宝宝，印完要把水果宝宝安安全全地送回家。"

3. 幼儿自主操作，教师巡回指导。（放轻音乐）

4. 展示作品，欣赏漂亮的桌布。

导语："你想把这张漂亮的桌布放在哪里呢?"

三、结束部分

导语："我们把制作好的作品晒干就可以用了!"

活动四

健康领域：小刺猬背果子

活动目标：

1. 在活动中能够练习两手屈膝着地爬和滚的技能。

2. 通过游戏能正确区分红、黄等各种颜色。

活动准备：小刺猬头饰若干、垫子、各种水果图片、果树、红、黄、橘黄三种颜色的小筐等。

活动过程：

一、开始部分

1. 教师和幼儿做热身运动，活动四肢。

2. 发给幼儿胸饰引出活动。

导语："宝宝们，天气越来越冷了，看来我们要出去捡一些水果过冬了，以前都是妈妈一个人出去捡，今天妈妈要请宝宝们一起去捡好吗?"

二、基本活动

1. 教师示范爬和滚的动作。

2. 幼儿练习爬和滚的动作。

3. 游戏"小刺猬背果子"。

刺猬妈妈带领小刺猬两手屈膝着地，一个接一个地爬过垫子，在有"苹果"的地方打个滚，"苹果"就粘在身上了，然后再爬回来，将粘在身上的"水果"取下来放在相应颜色的篮子里，如果取不到，可以请小伙伴帮忙（游戏反复进行）。

教师："老师当刺猬妈妈，你们当小刺猬，刚才刮大风，苹果树上落下许多苹果，（把背面贴有双面胶的'苹果'撒在地毯上）我们去把它运回来。"

三、活动结束

带幼儿一起收好活动材料抬着果子回家。

活动五

综合领域： 亲子活动——水果品尝会

活动目标：

1. 愿意感知各类水果并制作水果拼盘。

2. 喜欢吃各种水果，知道多吃水果可以让我们变健康。

活动准备：

1. 先同家长交流活动的内容，并让家长收集、设计水果拼盘的样式。

2. 家长带洗净的水果，水果刀一把，盘子、牙签、制作水果图片等。

图 4-9

活动过程：

一、开始部分

出示各种水果，引发幼儿兴趣。

导语："今天，老师和家长们带来了很多水果，我们看一看都有哪些水果？"

二、基本部分

1. 感知水果。分组观察水果，引导幼儿通过看一看、摸一摸、闻一闻来感受水果的色、香。

2. 集中交流讨论。鼓励幼儿把自己看到、摸到、闻到的感受告诉他人。

3. 水果拼盘比赛。

（1）讨论如何制作水果拼盘。

（2）亲子作水果拼盘（提醒幼儿用刀时要小心）。

（3）欣赏每组家庭制作的水果拼盘。

4. 讨论：水果还可以怎样吃？

小结：刚才小朋友说了这么多水果的吃法，在生活中小朋友也应该多吃水果，它里面有丰富的维生素，可以让我们变得更健康、漂亮，还能不生病。

三、结束部分

品尝水果拼盘。

主题小结：在此次主题活动中，幼儿通过充分地观察认识了不同种类的水果，还发现了水果的果皮、果肉、果核的区别，对颜色有了更深的认识。此次主题系列活动的设计与组织注重关注幼儿的兴趣，引导幼儿积极思考与大胆动手制作，有机地整合各领域的教育内容与要求。这在区域中较好地体现出来，如在自然角可以制作出很多的水果娃娃供幼儿欣赏，在艺术区提供超轻彩泥捏简单的水果，用水果切面拓印画，为水果轮廓图涂色，在玩具区提供水果的拼图，在图书区投放有关水果的图书。

教师：张丽娜　张爱民

主题三

主题名称：火我会小心

适宜年龄：4～5岁

主题由来：中班幼儿活泼好动，对周围的新鲜事物都充满了好奇，他们喜欢用多种感官去感知周围的事物，但孩子缺乏自我保护的意识和方法，这样幼儿就容易出现一些危险。《纲要》中也明确指出："要引导幼儿学会保护自己，在遇到危险时知道躲避，会呼喊求救。"因此根据幼儿的需要，我们开展了本次主题活动，让幼儿通过一系列的活动了解火的危害，知道一些防火逃生的方法，提高自我保护意识。

主题目标：

1. 了解生活中哪些是可燃物，提高幼儿的自我保护意识。

2. 认识一些消防标志，培养幼儿从小树立提高消防意识。

3. 引导幼儿知道遇到危险要呼救，了解一些安全自救的方法。

4. 通过参观消防中队了解消防队员的工作。

5. 鼓励幼儿表达自己的各种感受和想法，喜欢提问，积极回答问题。

主题网络图:

```
                              火-我
                             会小心
         ┌───────────────────────┼───────────────────────┐
     我发现的                参观房山                    着火了怎
     火孩子                  消防中队                    么办
     (社会                   (社会                      (健康
     领域)                   领域)                      领域)
     ┌────┴────┐      ┌────────┼────────┐        ┌────────┼────────┐
  听话的    淘气的    消防车和   消防标志   观看消防    房内自救   消防演习   怎样拨打
  火孩子    火孩子    消防器材   我知道    叔叔演习                       火警电话
                         │                 │           │                     │
                      亲子制作          我是小小     高层逃生              情景练习:
                      消防车            消防员                            《正确拨
                         │                             │                 打119》
                      绘画:                          安全出口
                      消防车                          逃生
                                                       │
                                                     身上着火
```

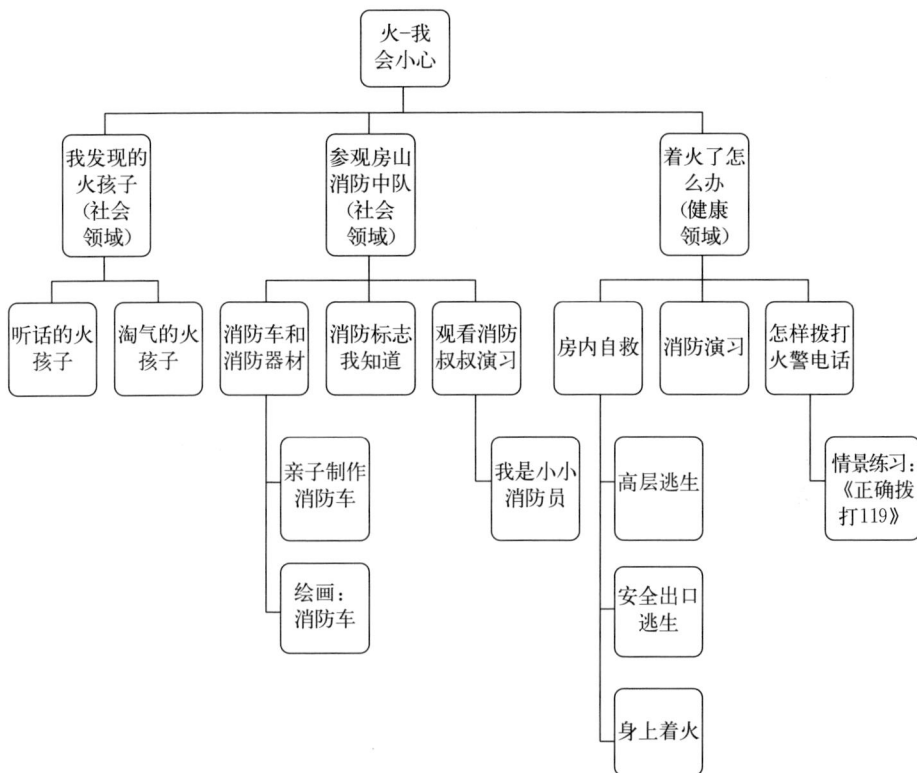

主题墙饰照片:

图 4-10

活动一

社会领域：我发现的火孩子

活动目标：

1. 能够结合生活经验，看一看、说一说对身边的火的认识，初步了解火的起源。

2. 了解火对人们的好处和危害，有初步的防火意识。

活动准备：火的图片、实物、火孩子（身着红裙子、头戴火焰头饰）、贴有防火标记的加油站、仓库图片、火灾录像一段。

活动过程：

一、开始部分

1. 出示火孩子，请小朋友看一看这是谁？从哪里看出来的？

2. 小朋友也收集了许多火的图片和实物，请小朋友来说一说自己从哪里找到了火。

图 4-11

二、基本部分

（一）提问："火有什么用？火可以帮助我们做什么事情？火有这么多用处，你们知道人类是怎样发现火的吗？"

小结：在很久很久以前，人们没有见过火，生活得很艰难。突然有一次森林着火了，人们发现被火烧死的动物很好吃，于是就把火保存下来。后来人们又发现钻木可以取火，两块石头撞击可以取火。有了火以后，人们用它来烤肉、照明、取暖、驱赶野兽，生活越来越好。人们也变得越来越聪明，现在火不仅可以帮人们做饭、烧水，还可以用来炼钢、发电、治病等。

（二）情境表演，火孩子上场

导语："你们好！我是火孩子。我的用处可大了，能发光、能发热，是你们生活中不可缺少的好伙伴。让我们到处走一走吧！"（孩子走到贴有防火标记的加油站、仓库前做害怕状）

三、结束部分

1. 认识火灾的危害，了解引起火灾的原因，树立防火意识。

提问："火娃娃为什么害怕这个牌子？你在哪儿看见过防火标记？火的用处这么大，为什么还要防火呢？"

2. 幼儿观看防火录像，了解火的危害。

小结：火孩子对我们有很多好处，但也有危害，所以小朋友千万不能玩火。

活动延伸：幼儿把收集来的图片进行分类：有益的火孩子和有害的火孩子，提高幼儿的安全意识。

活动二

社会领域：参观消防队

活动目标：

1. 参观消防中队，认识消防车及一些消防器材，了解一些防火逃生的方法。

2. 激发对消防员叔叔的敬佩、热爱之情，增强防火意识。

活动准备：

经验准备：幼儿需要问消防叔叔的问题。

物质准备：与消防大队取得联系，班车（准承载 40 人标准），卫生纸（3 卷）。

活动过程：

一、开始部分

1. 出发前对幼儿进行安全教育，跟紧老师，在车上不把手、头伸出窗外。

2. 清点幼儿人数，排队下楼，安排好幼儿在车上的位置。

二、基本部分

1. 参观消防车，请消防员叔叔介绍消防车上有

图 4 - 12

什么？以及各部位的作用？

2. 消防员介绍消防装备及消防服，幼儿可以试一试他们的设备，穿一穿他们的衣服，感受消防员的伟大。

3. 向消防员提问：云梯是什么？消防员会救火，还会干什么？如果着火了应该怎样报火警？消防车为什么是红色的？

4. 参观消防员的宿舍。

三、结束部分

1. 给消防员表演节目，送礼物，合影留念。

2. 清点人数，坐车原路返回。

活动三

健康领域：着火了怎么办

活动目标：

1. 了解基本的消防知识，知道火灾中简单的自救方法。

2. 树立防火意识，知道不玩火。

活动准备：

经验准备：幼儿积累了一些安全防火的知识经验，知道自己家的住址。

物质准备：童易软件（图书着火和楼房着火以及一些自救方法的动画）、电视、消防车声音。

活动过程：

一、开始部分

提问："孩子们，如果火烧着了你心爱的书，你该怎么办？"

鼓励幼儿大胆发表自己的看法，教师利用图片的形式记录幼儿的回答。

二、基本部分

1. 播放楼房着火的视频，讨论楼房着大火了怎么办？楼房里都是烟，你会怎么做？

鼓励幼儿根据自己的经验积极回答问题，初步了解防火逃生的方法。

小结：生活离不开火，万一发生火灾是很可怕的事情，小朋友千万不能玩火，要是真的遇到火灾，我们可以运用正确的方法让自己得救。

2. 播放着火的视频，引导幼儿讨论，并尝试使用一些方法进行自救，让幼儿了解防火逃生的方法。

（1）室内逃生：房间着火了我们该怎么办？

（2）身上着火：小朋友身上着火了，该怎么办？

（3）安全出口逃生：发生火灾了，我们可以坐电梯吗？为什么？可以从哪里逃出去？

（4）开窗求救：如果着火了电话打不通，你该怎么办？

（5）高楼逃生：着火了在这么高的楼上你该怎么办？

小结：播放 PPT，利用儿歌巩固防火逃生的方法。

三、结束部分

播放报警声音，带领幼儿进行消防演习活动。

活动四

科学领域：你家住几楼

活动目标：

1. 理解 7 以内的序数，并从不同角度准确感知物体在序列中的位置。

2. 初步了解日常生活中门牌号码的作用。

3. 能够在数学活动中进行探索学习，感受成功的快乐。

活动准备：有七间房子的平房一座，在每间房里分别贴好七种小动物的图片，七张动物图片后面写好 1～7 的数字；七层高的楼房一座，每层一间房；七层高的楼房一座，每层四间房，其中一间里贴好教师的照片；幼儿学具：1～7 的数字卡 30 份、空白卡片（后面贴好双面胶，30 张），写好门牌号码的大卡片（1 张）。

活动过程：

一、开始部分

导语："今天森林里的小动物们都很高兴，因为它们都搬新家了，现在我们就一起去小动物的新家看看。"

二、基本部分

（一）游戏"小动物们的新家"

理解 7 以内的序数，从左往右出示七间房子的平房图片。

1. 提问："这幢房子里一共有几个房间？（带领幼儿一起点数）这七个房间里分别住着七只小动物，你们想知道都是谁吗？"

2. 出示动物图片，图片后面有相应数字。如"小兔子住在从左往右数的第一间房子里，是哪一间呢？"请幼儿上来找，并敲开房门，检验结果。（用同样的方法逐一敲开房门，发现里面的小动物）

图 4-13

（二）游戏"你家住几楼"，继续理解 7 以内的序数（从下往上）

1. 导语："刚才我们到小动物的家里去看了看，老师也想到你们家去做客，你们欢迎吗？那你们要先告诉老师你家住在几楼？"

2.（出示七层楼的高楼图片）教师："这是一幢高楼，一共有几层呢？"（带领幼儿一起点数）

3. 出示写好 1～7 的数字卡片，请幼儿拿出自己所住楼层的数字卡片，并贴在相应的楼层里。

（三）游戏"找找我的家"

出示七层高的楼房，每层四间房子。

1. 提问："你们想不想到老师家去做客呢？这幢房子和刚才那幢房子有什么不同？"（带领幼儿一起点数楼层数及每层的房间数，注意从下往上、从左往右数）

2.（出示写有房号的卡片）教师："这是老师家的门牌号码，你们能找到老师的家吗？"

3. 小结：门牌号码的第一个数字代表的是第几层，后面的数字代表的是第几间，如 702 就是第七层的第二间。所以，如果我们想到别人家去做客，就要问清楚他家的门牌号码，这样我们很快就能找到他的家了。

三、结束部分

幼儿拿着自己的照片贴到自己家的门牌号码上，请小朋友互相检查。（巩固从不同角度确定物体在序列中的位置）

活动五

健康领域：消防演习

活动目标：

1. 通过消防演习，了解一些防火逃生的方法。

2. 熟悉幼儿园的防火逃生路线，提高自我保护意识。

活动准备：湿毛巾（30 块）、畅通的消防通道、警报声、请专业人士现场灭火。

活动过程：

一、开始部分

（一）幼儿自由活动，警报声起。

（二）导语："孩子们，警报响了，大家不要慌张，一定要听从老师的安排。"

二、基本部分

1. 教师组织幼儿迅速撤离活动室，沿安全逃生路线疏散。

图 4 - 14

（1）幼儿用湿毛巾捂住口鼻，排成 1～2 排，低下身子，沿墙角有秩序地撤离。

（2）教师提示幼儿逃生时不抢道、不惊慌，一个跟着一个走。

（3）教师组织幼儿有序撤离，带班老师在前、保育员在中间、配班老师在后，不许漏下一名幼儿。

2. 幼儿撤到大操场，清点并报告人数，组织幼儿有序排成两路纵队。

三、结束部分

1. 消防员介绍防火逃生的方法及注意事项。

2. 观看消防员叔叔灭火，利用灭火毯现场灭火。

小结：大火非常危险，教育小朋友不要玩火，如果着火了也不要慌张，可以利用我们学到的本领赶快逃生。

附：消防儿歌

小朋友们不玩火，

发生火灾不要慌。

烟大快把口鼻捂，

乘坐电梯不安全，

报警拨打 119，

消防员来保安全。

主题小结：《指南》的教育建议里明确指出："帮助幼儿了解周围环境中不安全的事物，不做危险的事，认识常见的安全标志。教给幼儿简单的自救和求救的方法。"在本次主题里，通过幼儿园、家庭、社区的大力结合，以及丰富的集体活动和区域活动的开展，使幼儿了解了火的来源，知道了火对人们的好处和危害，同时通过参观消防中队和消防演习等活动，使幼儿了解了一些防火逃生的方法，提高了幼儿的安全意识和自我保护能力。

本次主题活动可以融合艺术区设计消防车，在观察认识消防车的基础上，鼓励幼儿大胆设计消防车。还可以设计消防标志，在认识一些常见的消防标志的基础上，给幼儿园及班级周边环境设计消防标志，并请幼儿自己把设计的消防标志张贴到需要的位置上。在家庭区投放消防服装、消防器材，制作消防车，激发幼儿玩"消防灭火"的游戏，在这一过程中渗透幼儿对家庭住址、电话号码以及正确拨打火警电话的认识，同时了解一些消防知识。

教师：陈大翠　李晓玉

主题四

主题名称：宝贝爱运动

适宜年龄：4～5 岁

主题由来：幼儿对《国王生病了》很感兴趣，通过学习绘本，幼儿知道了多运动有益身体健康。《指南》中也指出"发育良好的身体、愉悦的情绪、强健的体质、协调的动作、良好的生活习惯和基本生活能力是幼儿身心健康的重要标志，既是其他领域发展的基础，也是适宜社会生活必备的基本能力。幼儿阶段正是动作发展的重要时期。"结合班级幼儿的实际情况，教师设计了本次主题。

主题目标：

1. 尝试在跑、跳、钻、爬等各项运动中，提高自己的平衡能力、动作协调能力和灵敏度。

2. 在户外运动时，能和同伴轮流分享与初步合作。

3. 能够利用图画和符号来制定自己的运动计划，并能基本完整地讲述出来。

4. 能够简单地调查和收集信息，并用自己喜欢的方式表示出来。

5. 喜欢参加各项户外运动，感受运动的快乐。

主题网络图：

```
                              宝贝爱运动
      ┌──────────┬──────────┬─────────────┬──────────────┐
  语言领域：  科学领域：  健康领域：    科学领域：      健康领域：
  国王病      我知道的    我参加的      我的运动        明星拍
  好了        各种运动    各种运动      计划            球赛
  ┌────┬──┐  ┌────┬────┐  ┌────┬────┬────┐  ┌────┬────┐
国王为什 国王为什 幼儿园里 幼儿园  班级运动 我的每日 中四班计 赛前准备 精彩瞬间
么生病了 么病好了 运动    外的运动 计划表   计划    划星级表
```

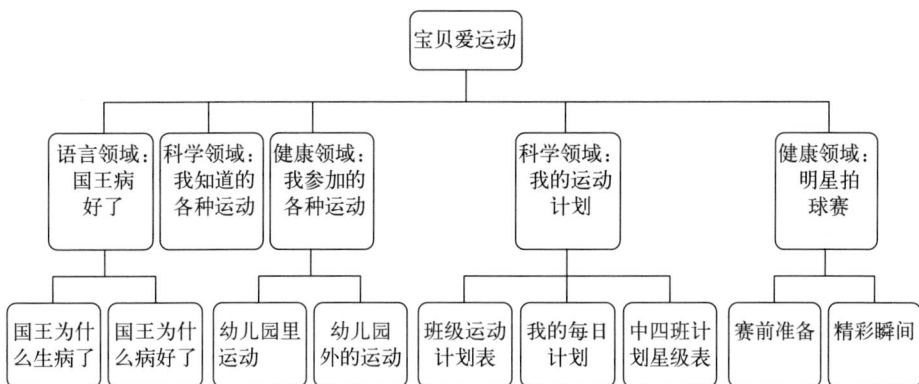

主题墙饰照片：

图 4 - 15

活动一

语言领域： 国王生病了

活动目标：

1. 观察绘本的画面，初步读懂图画书的故事情节与内容。

2. 了解运动有益于身体健康，理解运动和健康的联系。

活动准备： 绘本《国王生病了》、幼儿用书人手一本。

活动过程：

一、开始部分

出示图书《国王生病了》，观察封面，激发幼儿兴趣。

教师："今天老师给小朋友带来了一本书，我们来一起观察一下书的封面，看看封面上有些什么？"

二、基本部分

（一）幼儿自主阅读图书

教师："请小朋友认真阅读图书，看看书中发生了什么事？"

（二）教师带领幼儿集体阅读

教师："我们一起看看图书里发生了什么事？"

（三）讨论：国王为什么生病了？国王为什么病好了？

三、结束部分

请幼儿再次阅读绘本。

活动二

艺术领域：运动小人

活动目标：

1. 尝试利用多种方式，如捏泥、手工制作、绘画来表现自己喜欢的运动项目。

2. 能主动参与美术活动，感受创作带来的快乐。

活动准备：奥运会视频、运动项目图片、轻音乐、纸笔、彩泥、低结构的材料（毛根、扣子等）。

活动过程：

一、开始部分

播放运动项目视频，激发幼儿兴趣。

教师："请小朋友欣赏一段运动项目的视频，看看和小朋友平时做的运动有什么不同？"

二、基本部分

（一）观察运动项目图片

教师："这里有几张运动项目的图片，你喜欢哪个运动项目？为什么？"

（二）幼儿自主创作

教师："请选择一个你喜欢的运动项目，用你喜欢的方式表现出来。"

教师介绍各种工具和材料，鼓励幼儿自主的选择不同材料进行创作，教师指导。（图片和背景音乐）

（三）展示作品

幼儿和同伴介绍自己的作品。

三、结束部分

播放音乐，幼儿拿着作品集体展示。

活动三

科学领域： 运动计划表

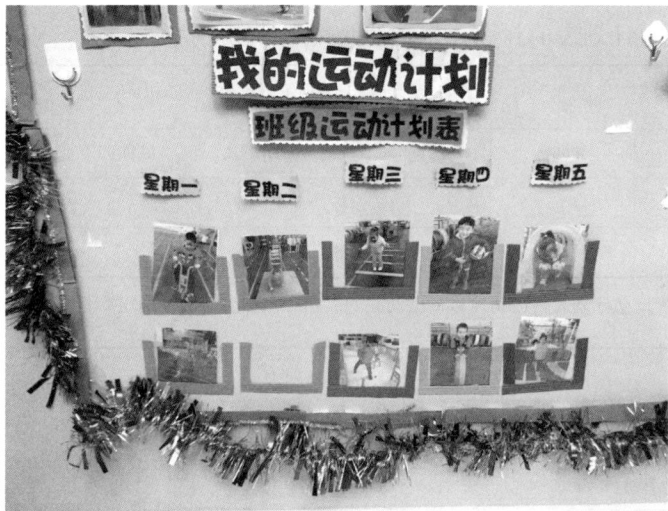

图 4 - 16

活动目标：

1. 认识班级运动计划表和理解运动计划表的制作方法。

2. 能够利用图画和符号，尝试制定幼儿运动计划表。

活动准备： 班级计划表照片、幼儿计划表。

活动过程：

一、开始部分

出示班级运动计划表。

教师："你最喜欢哪个运动项目？它在星期几？上午还是下午？"

二、基本部分

（一）认识幼儿运动计划表

教师向幼儿介绍计划表的填写方法。

（二）设计幼儿运动计划表

1. 在班级运动计划表中选择自己喜欢的运动。

2. 把自己喜欢的运动项目画在计划表里，然后在时间处备注星期几，上午还是下午。

教师："你可以用画图和符号来表示自己的计划。"

（三）幼儿操作，教师进行指导。

（四）幼儿分享自己的计划表。

教师："请小朋友说一说你的计划是什么？它在哪一天？"

备注：请幼儿将制定好的计划表按时间挂在主题墙上。

三、结束部分

装饰设计计划表的封面，鼓励幼儿按照计划去执行。

班级运动计划表

	星期一	星期二	星期三	星期四	星期五
上午					
下午					

备注：班级运动计划表，运动项目根据幼儿的兴趣和班级实际情况确定。

幼儿运动计划表

时间	
运动项目	
完成情况	

备注：教师根据幼儿的完成情况画星星，星星的数量是依据"星级表"决定的。"星级表"是教师和幼儿共同讨论出来的。一星：按照计划主动参与；二星：能够基本完成项目；三星：能够不断尝试不放弃；四星：能够顺利完成；五星：顺利完成并愿意帮助同伴。

活动四

健康领域：运动安全我知道

活动目标：

1. 知道运动前和运动后的一些准备和放松活动。

2. 在运动中能够有初步的自我保护意识。

活动准备：纸、笔、记录表。

活动过程：

一、开始部分

讨论：每次户外活动前我们都做了哪些事？运动结束后做了哪些事？运动中我们需要注意什么？

二、基本部分

（一）幼儿自主分组进行讨论

每组有一位教师组织幼儿继续讨论。

（二）将讨论结果记录下来。

教师："请小朋友把刚才讨论的结果画出来。"

（三）集体分享并讨论设计结果。

（四）幼儿结合其他组的建议再次调整。

三、结束部分

集体展示。

将三组结果制作成墙饰，小朋友们每次去户外前可以看一看，增强自我保护意识。

活动五

艺术领域：设计计划表封面

活动目标：

1. 能够自主选择自己需要的材料设计自己的计划表封面。

2. 体验自己亲手制作计划表的快乐。

活动准备：封面图片、半张 A4 纸（每人一张）、彩笔 8 盒、油画棒 8 盒、各种颜色的毛球一盒、各种颜色的毛线、彩泥、乳胶、剪刀、扣子等低结构的材料。

活动过程：

一、开始部分

出示幼儿的运动计划表。

教师："小朋友们，计划表和平时我们看的图书有什么不一样？"

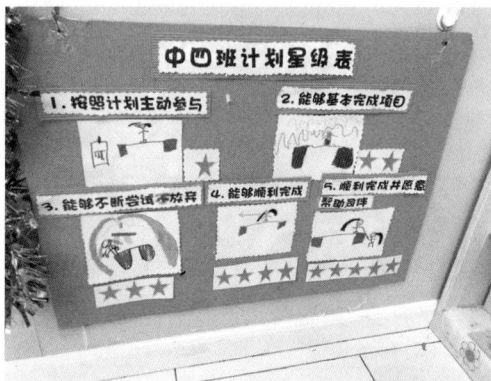

图 4－17

二、基本部分

（一）欣赏封面图片

教师："这些封面是什么样子的，上面有什么？"

（二）设计我的封面

教师："你想用什么方法让自己的封面变漂亮？"

（三）幼儿动手操作

幼儿用自己喜欢的方式设计封面，教师进行个别指导，提示幼儿使用工具安全。

三、结束部分

集体分享幼儿设计的封面。

活动六

健康领域：拍球小达人

活动目标：

1. 能够在拍球的运动中提高自己的平衡能力。

2. 喜欢参加各项户外运动，感受运动的快乐。

活动准备：音乐、球、垫子、轮胎、油桶。

活动过程：

图 4-18

一、开始部分

听音乐做准备活动。教师带领幼儿活动全身，重点活动四肢。

二、基本部分

（一）幼儿自主探索拍球的方法

（二）拍球接力赛

教师："请你们分成四组排好队，拍球前进到终点后返回交给下一个小朋友。看看那哪组完成的速度快。"

（三）根据幼儿游戏情况，增加一些障碍物。

教师："一会在道路上会有一些障碍，眼睛看前面，一定要注意安全。"

三、结束部分

幼儿听音乐放松。

主题小结：通过主题活动"宝贝爱运动"的开展，幼儿知道了运动的重要性，了解了运动会让我们更健康。在跑、跳、钻、爬等各项运动中，幼儿在自己原有的基础上均有所提高。幼儿在运动中愿意和同伴轮流、分享与初步合作。教师收集幼儿参与运动的照片，把照片制作成图书投放在图书区里。在艺术区投放彩泥和低结构的材料，支持幼儿制作运动小人和运动会奖品。整个主题开展下来，幼儿获得了多领域的发展。

教师：侯梦涵 李悦

主题五

主题名称：保护牙齿

适宜年龄：5～6 岁

主题由来：5～6 岁是幼儿的换牙期，进入大班后，班级很多幼儿开始换牙了，他们经常在一起讨论关于牙齿的问题，幼儿因为没有换过牙，对牙齿产生了浓厚的兴趣，同时龋齿问题在我们幼儿中也比较普遍，而且有些家长向我们反映，进入大班后，许多幼儿以掉牙牙疼为理由早晚开始不刷牙，或刷牙的时候不认真。《指南》指出"要培养幼儿每天刷牙，饭前便后主动洗手，方法正确"。

主题目标：

1. 了解牙齿的基本结构，学会正确咀嚼，不咬坚硬的东西，知道保护牙齿的重要性。

2. 了解龋齿的形成原因和危害，掌握保护牙齿的小常识，并能够与同伴分享经验。

3. 知道正确刷牙的方法，能够主动的早晚刷牙和饭后漱口，养成良好的卫生习惯。

4. 能够积极探索，在探索中了解一些生活小知识。

5.能利用绘画、讲解、念儿歌等多种形式，将自己知道的护牙常识传播给全园的小朋友。

主题网络图：

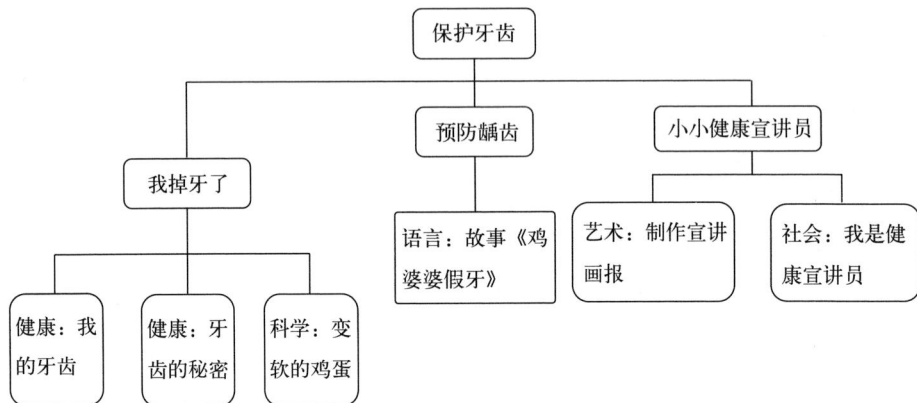

主题墙饰照片：

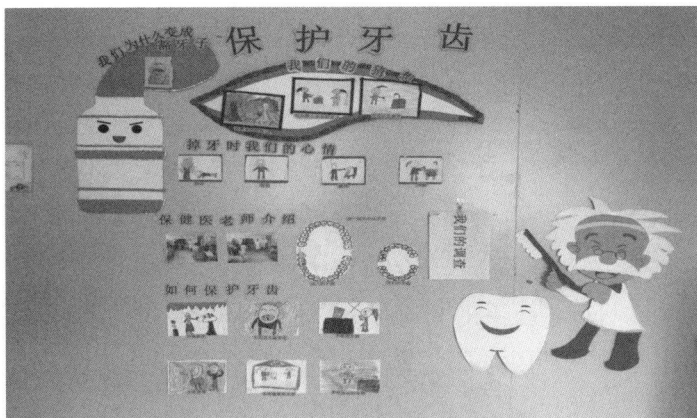

图 4-19

活动一

健康领域： 我的牙齿

活动目标：

1.知道不同牙齿的名称以及牙齿的用途。

2. 知道正确刷牙的方法，能够主动早晚刷牙，养成良好的卫生习惯。

活动准备：小镜子和苹果若干。

活动过程：

一、开始部分

以谜语引入主题，激发幼儿兴趣。

教师："小小石头硬又白，整整齐齐排两排，天天早起刷干净，结结实实不爱坏。你们猜一猜是什么？"

二、基本部分

（一）幼儿用镜子照一照自己的小牙，将观察结果记录到纸上

教师："小朋友们，你们每个人有一把小镜子，你们数一数自己一共有多少颗牙齿？每一颗牙是什么形状的？然后把结果记录在记录纸上。"

（二）播放视频，介绍各种牙的名称及其作用

教师："你们记录了这么多的牙齿，那你们知道每种牙的名称吗？"

（三）幼儿通过体验感受不同牙的作用

教师："你们都知道了小牙的名字，那你知道这些牙的用途吗？今天老师给每一个小朋友准备了一块苹果，你们来感受一下，不同的牙在吃苹果的时候起到了什么作用？"

三、结束部分

教师和幼儿一起讨论保护牙齿的好方法和刷牙的正确方法。

教师："我们的小牙这么重要，我们应该怎样保护它呢？"

活动二

健康领域：掉牙的秘密

活动目标：

1. 知道掉牙的原因，能够利用正确的方法保护牙齿。

2. 在活动中能够大胆表述自己调查的结果，体会分享的快乐。

活动准备：幼儿掉牙后的牙齿图片、掉牙原因的视频、牙模型。

活动过程：

一、开始部分

出示幼儿掉牙后牙齿的图片，激发幼儿的兴趣。

教师："最近咱们班的小朋友遇到了一个问题，我们来看看是什么问题。"

二、基本部分

1. 幼儿通过调查了解掉牙的原因，并愿意保护牙齿。

教师："周末的时候，我给小朋友们布置了一个小任务，请你们回家和爸

爸妈妈一起调查一下掉牙的原因，谁来说一说你的调查结果。"

2. 利用视频向幼儿科学地介绍掉牙的原因。

教师："小朋友们调查的很清楚，现在我们看一个小视频，视频中的医生会更专业地给我们介绍掉牙的原因。"

3. 讨论掉牙后如何保护自己的牙齿。

教师："我们的牙齿掉了，其他牙齿会变得非常脆弱，那你知道有什么保护牙齿的好办法吗?"

4. 保健医向幼儿讲述掉牙后保护牙齿的好办法。幼儿可以向保健医提出自己关心的问题。

三、结束部分

教师："小朋友们，保健医帮我们解决了这么多问题，你们记清楚了吗?"

总结：牙齿的名称和掉牙的顺序，保护牙齿的方法。

活动三

语言领域：鸡婆婆找牙（第二次活动）

活动目标：

1. 在理解故事的基础上尝试运用语言、肢体动作、表情、道具进行表演。

2. 通过故事表演，知道保护牙齿的重要性。

3. 喜欢参与故事表演活动，体验活动的乐趣。

准备材料：

经验准备：能够复述故事的大致内容，并设计出自己的演出剧本。

物质准备：剧本、故事头饰、手指偶、用低结构的材料制作的小河、房子等。

活动过程：

一、开始部分

出示图片，回忆故事内容。

教师："前两天我们一起学习了一个故事，谁还记得故事的名字是什么?故事中都有谁? 鸡婆婆为什么说不清话?"

二、基本部分

（一）出示剧本，共同复习故事内容

教师："今天老师把这个故事带来了，我们一起来看着咱们设计的剧本讲一讲吧!"

（二）故事表演

教师："老师为小朋友们准备了道具，你们需要哪些道具就可以来拿。排练过程中要注意分工合作，当小朋友们听见音乐响起来的时候，就要轻轻地回到座位上准备好集体展示。"

（三）小组集中分享

教师："我们每个小组都表演完了，你觉得他们哪里演得好？你们在表演过程中遇到了什么问题？"

（四）投票选举最佳的表演组

教师："小朋友们演得都很好，那我们投票来选一选你觉得最好的小组。"

三、结束部分

教师和幼儿小结保护牙齿的方法。

活动四

科学领域：变软的鸡蛋

活动目标：

1. 通过探索醋腐蚀鸡蛋壳的实验了解龋齿形成的原因。

2. 在活动中感知探索的快乐。

活动准备：白水、酒精、白醋、鸡蛋。

活动过程：

一、开始部分

教师出示鸡蛋和变软的鸡蛋，激发幼儿的兴趣。

教师："我们来猜一猜鸡蛋是怎样变软的？"

二、基本部分

（一）出示三种溶液（白水、酒精、白醋）

教师："你们猜一猜这三种液体分别是什么？"

（二）幼儿猜想并自由操作

教师："这里有一种液体可以使鸡蛋变软，你们来猜一猜是哪一种，为什么？"

（三）幼儿分享自己实验的结果

（四）教师说明原因，引导幼儿保护牙齿

教师："醋是酸性的，鸡蛋的外壳是碳酸钙，酸能腐蚀钙，慢慢就把钙变软了。我们牙齿的主要成分也是钙，如果我们吃东西后不漱口、不刷牙，东西就会慢慢变成酸性物质，进而腐蚀我们的牙齿。"

三、结束部分

回忆正确刷牙的方式。

教师："我们要保护我们的牙齿，做到每天早晚都刷牙。"

活动五

艺术领域：制作宣讲画报

活动目标：

1. 可以运用绘画或粘贴的美术手段表现要宣讲的内容。

2. 在活动中可以大胆地创造，感受制作的乐趣。

活动准备：幼儿宣传画报若干，彩纸和白纸若干，各种图片若干。

活动过程：

一、开始部分

教师布置任务，激发幼儿的兴趣。

教师："今天我要去小班当健康宣讲员，宣讲一些保护牙齿的好办法，让小班的弟弟妹妹也像我们一样，知道保护牙齿的方法。你们想不想和我们一起去？"

二、基本部分

（一）教师和幼儿共同回忆保护牙齿的好办法

教师："我们来说一说保护牙齿的好办法。"

（二）明确宣传画报的内容及形式

教师："今天我带了几张宣传画报，你们来看看画报上有什么内容？"

（三）制作宣传画报

教师："现在你们可以利用绘画或粘贴图片的形式来制作宣传画报。"

（四）分享我的宣讲画报

教师："谁来讲一讲你的画报的内容？"

三、结束部分

教师幼儿一起将制作的宣传画报制作成宣传板。

活动六

社会领域：我是健康宣讲员

活动目标：

1. 在活动中通过讨论明确自己的任务，有始有终，有初步的社会责任感。

2. 能够友好地与他人交往，体验分享的快乐。

活动准备：

经验准备：有过宣讲的经验。

物质准备：宣传板、小麦克风。

活动过程：

一、开始部分

共同讨论宣讲员的任务和规则。

教师："在宣讲的时候需要注意些什么问题呢？"

小结：宣讲的时候要注意声音洪亮，把内容说清楚，要有礼貌等。

二、基本部分

（一）幼儿分组做计划

教师："我们要分成几个小组，你们先自由分组，然后分工，最后根据自己的分工来做计划。"

（二）幼儿做计划表

教师："宣讲之前要分工，有运宣传板的，有扶着宣传板的，有宣传员，还可以有主持人，你们自己来自由选择。"

图 4 - 20

（三）各组说一说自己的计划

教师："来说一说你们的分工和具体负责的任务。"

（四）各小组去宣讲保护牙齿的好方法

三、结束部分

说一说自己宣讲后的感受。

主题小结： 本次主题来源于幼儿的生活，进入大班后，幼儿开始换牙，我们抓住了这个契机，把幼儿关心和身边的问题生成了主题。在主题开展的过程中，教师根据幼儿的兴趣在科学区开展了"醋泡鸡蛋"的小实验，通过实验幼儿了解了保护牙齿的重要性。在家庭区开展了口腔医院的活动，幼儿在游戏中扮演小医生，这样不仅让幼儿了解了牙齿的结构，还可以宣传保护牙齿的方法。

幼儿在主题开展过程中不仅了解了换牙的常识和保护牙齿的好办法，并且能够把这些常识和知识宣传给更多的人，让更多的人了解保护牙齿的好方法。在此过程中，幼儿不仅发展了语言表达能力，还有了初步的社会责任感。

教师：马惠莹 苏佳

主题六

主题名称： 我是安全小卫士

适合年龄：5～6岁

主题由来：幼儿园的孩子年龄小，缺乏安全知识。尤其是大班幼儿，感觉自己长大了，各方面都很灵活了，反而对安全掉以轻心，安全事故就会随之而来。《纲要》中指出："要为幼儿提供健康、丰富的学习和生活活动，满足幼儿各方面发展的需要，要让幼儿知道必要的安全保健知识，学习保护自己。"由于幼儿升入大班后人数较多，出现安全隐患的几率也就越高。如上下楼梯时有些幼儿会出现奔跑、推挤现象，户外攀爬时还会打闹。因此我设计了"安全小卫士"这一主题活动。

主题目标：

1. 认识常见的安全标志，知道简单的自救方法。

2. 能够大胆、主动、连续地表述自己的愿望，喜欢与别人讨论。

3. 理解和掌握必要的公共规则，初步做到遵守公共规则并尝试自己解决问题。

4. 知道危险给人们带来的后果和安全的重要性。

主题网络图：

```
                    我是安全
                     小卫士
          ┌────────────┼──────────────┐
    升班后要       我是安全        我的宣讲
    注意的事        宣讲人          计划
        │             │        ┌──────┼──────┐
    危险的东西     消防安全    我是安全小   小心陌生人   会说话的安
    不要碰（艺术   我知道（健康  卫士（综合   （综合活动）  全标志（社会
    领域）         领域）       活动）                  领域）
```

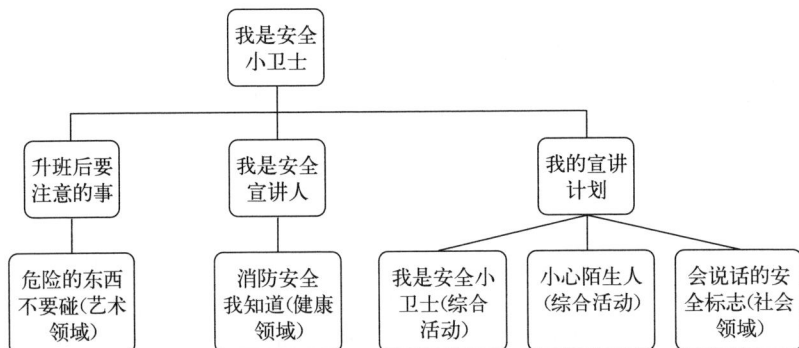

主题墙饰照片：

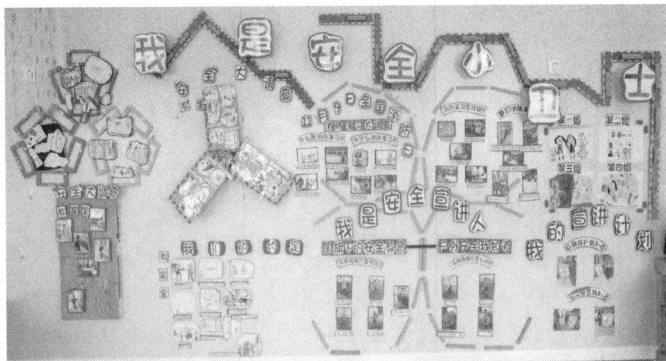

图 4-21

活动一

健康领域： 消防安全我知道

活动目标：

1. 初步掌握几种自救逃生的方法及技能，提高自我保护能力。

2. 在生活中有解决问题的意识及能力。

3. 遇到火灾知道拨打 119 求救电话。

图 4 - 22

活动准备：

经验准备：对 119 消防日有所了解，积累了一定安全防火的知识经验，知道遇到火灾时简单的自护方法。

物质准备：消防标志一个，毛巾人手一块，火灾逃生视频，儿歌视频。

活动过程：

一、开始部分

观看 PPT，感受火灾带来的危害。

1. 通过观看 PPT，幼儿分组讨论火灾的危害。

小结：发生火灾时火势会非常凶猛，不仅会把所有的东西都烧光，甚至人也可能会被烧死，非常可怕。

2. 幼儿通过讨论说出预防火灾的方法。

小结：我们不能随便玩火，不能随地乱丢烟头，不能随便燃放烟花爆竹，不玩插座、插头和电线等危险的东西。

二、基本部分

（一）遇到火灾怎么办？

观看视频。幼儿分组讨论遇到火灾应该怎么办，并请其中的一名幼儿记录并分享。

小结：在火灾逃生过程中，首先要沉着冷静，用湿毛巾捂住嘴巴，弯腰沿着安全通道有秩序地撤离到安全的位置，之后要拨打 119 报警电话，一定要明确地说清自己所在的位置和火源的大小，还要说清楚自己的姓名和电话号码等。

（二）消防演习

导语："刚才我们学习了这么多的消防知识，那如果真的发生火灾，我们能不能用好学到的知识呢？今天就是 11 月 9 日全国消防日，我们来进行一次消防演习，看一看当火灾发生的时候，我们的小朋友们是怎么面对的。"

1. 待警报声响起后，幼儿人手一块湿毛巾，有秩序地逃离到安全位置。

2. 到达位置后，教师清点人数，安全人员介绍灭火器的使用方法并进行演示。

3. 教师在活动中观察幼儿的表现，发现问题，等到结束后进行讨论。

三、结束部分

导语："今天我们既学习了火灾逃生的知识，又进行了消防演习。在消防演习的过程中，我们的小朋友表现得都非常棒，那我们今天回家以后可以把你学到的本领交给爸爸妈妈。"

活动二

艺术领域：危险的东西不要碰

活动目标：

1. 能初步掌握歌曲中的旋律，理解歌词含义。

2. 能在理解歌词的基础上进行创编，并乐意创编歌词。

3. 知道身边有哪些危险，并学会保护自己。

活动准备：音乐《三只小熊》、图片、黑板、记录板。

活动过程：

一、开始部分

1. 进场。幼儿随音乐做动作进入活动室。

2. 发声练习："小朋友你好，×老师您好！"

二、基本部分

（一）讲述歌曲情境，激发幼儿兴趣，并渗透歌曲内容

1. 出示图饰，教师范唱改编的《三只小熊》，幼儿通过观看图片理解歌词含义。

2. 幼儿再次边看图饰边唱歌曲，熟悉歌词和歌曲旋律。

3. 引出歌曲名字《危险的东西不要碰》，引导幼儿思考生活中还有哪些东西是危险的。

（二）幼儿自由分组讨论哪些东西很危险，会发生什么事

教师小结幼儿的记录，并选择有特色的幼儿作品展示在黑板上，引导幼儿唱自己所画的内容。

三、结束部分

导语："作为安全小卫士，我们要学会保护自己并提醒别人学会自我保护，所以今天老师要带你们到大二班，希望你们能将自己创编的歌曲唱给他们听，让他们也能知道危险的东西不要碰，好吗？"

活动三

综合领域：我是安全小卫士

活动目标：

1. 了解安全行为的重要性，初步建立自我保护的意识。

2. 能主动参与观察活动并表达自己的想法。

3. 体验合作带来的快乐。

活动准备：幼儿有初步的安全健康知识、记录板、摄像机、操作材料、笔。

活动过程：

一、开始部分

导语："孙悟空有一双火眼金睛，今天我们要进行一场'健康大比拼'，比比谁的眼睛才是火眼金睛。"

二、基本部分

（一）通过"健康大比拼"活动了解安全行为的重要性

1. 出示展板，请幼儿说一说户外活动中哪些是安全的，哪些是危险的。

2. 看图片，找找图片中不安全的行为。

3. 观看视频，进行"火眼金睛"游戏。

导语："下面我们来进行'火眼金睛'的游戏。游戏规则是观看一段视频，看看谁能以最快的速度从中找出不安全的行为。"

（二）分组活动

导语："经过刚才的活动，我们了解了安全设施和安全行为的重要性。现在让我们一起把了解的安全知识告诉全园的小朋友，我们可以有哪些宣传方法呢？"

1. 制作安全警示牌：设计安全警示标记并粘贴在幼儿园内的安全设施上。

2. 制作安全建议书：给幼儿园内的不安全设施提出改善建议，绘画成安

全建议书。

3. 安全小记者：请小记者采访客人老师，请客人老师谈一谈最关注的幼儿安全问题，并记录分享。

三、结束部分

颁发"安全小卫士"勋章。

导语："我们给每位小朋友颁发'安全小卫士'的勋章，并授予你们光荣的任务，请你们担当'安全小卫士'，在幼儿园里提醒小、中班的弟弟妹妹们注意安全，发现危险及时制止，让我们大家都安全、健康、快乐。"

活动四

综合活动：小心陌生人

活动目标：

1. 乐意参与集体讨论活动，大胆地表述自己的看法。

2. 通过回忆性、创造性地讲述和表演提高自我保护意识和能力。

活动准备：故事《白雪公主》、陌生人胸卡。

活动过程：

一、开始部分

观看录像，组织讨论。

导语："小朋友们，你们听过《白雪公主》的故事吗？现在我们来看一段小影片回忆一下吧。"

二、基本部分

（一）欣赏故事，学习生词"陌生人"

1. 播放的内容是白雪公主中的哪段故事？

2. 来敲门的人是谁？

3. 白雪公主为什么会昏倒？

4. 假如现在老师带你们去见白雪公主，你会对她说什么？

小结：小朋友们刚才说得都非常好，一个人独自在家时不能随便开门，不能随便相信不认识的人，不认识的人叫"陌生人"，要小心警惕"陌生人"。

（二）角色扮演，树立自我保护意识

1. 角色扮演，巩固安全知识。

提问："如果你一个人在家的时候有陌生人敲门，你会怎么办？"分别请幼儿上来表演，给陌生人贴上"陌生人"的胸卡。

2. 情景表演：快递员来送快递。

3. 应对策略：不答应陌生人的请求，不过多地与陌生人交谈，坚决不开门，有礼貌地谢绝。

三、结束部分

小结：颁发"安全"胸卡，在这个表演中，小朋友们表现得很出色，知道一个人在家不能给不认识的人开门，说什么也不开，自我防范意识很强哦。

活动五

综合活动：活动中的安全

活动目标：

1. 通过活动增强遵守活动规则的意识，远离不安全因素。

2. 寻找教室里的不安全因素，并贴上标记提醒同伴。

活动准备：图片、红色标记。

活动过程：

一、开始部分

导语："我们每天都会进行户外活动，今天我们请来了几位小朋友，一起来看一看他们在户外活动时发生了什么事？"

二、基本部分

（一）出示幼儿户外活动时的图片

导语："图中都有谁？他们在玩什么？你觉得他们这样玩好吗？也许会发生什么事？那你觉得应该怎么玩才不会发生这样的事呢？"

（二）寻找教室里不安全的因素

1. 导语："我们刚才看的是小朋友在外面活动时不安全的事情，其实，在我们的教室、睡眠室、盥洗室里都有许多不安全的地方，如班级里的桌椅，睡眠室的床，等等。"

2. 小朋友两两结伴去寻找教室里不安全的因素。

3. 找到不安全的地方后，为不安全的地方贴上红色警告标记，并进行分享。

小结：刚才，小朋友们找出了许多不安全的地方，并给它贴上了红色标记，下次小朋友看见这些红色标记的地方就要更加注意安全。

三、结束部分

指导其他班级的幼儿寻找班级中不安全的地方。

活动六

社会领域：会说话的安全标志

活动目标：

1. 探索学习安全标志，知道不玩火、电等危险物品，遵守交通规则。

2. 知道应该按照安全标志的要求行动才能既方便自己又不影响集体，培养自我保护意识和能力。

3. 愿意动手制作安全标志。

活动准备：

经验准备：幼儿收集安全标志。

物质准备：多媒体课件，交通安全、严禁烟火、当心触电、禁止触摸等内容的小故事，并配有相关的安全标志，画纸、水彩笔、剪刀等工具材料。

活动过程：

一、开始部分

导语："老师今天带来了几个标志，请你们看一看它们是什么标志。"

二、基本部分

（一）找安全标志

1. 幼儿观看多媒体课件，就其中的交通安全小故事讨论根据什么标志过马路。

2. 提出问题请幼儿思考：

①为什么要有这些安全标志？这些安全标志有什么用？

②除了马路上的安全标志，你还见过什么安全标志，在什么地方见过，它们表示什么意思？

3. 请幼儿继续观看多媒体课件并寻找有关的安全标志。

（二）议安全标志

1. 幼儿找出安全标志，并介绍这些标志的意思。

2. 讨论安全标志的用途。我们生活中为什么有这么多安全标志，它们有什么用途？小朋友想一想，如果没有这些安全标志行不行？为什么？

3. 没有安全标志的危害。

小结：每个人都生活在集体中，一定要按照安全标志上的要求行动才能既方便自己又不影响集体。

4. 游戏——看谁找得准。教师说出一种安全标志的名称，请幼儿迅速找出相应的安全标志卡片。

（三）设计安全标志

1. 我们班以及幼儿园的什么地方需要悬挂安全标志？请小朋友尝试动手设计和制作，让安全标志告诉我们在什么地方应该做什么事情。

2. 请小朋友介绍自己设计、制作的安全标志的内容和作用，并用简练的语言讲给大家听。

三、结束部分

幼儿在需要安全标志的地方悬挂上自己制作的安全标志，并继续探索相关的安全标志。

主题小结：通过开展本次主题活动，幼儿了解了安全的重要性，并初步建立自我保护意识。知道了遇到危险要打求救电话，了解了幼儿园和家里有哪些不安全的因素，并且可以把学到的本领宣传给爸爸妈妈和小、中班的弟弟妹妹们，如在玩具区电话连连看中，孩子们可以通过游戏的方式找到自己爸爸妈妈的电话，知道有问题要及时打电话给他们。在宣讲的过程中既锻炼了幼儿的语言表达能力，又发展了同伴间的合作协商能力，同时幼儿的规则意识也提高了，对今后的活动区游戏会有很大的帮助。

教师：杜思辰

第二节　心理健康活动

幼儿健康不单是身体健康，心理健康也同样重要，只有身体和心理同样健康才算是真正的健康，所以关注幼儿的内心世界也是尤为重要的。3～6岁儿童处在人格形成的关键期，可塑性强，心理上极不成熟，自我调节控制水平低，极易受环境等因素的影响。再加上父母对孩子生活上的关怀和呵护，缺少对孩子心理感受的关照，使孩子形成了胆怯、自卑、孤独、焦虑等不健康心理。他们在同伴中不合群，做事不自信，缺乏责任感和竞争意识，进而影响了孩子的整体发展。

从目前幼儿园的教育来看，德、智、体、美等教育中都包含着心理教育的内容和意义，我们不光要重视幼儿健康知识的掌握和身体素质的培养，还要从幼儿心理健康方面去研究。因此，幼儿园开展心理健康主题活动，使幼儿从小具有健康的心理素质是社会发展的需要，也是当前及未来教育的需要，也是人的发展的需要。

主题名称：开心速递

适宜年龄：4～5岁

主题由来：现在的孩子独生子女居多，受到家人的过度保护，处处以自我为中心，缺乏与他人合作、交往的机会，不能够关注他人的情绪情感。《指南》中指出："中班幼儿能关心他人的情感反应，出现初步的关心、同情反应，友好助人、合作行为明显增多。能够体验自己内在的心理活动、情绪情感和行为反应，能以他人的要求调控自己的行为，自制力开始发展。"由此，根据我班幼儿的特点与关注点开展本次主题活动。

主题目标：

1. 能关注他人的感受和需要，有初步的互助合作行为。

2. 能关注自己的情绪变化，会以合理的方式宣泄自己的情绪。

3. 能积极参加艺术活动，在活动中获得愉快、丰富的情绪体验。

4. 愿意与人交往，能表达自己的各种感受和想法。

5. 在日常生活和游戏中，能用适当的方式表达、交流探索的过程和结果。

主题网络图：

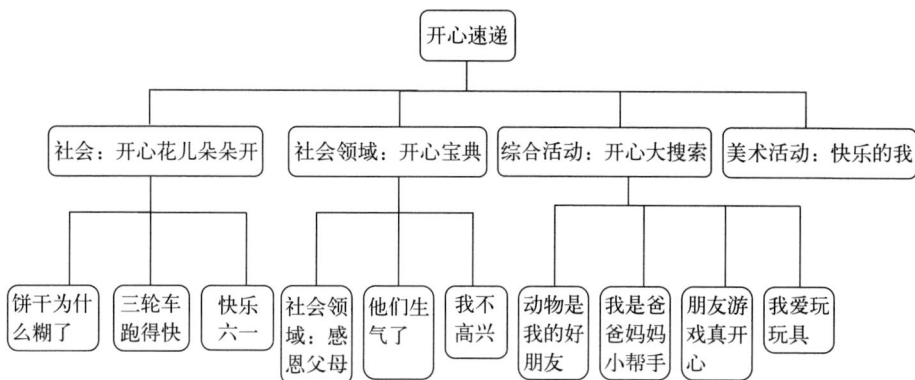

活动一

综合活动： 开心大搜索

活动目标：

1. 能够尝试用完整连贯的语言讲述自己的开心时刻。

2. 愿意把自己快乐的事情与他人分享，传递快乐。

活动准备：

经验准备：能够讲述照片中的事情以及开心的原因。

物质准备：搜集幼儿开心瞬间的照片、最喜欢的玩具。

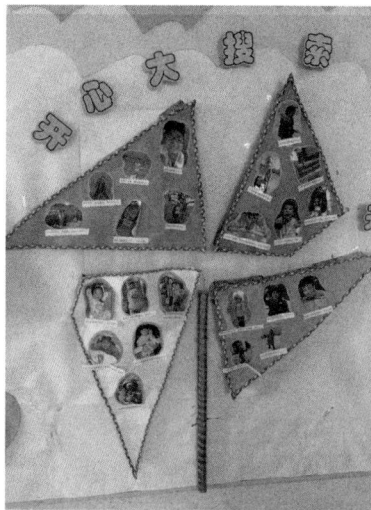

图 4-23

活动过程：

一、开始部分

出示照片与玩具，引出活动主题。

导语："今天小朋友们都带来了许多

照片和玩具，为什么要带这些玩具和照片呢？"

二、基本部分

（一）欣赏照片及玩具

导语："我们一起看看你们什么时候最开心？做什么事情最高兴？"

幼儿一起欣赏照片及玩具后，分享看到了什么。

（二）幼儿分享自己的开心时刻

请幼儿讲述照片中的故事或者玩具的故事。

请幼儿说一说为什么她这个时候最开心。然后教师进行小结，如家人在一起团聚、父母陪伴游戏、与小动物玩耍最开心等。

（三）快乐分享

请幼儿将快乐分享给别人，可以自由分组看照片，互讲照片故事，也可以分享玩具，一起拼搭。

三、结束部分

请幼儿讲述今天最开心的时刻，并说出原因。

活动二

社会领域：开心宝典

《指南》中指出：中班幼儿能够注意到别人的情绪，并有关心、体贴的表现。在教育建议中提示"要提醒幼儿注意别人的情绪，了解他们的需要，给予适当的关心和帮助"。因此我们在主题活动中开展了"开心宝典"的活动。从妈妈、爸爸、老师、好朋友和我五个角度思考让他人开心的好方法。在活动中，幼儿能

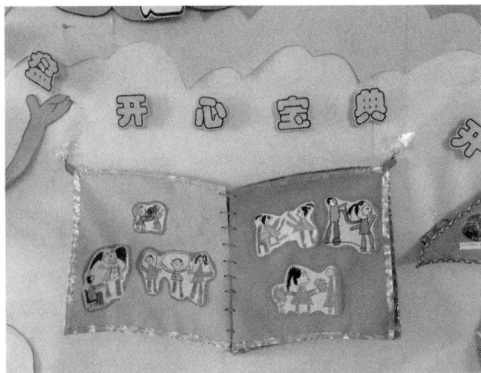

图 4 - 24

够根据不同的角色提供相适应的方法。如妈妈生气了，为妈妈捶背，帮助妈妈做事情，听话等；爸爸生气了，为爸爸擦车，拿拖鞋，沏茶等；老师生气了，认真听讲，积极举手回答问题等。

活动三

社会领域：播报心情

活动目标：

1. 能合理地分析、推理故事情节，并根据画面内容进行猜测与讲述。

2. 通过故事讲述、体验活动，萌发互相关爱的情感，能够利用有效方法关爱他人。

活动准备：PPT、录音。

活动过程：

一、开始部分

利用心情小站"我的心情"导入活动。

1. 提问："现在你们的心情怎么样？为什么？"（鼓励幼儿大胆讲述心情好的原因）

2. 利用 PPT 播放录音故事。教师："大森林里最近增添了动物心情预报。我们一起来听一听小动物们的心情怎么样吧。"

二、基本部分

（一）通过故事感受不同的心情，学习用恰当的方式帮助和安慰别人

1. 教师："你从刚才的心情播报中听到了什么？（出示小动物心情图）你觉得晴天指什么样的心情？雨天指怎么样的心情？猜猜是什么原因让狮子的心情是雨天呢？"

2. 讲述故事第二段。

提问："狮子的心情为什么是雨天？森林里的小动物听到狮子的心情预报后，会怎么做呢？"

3. 讲述故事第三段。

提问："小动物是怎么做的？狮子的心情发生了什么变化？为什么？小动物看到狮子开心了，它们的心情是怎样的？"

（二）迁移幼儿生活经验进行讲述

提问："你生过病吗？生病时你的心情怎么样？如果你的心情不好，你希望别人怎么做？当你心情不好的时候，自己怎样让心情变好？"

小结：我们小朋友的心情有时是晴天，有时会变成雨天，但我们不能为一些小事就轻易生气，当别人心情不好的时候，我们可以做很多的事情帮助他，让他高兴。自己不高兴的时候也要

图 4－25

想办法让自己高兴。

三、结束部分

幼儿自愿分组关心老师或者小朋友。如张老师肚子里有了宝宝，宝宝总是不听话；今天的心情小站里有的小朋友心情不好，你们能为他们做什么？怎样做？

活动四

社会领域： 开心留声机

孩子们每天都是快乐的，他们在幼儿园中的一切活动都充满了欢声笑语，为了让幼儿能够积极地与主题进行互动，我们设计了"开心留声机"版块，记录下幼儿的快乐时刻。我们将幼儿参加烘焙活动的照片展示出来，孩子们每天对照照片说出自己正在制作的食物名称和过程。幼儿去春游，感受集体游戏的快乐。全家动手制作午饭，幼儿了解做饭的流程以及做饭的辛苦。结合"三八"妇女节，我们开展亲子饺子乐活动，让幼儿体验和妈妈一起动手包饺子的快乐。

活动五

社会领域： 感恩父母

活动目标：

1. 通过看视频、长辈讲孩子成长的经历等活动理解和体会长辈的爱。

2. 能用自己的方式向长辈表达自己的感恩之心。

活动准备：

经验准备：幼儿尝试关心家长。

物质准备：搜集家长在家中照顾孩子的照片视频做成短片、请两位家长准备生活中照顾孩子的故事、邀请家长来园参与活动。

活动过程：

一、开始部分

请幼儿观看长辈在生活中照顾自己的短片。

导语："在我们的生活中，爸爸妈妈、爷爷奶奶为我们做了许多的事情，有些是你看到的，有些是你没看到的，今天我们一起看一段短片，看完后请你说一说你都看到了什么？"

二、基本部分

（一）分享感受

1. 提问："你看到了什么？请你讲给大家听。"

2. 幼儿用实际行动表达自己的感恩之心。

导语："爸爸妈妈为我们做了这么多事情，你想怎样感谢他们？"

3. 幼儿分享。

提问："你刚才说了哪些表示感谢的话？做了什么事情表示你对爸爸妈妈的关心？"

（二）家长讲故事

1. 请家长讲述幼儿成长过程中给自己留下印象最深刻的事情。

2. 提问："我们现在能为他们做什么？在家中能为他们做什么事情？"

三、结束部分

请幼儿和家长一起跳舞《有爱有家》。

活动六

艺术领域：快乐的我

活动目标：

1. 了解各种表情，会用绘画的形式将它表现出来。

2. 能大胆作画，能画出自己的主要特征，体验绘画活动的乐趣。

活动准备：

经验准备：幼儿能够讲述开心时刻的事情。

物质准备：画笔、纸、幼儿开心瞬间表情照片、班级布置开心画廊。

活动过程：

一、开始部分

出示开心画廊的照片，欣赏爸爸妈妈、幼儿园老师的开心时刻。

提问："他们开心的时候都是什么样子的？"

二、基本部分

（一）出示幼儿的开心照片

请幼儿观看照片，说一说自己开心的时候在做什么？

（二）观看表情

导语："当你开心的时候，你的表情是什么样子的？"

请幼儿重点观察自己的表情变化，然后进行小结。

（三）幼儿绘画

导语："我们班的开心画廊里还没有小朋友的照片，快把你们最开心的表情、最开心的事情画好挂在画廊里吧。"

三、结束部分

幼儿欣赏作品。

主题小结：心情对人的影响是巨大的，在与人的互动中，在交流与表达中能够显现出待人接物和处事的态度，带着好的心情去学习工作，再苦再累也无怨无悔，反之，心情不好，享受再好的环境也会身心疲惫。通过"开心速递"主题活动，孩子们学会了保持好心情，逐渐能够控制自己的情绪，知道了遇事要主动沟通、交流，寻求解决办法。在家能够尝试做一些关心家长的力所能及的事情。在班级的活动中学会了关注他人的情绪情感，并做出适宜的行为，幼儿之间互相关心，形成了和谐的朋友关系。在区域活动中，他们能够将自己认为的最好的作品，如剪纸、绘画、泥工等作为礼物放在班级的开心信箱中，传递自己开心的心情。

心情比较抽象，不是一两次活动就可以完成的，需要以生活为基础，在日常生活中不断进行巩固。如中班幼儿的告状现象、争抢玩具都可以作为很好的出发点，让幼儿换位思考，多从别人的角度出发想问题，从而真正达到关心他人情绪情感的目的。

教师：张雪梅

第五章　幼儿园健康环境的营造

环境是重要的教育资源。幼儿园的班级环境创设更是作为一种"隐性课程"，在开发幼儿智力、促进幼儿个性发展等方面具有不可低估的教育作用。《纲要》明确要求"幼儿园应为幼儿提供健康、丰富的生活和活动环境，满足他们多方面发展的需求，使他们在快乐的童年生活中获得有益于身心发展的经验"。可见，在幼儿园环境是重要的教育资源，良好的环境创设与利用能使幼儿在与环境的互动中获得各方面能力的发展。

幼儿园环境创设是幼儿园工作的重中之重。环境是重要的教育资源，应通过环境的创设和利用有效促进幼儿的发展。幼儿园教学课程大多以综合教育为主，因此，教师创设适合幼儿的主题教育环境是开展综合性主题教育课程的重要环节，它不仅能发挥幼儿的主动性和积极性，还能使幼儿成为环境真正的主人。

第一节　童话剧案例

幼儿期是儿童情感发展的启蒙阶段，在幼儿园开展情感教育有着非常重要的意义。在幼儿园童话剧表演中，把健康领域的心理健康教育渗透到幼儿的游戏活动中，注重幼儿的情绪情感以最有趣、最生动形象的方式表达出来。教师为幼儿创造宽松的环境，发现并鼓励幼儿的合作行为，通过对幼儿情感教育的关注，促进幼儿品德教育的发展。

案例一

童话剧：小熊洗澡

适宜年龄：3～4 岁

设计思路：由于小班幼儿很喜欢玩角色扮演游戏，又因为小班幼儿大多数都不会自己洗澡，有的幼儿还不爱洗澡，所以我们在家庭区创设童话剧《小熊洗澡》的环境，使幼儿通过角色扮演游戏对洗澡产生兴趣，培养幼儿的自我服务能力和爱清洁讲卫生的好习惯。

游戏目标：

1. 知道要勤洗澡，养成讲卫生的好习惯。
2. 敢于当众讲话。
3. 喜欢参与表演活动，体验表演的乐趣。

游戏材料：

装扮：小熊、熊妈妈、小兔、小猫、苍蝇、蚊子。

场景：家里放有澡盆、香皂、玩具筐、球、椅子、大门、户外放一棵大树。

道具：裙子、小熊和熊妈妈的上衣、人物头饰、澡盆、香皂、玩具筐、故事录音、录音机。

剧本：

第一幕：家里

小熊坐在家中的小椅子上玩皮球和玩具。

熊妈妈在浴室喊："小熊快来洗澡。"

小熊："我不嘛，我不洗澡。"

熊妈妈走过去抱起小熊说："乖孩子，快来洗澡吧。"把小熊抱到了澡盆里。

小熊用手沾沾水，用脚沾沾水，就出来了。

熊妈妈看了看说："不行，看你身上的毛还是干的，再去洗洗。"

小熊拿起皮球跑到了外面。

第二幕：户外

小兔、小猫在大树旁拉手唱歌做游戏。

小熊跑到小兔、小猫跟前说："小兔、小猫咱们一起玩吧？"

小兔小猫指着小熊说："小熊你真脏，我们不和你玩。"说完就走了。

苍蝇蚊子飞到小熊跟前说："小熊我们和你玩吧？"

小熊："你们太脏，我不和你们玩。"说完捂着头跑回家。

第三幕：家里

小熊跑进家对妈妈喊："妈妈快给我洗澡。"说完跑到浴室。

熊妈妈给小熊拿来香皂。

小熊认真地拿香皂搓身体。洗完后跑出家门玩去了。

第四幕：户外

小兔、小猫在大树旁拉手唱歌做游戏。

小熊跑到大树旁，对小兔、小猫说："小兔、小猫我和你们一起玩吧。"

小兔、小猫闻闻小熊的身体说："好吧，我们一起玩。"说完，三个好朋友一起拉手做游戏。

家园支持：幼儿通过亲身演绎童话剧知道了洗澡的重要性，能够每天晚上主动洗澡，慢慢能够自己独立洗澡，还主动提醒家人每天洗澡，逐步养成每天洗澡的良好卫生习惯。

小结：《小熊洗澡》这个故事短小精炼、对话简单，易于小班幼儿理解，我们创设了家里、户外两个情景，让幼儿在扮演的过程中知道什么时候要洗澡、为什么要洗澡、不洗澡会怎么样。通过亲身表演，幼儿发现了洗澡在一日生活中的重要性，知道洗澡不仅能够让自己的身体变干净，还能够交到好朋友。活动后，幼儿能够联系自己的实际生活，晚上自觉去洗澡，逐渐养成了每天洗澡的良好卫生习惯。

教师：任艳姣　任秀玲

案例二

童话剧：小白真聪明

区域融合：小班幼儿年龄小，自我防范意识差，在和成人外出时容易被周围事物所吸引而走失。《小白真聪明》讲述了兔子小白遇到危险时的做法，易于幼儿理解，有助于培养幼儿的自我保护能力。

游戏目标：

1. 理解故事内容，把握故事中不同角色的性格特点。

2. 能够自选角色大胆表演。

3. 知道不吃陌生人的东西，不和陌生走，有自我保护意识。

游戏材料：

人物头饰：狐狸、小猴、小兔、大象、小羊、大灰狼、兔妈妈、小蜜蜂。

场景：森林场景、大树、大石头、草地。

图 5-1

道具：篮子、蘑菇、胡萝卜、大树、故事录音、录音机。

剧本：

第一幕：草地上

小兔子（小白）跟妈妈出去采蘑菇，看见一只小蜜蜂在花丛中飞。

小蜜蜂："嗡嗡嗡，嗡嗡嗡，今天天气真好啊！我要去采蜜。"

小白："咦！这不是小蜜蜂吗？你要去哪里呀？"

小蜜蜂："我要去采蜜。"

小白蹦蹦跳跳地追过去。小蜜蜂越飞越远，小白离妈妈也越来越远了。

第二幕：大树下

这时一只狐狸从大树后面走出来。

狐狸："嘿！这不是小兔子吗？你自己在这儿玩呀？"

小白（自言自语）："狐狸经常做坏事，不理他，快走！"

狐狸："别走别走，我这里有一根好吃的胡萝卜，给你吃吧！"

小白："我不认识你，不吃你的东西！"

狐狸："哼，爱吃不吃！"

第三幕：石头旁

小白继续往前走。一只大灰狼从大石头后面走出来。

大灰狼："嘿！这不是小兔子吗？你自己在这儿玩呀？"

小白（自言自语）："大灰狼经常欺负小动物，不理他，快走！"

大灰狼就呲着牙伸着爪子去抓小白。

小白边跑边喊："救命呀！救命呀！"

兔妈妈和森林里的其他动物听见小白的喊声，都飞快地跑了过来。

小动物们："小白、小白你怎么了？"

小白："大灰狼要吃了我……"

小动物们："别害怕，我们来帮助你！"

大灰狼："我要吃了你们！"

小动物们："大灰狼坏东西，不许欺负小动物。打死你！打死你！"

大灰狼被小动物们打败了。

家庭支持：

1. 家长与幼儿在家熟练故事中的对话。

2. 帮助收集服装、道具。

小结：《小白真聪明》这个故事短小精炼，易于小班幼儿理解，通过亲身表演，幼儿知道在外出时不要离开家长，在遇到陌生人引诱时，知道不能和陌生人走，不吃陌生人给的东西。结合幼儿生活实际，提高幼儿的自我保护意识。

教师：许振东　刘雪竹

案例三

童话剧：交通安全我知道

适宜年龄：4～5岁

设计思路：幼儿在区域游戏时非常喜欢扮演警察、消防员、医生这几个角色。但是在生活中对交通安全了解很少，结合《指南》健康领域里"认识常见的安全标志，能遵守安全规则"，和幼儿喜欢参加表演的特点，我们设计了健康情景剧《交通安全我知道》。

图 5-2

游戏目标：

1. 能够认识常见的安全标志，能遵守安全规则。

2. 喜欢扮演各种角色，愿意参加表演活动。

3. 体验和同伴在游戏、合作、表演的快乐。

游戏材料：

场景：中间是说儿歌的幼儿，左边三个幼儿分别扮演红绿灯，右边三辆车，每辆车里站一个扮演角色的小朋友。

道具："警车""消防车""救护车"，表演服装，自制红绿灯、《小汽车》音乐。

剧本：

第一幕

幼儿唱儿歌：小汽车嘀嘀叫，开着汽车向前跑。钻山洞，过大桥，转个弯弯到站了。

红灯从左边跑到右边说："红灯亮了，红灯亮了，请注意。"全体幼儿："红灯亮，路边靠，小朋友们等一等。"

第二幕

幼儿唱儿歌：小汽车嘀嘀叫，开着汽车向前跑。钻山洞，过大桥，转个弯弯到站了。

黄灯从左边跑到右边说："黄灯亮了，黄灯亮了，请注意。"全体幼儿："黄灯亮，停一停，小朋友们等一等。"

第三幕

幼儿唱儿歌：小汽车嘀嘀叫，开着汽车向前跑。钻山洞，过大桥，转个弯弯到站了。

绿灯从左边跑到右边说："绿灯亮了，绿灯亮了，请注意。"全体幼儿："绿灯亮，绿灯亮，左看右看大步走。"

第四幕

幼儿唱儿歌：小汽车嘀嘀叫，开着汽车向前跑。钻山洞，过大桥，转个弯弯到站了。

消防车从右边开到左边说："消防车来灭火，火警请打119。"

第五幕

幼儿唱儿歌：小汽车嘀嘀叫，开着汽车向前跑。钻山洞，过大桥，转个弯弯到站了。

警车从右边开到左边说："有事请打110，警察随时来帮我。"

第六幕

幼儿唱儿歌：小汽车嘀嘀叫，开着汽车向前跑。钻山洞，过大桥，转个弯弯到站了。

救护车从右边开到左边说："120是救护车，救助病人责任大。"

图 5-3

家庭支持：家长们表示，幼儿在参与表演以后，在遇到红绿灯的时候，能嘴里说着儿歌，遵守交通规则，告诉妈妈这个时候不能过马路。在马路上见到消防车和其他警车时也会说出报警电话。

小结：《交通安全我知道》结合了中班幼儿的发展需求和年龄特点。剧本主要通过动作表演和说儿歌的形式完成。利用歌曲《开汽车》贯穿整个情景剧的表演。幼儿在表演中能够了解基本的交通规则，知道遵守交通规则的重要性，从小树立遵守社会公共规则的好品质。还能够了解消防车、警车和救护车的用途以及它们的求助方式。

教师：侯梦涵 安倩

案例四

童话剧：国王爱运动

适宜年龄：4～5岁

设计思路：结合早阅读本《国王生病了》及我班肥胖和超重的幼儿较多，我发现幼儿肥胖的原因是运动量不够，肥胖的幼儿都不太爱活动，户外做游戏时也不喜欢跑、爬、跳等费体力的活动。也有家长反映幼儿在家爱吃不健康食品，每周都会去肯德基。《指南》中指出要"引导幼儿不偏食不挑食、少吃或不吃不利于健康的食品，使之喜欢参加体育活动"。为了让幼儿远离垃圾

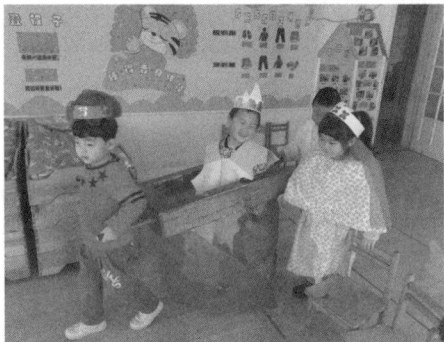

图 5 - 4

食品、喜欢户外运动、减少班级肥胖率，我们在表演区开展《国王爱运动》的故事表演。

游戏目标：

1. 能够大胆地进行表演，从中懂得运动对健康的重要性。

2. 能积极参加体育活动，逐步养成爱运动的好习惯。

3. 知道不挑食、偏食，养成良好的饮食习惯。

游戏材料：

场景人物：国王、皇后、太医、蝴蝶、大臣和侍女，皇宫。

道具：国王宝座、大山、大树、跳圈、毽子和羽毛球。

剧本：

第一幕：国王散步

（《玩具进行曲》音乐起）侍卫手拿长矛排成两列出场，站在舞台两边。

国王在皇后的陪同下出场。

蝴蝶从场上飞过，边飞边说："快来看啊，快来看啊，这儿有个胖国王。"

国王累得气喘吁吁，说："我累了，快把我的宝座抬上来。"

国王坐在椅子上威武地说："今天给我安排了什么节目啊？"

皇后说："皇上，今天准备的是一段美妙的舞蹈《茉莉花》。"

《茉莉花》音乐起，侍女手拿花跳舞。

音乐结束，国王呼呼睡觉了。

《茉莉花》的音乐声慢慢变低，蝴蝶再次从场上飞过，边飞边说："咦！国王睡着了，国王睡着了！"

第二幕：国王吃喝

国王醒了，伸伸懒腰，说："我的肚子好饿啊，快把好吃的东西拿上来。"

侍女从舞台两边一个接一个地出场。

侍女1手托一盘薯条，边走边说："这是又香又脆的炸薯条！"

侍女2手托一个蛋糕，边走边说："甜甜的蛋糕，香香的蛋糕，味道真好。"

侍女3手托一盘鸡腿，边走边说："又肥又嫩的鸡腿，国王一定很喜欢。"

侍女4手托一盘冰淇淋，边走边说："这里有草莓冰淇淋、巧克力冰淇淋、奶油冰淇淋，可香可甜啦！"

侍女5手托一盘汉堡，边走边说："好香的汉堡啊，瞧！多诱人啊！"

侍女6手托一盘鱼，边走边说："这是一条快乐的鱼儿，美味的鱼儿，国王最喜欢吃的鱼儿。"

侍女们单膝跪地，双手奉上食物，一起说："国王请用餐。"

国王"啊呜啊呜"地大口吃着，边吃边说："味道好极了，真好吃，真是太好吃了。"

蝴蝶飞过，边飞边说："哇！国王真能吃啊，国王吃得太胖了，实在是太胖了。"

第三幕：国王生病

听到国王的喊叫："哎哟、哎哟，痛死我了，我的肚子好痛啊。快来人啊。"

皇后焦急状说："国王，你怎么啦？"

国王痛苦地说："我的肚子好疼啊，疼死我了，快救救我。"

皇后焦急地说："快宣太医，快宣太医。"

蝴蝶飞出场："国王生病了，国王生病了。"

太医走上前，说："国王零食吃太多啦，又不爱运动，导致肠胃消化不良，这样就容易生病。"

皇后说："那应该怎么办呀？"

太医说："国王以后要少吃奶油蛋糕、薯条、巧克力、甜甜圈、冰淇淋、草莓派还有汉堡。吃饭的时候要吃一些青菜、煮蛋、蒸鱼、水果和瘦肉。"

皇后说："国王三餐之间不要再吃零食了，而且要常常运动。"

太医说："皇后说得对，祝陛下早日康复，臣退下了。"

第四幕：国王锻炼

国王说："就听太医的话，我们一起做运动吧，朕以后再也不吃零食了，把这些零食都拿走吧。"

第一天练武术，第二天跳圈，第三天骑马，第四天踢毽子，第五天打羽毛球。

第六天以《健康歌》为背景音乐，国王、皇后、侍女、侍卫、太医、蝴蝶一起做运动。

做完运动后，国王说："我的肚子不疼了。"太医接着说："看来国王的病好了。"然后，大家一边欢呼一边说："国王的病好了，国王的病好了。"最后大家齐呼："远离垃圾食品，健康快乐成长！"

家庭支持：我班开展《国王爱运动》童话剧的表演，得到家长的大力支持，家长在家帮助幼儿熟悉剧本内容，加深角色之间的对话。同时家长与幼儿还一起制定了家庭运动计划表，如每天饭后散步、跳绳、打羽毛球等，使幼儿真正爱上运动。

小结：在教师与幼儿的共同努力下，我们终于能完整地进行表演。《国王爱运动》的剧本是我们在读本

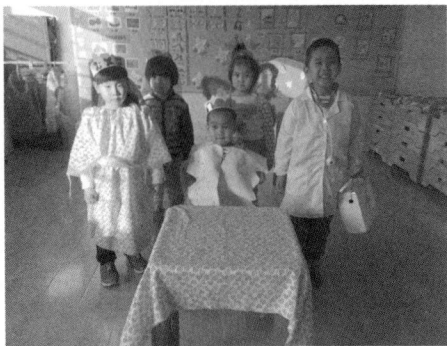

图 5-5

的基础上经过讨论最终确定的。国王应该做什么运动才能不生病？最后总结出打羽毛球、踢毽子、跳圈、骑马和做武术操。在第四幕大家齐呼"远离垃圾食品，健康快乐成长！"点明中心，完成预期目标。

为了让幼儿充分发挥自己的表演天赋，我们做了如下工作：

1. 幼儿先自评互评。第一遍演出后，老师请小演员们休息，这时与孩子们一起分析刚才的表演，让孩子们先说说自己哪里演得好，还有谁演得好，自己觉得演得不好的地方和需要改进的地方是什么。给孩子们一个充分评价自我的机会与氛围。

2. 幼儿在前，教师在后。为了让幼儿深刻体会人物的性格，教师让幼儿自己设计动作、语言、表情来突出自己要演的角色，比如国王是怎样吃喝的？王后怎样劝国王？太医怎样说？然后我们再帮助孩子们根据情节进行合理的创编。

幼儿的表演不是一次性的活动，在一段时间内是连贯的，不断丰富和发展的过程，教师要鼓励支持幼儿，引导幼儿不断想象，通过表演的方式去体验，通过深入探究去丰富表演内容。

教师：张爱民　张丽娜

案例五

童话剧：爱刷牙的小熊

适宜年龄：5～6岁

设计思路：班级中大部分幼儿都有龋齿，这一现象就说明幼儿没有保护牙

齿的意识，家长也不够关注幼儿的口腔健康。因此演绎此童话剧，旨在帮助幼儿了解正确的刷牙方法，同时也提示家长能够重视幼儿的口腔健康。

进入大班，孩子们无论是认知发展水平，还是交往的兴趣和需要都趋向于成熟，幼儿的视野已经不再局限于以自我为中心的小世界里，他们会因为在游戏中和同伴一起嬉戏而感到快乐，也会因为在游戏中成功地为同伴服务而感到高兴。他们渴望与同伴交往，但是，很多时候却不知道怎样与同伴交往。因此我班决定从童话剧入手，引导幼儿学习并练习交往，掌握一些有效的交往方法。

游戏目标：

1. 能创造性地改编表演游戏的部分情节。

2. 根据内容选择、使用简单的道具。

游戏材料：

装扮：熊爸爸、熊妈妈、熊奶奶、小熊、喜洋洋、兔医生。

场景：森林、商店的柜台、医院。

道具：牙刷、牙杯、牙膏、头饰、小熊家的门。

剧本：

第一幕

旁白：森林里，开了一家牙刷店。爸爸和小熊一起去买牙刷。

熊爸爸："小熊，你和爸爸一起去买牙刷吧？"

小熊："好呀。"

旁白：于是，熊爸爸拉着小熊来到了商店。

熊爸爸："喜羊羊你好，有大牙刷吗？"

喜羊羊："有呀，你自己来看看吧。"

熊爸爸："那我就来这把吧！"

旁白：爸爸买了一把最大的牙刷，小熊也要买大牙刷。

小熊："爸爸，爸爸，我也要大牙刷。"（拉着爸爸的手摇晃）

熊爸爸："不行孩子，你的嘴巴小，得用小牙刷。"

小熊："嗯，好吧，我知道了。"

熊爸爸："那你挑一个小牙刷吧。"

小熊："我要这个吧。"

熊爸爸："喜羊羊，多少钱？"

喜羊羊："一共十块钱。"

熊爸爸："给你钱，喜羊羊再见。"

第二幕

旁白：小熊回到家就开始刷牙，它刷呀刷呀，突然牙出血了，于是它去找妈妈帮忙。

小熊："妈妈，您看看，我的牙刷不好，牙都出血了!"

熊妈妈："你刷牙的方法不对，上牙从上往下刷，下牙从下往上刷，咬合面来回刷，里里外外都要刷。"

旁白：小熊看了一遍又一遍。

小熊说："嗯，我学会刷牙啦!"

旁白：于是它又开始刷了起来，刷呀刷呀，它发现没有泡沫。

小熊："咦? 怎么不出白泡泡呢?"

旁白：它又去找熊奶奶。

小熊："奶奶，奶奶，我的牙刷不好，刷不出白泡泡来。"

熊奶奶："哎呀! 孩子，你没用牙膏啊!"

小熊："哦，对了，我忘了用牙膏了。"

（动作：不好意思地摸了摸头）

旁白：小熊放下牙刷就出门去买牙膏，它到商店后问喜羊羊。

小熊："喜羊羊你好，请问有牙膏吗?"

喜羊羊："有呀，给你。"

小熊："谢谢，多少钱?"

喜羊羊："五块钱。"

小熊："给你，喜羊羊，再见。"

旁白：小熊回到家，迫不及待地用了新牙膏，可是满嘴黏糊糊的，还是没有白泡泡。这时候熊奶奶拿着水杯过来了。

熊奶奶："哈哈，小傻瓜，你还没倒水呀。"

旁白：熊奶奶给小熊的牙杯里倒了些水，小熊就又刷了起来。

小熊："哈哈，有泡沫了。"

旁白：泡沫越来越多，越来越多。小熊越刷越高兴。从此以后，大公鸡喔喔叫的时候，（其他小朋友学大公鸡打鸣的声音）小熊就开始起床刷牙了。

第三幕

可是过了些日子，小熊突然牙疼了，脸也肿起来了。

小熊："哎哟，疼死我了，疼死我了。"（动作：手捂着脸）

旁白：熊爸爸听见小熊的喊声急忙跑了过来。

熊爸爸："儿子儿子，你怎么了?"

小熊："爸爸，我牙疼。"

熊爸爸："我去请兔医生来给你看看吧。"

旁白：于是，熊爸爸请来了兔医生。兔医生看了看小熊的牙齿，发现小熊有蛀牙了。

兔医生："咦? 怎么回事啊? 你每天夜里吃糖了吧?"

小熊："是啊。"

兔医生："你吃完糖刷牙了吗?"

小熊："没有。"

兔医生："唉，睡前吃完东西一定要刷牙啊! 要不然，牙就会坏掉!"

小熊："哦，原来是这么回事啊!"

旁白：兔医生给小熊补好牙。

兔医生："每天记得要刷牙，尤其是晚上吃完东西一定要刷牙! 刷牙的正确方法是'上牙从上往下刷，下牙从下往上刷，咬合面来回刷，里里外外都要刷!'"

小熊："谢谢兔医生，我知道了。"

旁白：从此以后，小熊每天晚上刷完牙才睡觉，它的牙齿一直很好。

家庭支持：孩子们通过表演童话剧明确了刷牙的重要性以及刷牙的时间、方法，养成这一习惯还需要家长的配合，在家中也用正确的方法指导幼儿刷牙，并在早晨起床和睡前提示幼儿养成刷牙的好习惯。

小结：童话剧《爱刷牙的小熊》剧情贴近幼儿生活，剧中反映了现实生活中孩子们一些不好的生活习惯对牙齿的影响，告诉了幼儿保护牙齿的方法，比如正确的刷牙方法、刷牙时间等。在故事表演的过程中，大班幼儿能够用不同人物的语气来演绎角色，并能够发现演出中的问题，针对问题进行讨论，做出相应的调整，充分地体现了大班幼儿的合作意识以及游戏规则的制定。

教师：王云飞　夏宁

案例六

童话剧：小动物学本领

适宜年龄：5～6 岁

设计思路：《指南》动作发展目标中指出"幼儿具有一定的平衡能力，动作协调、灵敏。"本次活动中我以幼儿为中心，让孩子们自由表演故事中的各种动作：爬一爬、走一走、摇一摇、跳一跳、飞一飞，在情景表演中发展身体的协调性和灵活性。同时，根据故事情节让孩子们体会做事有耐心、有始有终的重要性。孩子们在表演中体会表演的成就感和满足感，增强了信心。

游戏目标：

1. 熟悉故事内容，大胆说出自己的台词。

2. 能根据故事情节完成爬、走、摇、跳、飞的动作。

3. 能根据所扮演的角色，运用合适的动作、语气、表情来表现，体验表演的乐趣。

游戏材料：

装扮：小乌龟、小鸡、小鸭、小青蛙、小鸟、长颈鹿的服饰。

场景：森林、草地、池塘。

道具：小虫子、小鸟翅膀、大树。

剧本：

第一幕

（音乐起，小乌龟、小鸡、小鸭、小青蛙、小鸟上场）

旁白：森林幼儿园开学了。一大早，小乌龟、小鸡、小鸭、小青蛙还有小鸟就安安静静地坐在教室里，不吵也不闹。（音乐停）

长颈鹿老师（走上场）："我是你们的长颈鹿老师，今天，我们要学习新本领啦！我们一起学习爬一爬、走一走、摇一摇、跳一跳、飞一飞。我们一起动起来吧！"

第二幕（音乐起）

旁白：在长颈鹿老师的带领下，大家都在认真地练习。可是，没一会儿功夫，它们就没耐心了。

小乌龟："唉！好困呀！"（把头和脚通通缩进乌龟壳里，睡起了懒觉）

小鸡："叽叽叽，叽叽叽，真好吃！"（在草地上找虫子吃）

小鸭："嘎嘎，真好玩！"（来到池塘边，玩起了水）

小青蛙："呱呱，太好玩了！"（来到池塘边，玩起了水）

小鸟："快来找我呀，你们知道我藏在哪儿吗？"（扇扇翅膀，从这棵树飞到那棵树，玩起了捉迷藏）

长颈鹿老师："唉！（摇摇头）你们都学会了吗？　　"

集体："会啦！会啦！"（来到老师身边）

长颈鹿老师："好！让我来考考你们。"

第三幕

长颈鹿老师："小乌龟，你来走一走。"

小乌龟："嗨哟！嗨哟！"（动作太慢，只能爬一爬）

其他小动物："哈哈哈！"（嘲笑它）

长颈鹿老师："小鸡、小鸭，你们来飞一飞。"

小鸡、小鸭："我怎么飞不起来？太累了！"（使劲地扇着翅膀）

其他小动物："哈哈哈！"（嘲笑它）

长颈鹿老师："小青蛙，你来爬一爬。"

小青蛙："呱呱！"（后腿一蹬，就"噌"地跳了出去）

其他小动物："哈哈哈！"（嘲笑它）

长颈鹿老师："小鸟，你来跳一跳。"

小鸟："哎呀！我的腿使不上劲！"

长颈鹿老师："这都是你们没有耐心的结果呀！"

集体：（都惭愧地低下了头）"我们知道错了，我们会改的。"（各自去练习）

旁白：瞧！他们多认真！现在，他们都成了有耐心的好孩子了。

家庭支持：

1. 提供布料、纸板、树叶、树枝等低结构材料供幼儿制作服装。

2. 帮助幼儿熟悉故事内容以及故事中的主要对话。

3. 在家庭生活中给幼儿渗透做事要专心，有始有终的好品质。

小结：在童话剧的准备中，场地布置逼真，激发幼儿的表演兴趣，使表演更加生动有趣。孩子们在表演中发展了语言表达能力与表现能力。并且在表演中正确完成了爬、走、摇、跳、飞的动作，发展了动作的协调性、灵敏性。同时，充分挖掘故事的教育作用对幼儿进行教育，让幼儿知道做事要有耐心，有始有终。通过表演，孩子们增强了自信，更愿意在众人面前大胆表达，展示自己。

教师：孔天琪　吕津莹

第二节　生活墙饰案例

幼儿园的生活墙饰要遵循幼儿的年龄特点和心理特点，对幼儿进行健康教育，给幼儿营造良好的心理氛围，建立民主和谐的师幼关系、同伴关系。

案例一

墙饰名称：眼睛累了怎么办

适宜年龄：3～4岁

墙饰目标：

1. 初步懂得保护眼睛的重要性，知道保护眼睛的简单方法。

2. 能在墙饰的提示下缓解眼部疲劳。

墙饰介绍：在日常生活中，尤其在家里的时候，孩子们会玩平板电脑、手机，看电视、看书

图 5-6

等，用眼过度难免有些疲劳，而我们班还有一些眼睛近视的孩子，为了让孩子们的眼睛更加健康，教师设计了此墙饰。

墙饰位置：可在图书区的墙上进行展示。

教师：霍子烨

案例二

墙饰名称：我是小小营养师

适宜年龄：3～4岁

墙饰目标：

1. 了解食物中含有多种营养，形成良好的饮食习惯。

2. 愿意做不挑食、不偏食的好宝宝。

墙饰介绍：小班刚入园是幼儿非常挑食的阶段。在家里的时候，家长只给幼儿做爱吃的，而幼儿园的菜不一定是孩子们爱吃的，这时就会出现不吃饭、吃得少、爱挑食的现象。通过这一墙饰能让幼儿更加直观地看到

图 5-7

自己吃了什么，身体需要哪些食物的营养，从而更了解食物，让幼儿爱上吃饭。

墙饰位置：可在靠近吃饭的地方创设此墙饰。

教师：刘娟

案例三

墙饰名称：运动安全我知道

适宜年龄：4～5岁

墙饰目标：

1. 知道运动前和运动后的一些准备活动和放松活动。

2. 在运动中有初步的自我保护能力。

墙饰介绍：户外运动是幼儿一日生活中很重要的一个环节，对幼儿身心发展起着关键性的作用。户外活动前、中、后的准备活动和注意事项也是不容忽视的。良好的准备活动影响着幼儿户外活动的质量与效果，也影响着幼儿的户外运动习惯。为了给幼儿一个安全提示，增强幼儿的自我保护意识，我

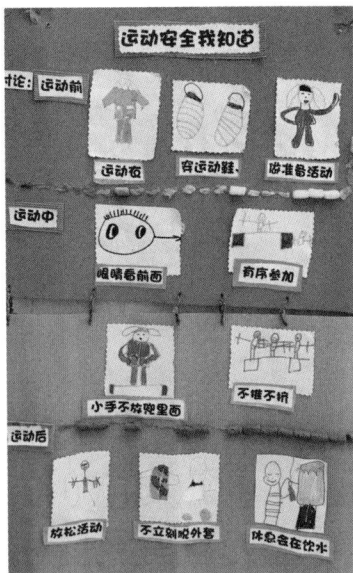

图 5-8

们创设了该墙饰。

墙饰位置： 楼道中间，幼儿户外活动前排队的地方。

教师：侯梦涵　李悦

案例四

墙饰名称： 不要丢失一粒粮

适宜年龄： 5～6 岁

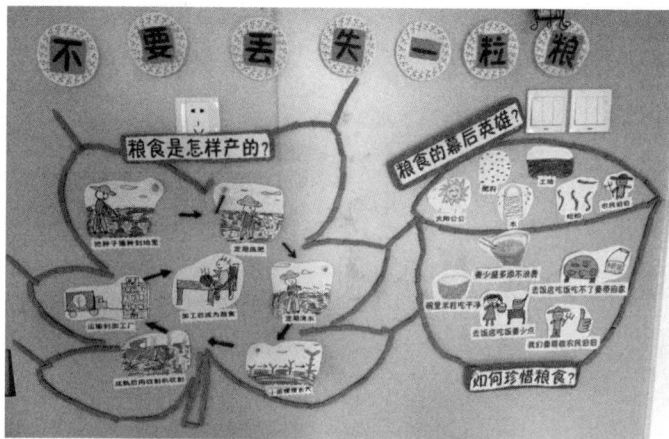

图 5-9

墙饰目标：

1. 了解粮食的生产过程，具有珍惜粮食的意识。

2. 知道粮食来之不易，养成不挑食的习惯。

墙饰介绍： 班里有些幼儿挑食严重，经常将吃不完的饭菜倒掉。教师通过创设墙饰让幼儿了解粮食是由农民伯伯辛苦种地、定期施肥、浇水、收割、加工而成的，同时也让幼儿知道农民伯伯的辛苦和粮食的来之不易，逐步改善幼儿的进餐情况。

墙饰位置： 餐桌旁边的墙上。

教师：任艳姣

案例五

墙饰名称： 健康不生病

适宜年龄： 5～6 岁

墙饰目标：

1. 知道讲卫生有利于健康，了解日常生活中的卫生小常识。

2. 树立保护身体健康的意识，养成良好的生活卫生习惯。

墙饰介绍：《指南》中健康领域指出"幼儿应具有良好的生活与卫生习惯。"结合本班幼儿身体素质较差，总是有生病请假的情况，教师创设了"健康不生病"的墙饰，帮助幼儿了解预防生病的方法及措施，做一个健康的孩子。墙饰内容包含幼儿在园时容易生病的状况及调整自己身体的方法，如多吃水果蔬菜、多喝水、多做运动等。

墙饰位置：卫生间旁边楼道的墙面上。

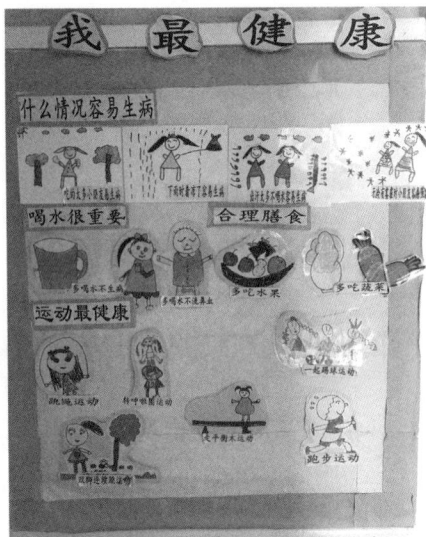

图 5-10

教师：张丽娜　朱禹彤

案例六

墙饰名称：劳动最光荣

适宜年龄：5～6 岁

墙饰目标：

1. 通过制定"劳动条约"，知道值日生的职责。

2. 能够主动参与劳动，具有责任感和任务意识。

墙饰介绍：大班幼儿任务意识较弱，部分幼儿不喜欢参加劳动，通过创设"劳动公约""值日生应该做什么"的墙饰让幼儿明确值日生的职责。通过创设"今天我值日"的互动墙饰，激发了幼儿主动参加劳动的愿望，提高幼儿的责任意识、

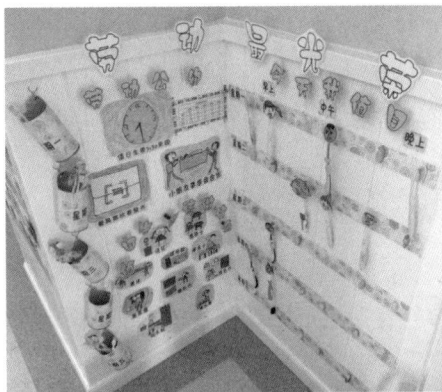

图 5-11

任务意识。

墙饰位置：盥洗室旁边的楼道墙上。

教师：任艳姣

案例七

墙饰名称：安全小驿站
适宜年龄：5～6岁
墙饰目标：

1. 知道户外活动前、中、后的安全知识，有初步的安全意识。

2. 能利用绘画、讲解等多种形式将自己知道的安全常识宣传给其他小朋友。

墙饰介绍：墙饰来源于幼儿在户外活动中遇到的问题，如幼儿户外活动前上下楼梯时容易发生拥挤的状况，在活动的时候不知道休息，热的时候很快就把衣服脱了，游戏后直接坐在地上休息等。

《指南》指出"幼儿要具备基本的安全知识和自我保护能力"，根据《指南》和幼儿在户外活动中存在的问题，我们和幼儿讨论了"如何在户外活动时保护自己"的问题。玥玥说："不

图 5-12

跳着下楼梯，不拥挤。"铭远说："跑步时要学会躲闪，保证不会和小朋友撞到一起。"教师及时跟进说："有没有好的办法能够时刻提醒大家注意户外安全呢?"航航说："可以在楼梯上做标记。"萱萱说："可以在明显的地方贴上安全提示，提醒小朋友。"梦馨说："可以在楼道中我们排队的地方提示小朋友游戏中的安全。"他们的建议得到了小朋友们的认可，所以"安全小驿站"就诞生了。

幼儿们将自己认为的户外活动时需要注意的安全知识以画画的形式展现出

来。画完后，教师请幼儿讲述，教师将幼儿的想法以文字的形式配在图的下面。"安全小驿站"不仅让幼儿知道了在户外活动时保护自己的安全小常识，还解决了过渡环节活动单一，幼儿消极等待的现象，让幼儿的过渡环节更加丰富多彩。

墙饰位置：楼道中幼儿排队的地方。

教师：马惠莹

图书在版编目（CIP）数据

健康为本的幼儿园融合教育活动案例 / 孙玉梅，陆晓燕主编 . —北京：中国农业出版社，2018.11
ISBN 978 - 7 - 109 - 24722 - 2

Ⅰ.①健… Ⅱ.①孙… ②陆… Ⅲ.①健康教育-教案（教育）-学前教育 Ⅳ.①G613.3

中国版本图书馆 CIP 数据核字（2018）第 229694 号

中国农业出版社出版
（北京市朝阳区麦子店街 18 号楼）
（邮政编码 100125）
责任编辑 马英连

北京中科印刷有限公司印刷 新华书店北京发行所发行
2018 年 11 月第 1 版 2018 年 11 月北京第 1 次印刷

开本：700mm×1000mm 1/16 印张：14.25 插页：4
字数：360 千字
定价：48.00 元
（凡本版图书出现印刷、装订错误，请向出版社发行部调换）